T0279574

No hay niños «malos»

KATE SILVERTON

No hay niños «malos»

*La revolucionaria guía para padres
con hijos de entre 0 y 5 años*

EDICIONES OBELISCO

Si este libro le ha interesado y desea que le mantengamos informado de nuestras publicaciones, escríbanos indicándonos qué temas son de su interés (Astrología, Autoayuda, Psicología, Artes Marciales, Naturismo, Espiritualidad, Tradición…) y gustosamente le complaceremos.

Puede consultar nuestro catálogo en www.edicionesobelisco.com

Los editores no han comprobado la eficacia ni el resultado de las recetas, productos, fórmulas técnicas, ejercicios o similares contenidos en este libro. Instan a los lectores a consultar al médico o especialista de la salud ante cualquier duda que surja. No asumen, por lo tanto, responsabilidad alguna en cuanto a su utilización ni realizan asesoramiento al respecto.

Colección Psicología
No hay niños «malos»
Kate Silverton

Título original: *There's No Such Thing As 'Naughty'*

1.ª edición: febrero de 2023

Traducción: *David George*
Maquetación: *Juan Bejarano*
Corrección: *M.ª Ángeles Olivera*
Diseño de cubierta: *TsEdi, Teleservicios Editoriales, S. L.*
Imágenes: *Korda Ace (www.korda-ace.com)*

© 2021, Kate Silverton
Publicado en inglés en UK por Piatkus,
sello editorial de Little, Brown Book Group.
(Reservados todos los derechos)
© 2021, Pangolin Media Ltd. (imágenes)
© 2023, Ediciones Obelisco, S. L.
(Reservados los derechos para la presente edición)

Edita: Ediciones Obelisco, S. L.
Collita, 23-25. Pol. Ind. Molí de la Bastida
08191 Rubí - Barcelona - España
Tel. 93 309 85 25
E-mail: info@edicionesobelisco.com

ISBN: 978-84-9111-971-5
Depósito Legal: B-1.744-2023

Impreso en los talleres gráficos de Romanyà/Valls S. A.
Verdaguer, 1 - 08786 Capellades - Barcelona

Printed in Spain

A Mike, Clemency y Wilbur,
a mi mar y mis estrellas.

Dedico este libro a todos los padres de todo el mundo. Rindo tributo a aquellos de vosotros que estáis criando y educando a vuestros hijos como un equipo, a los que lo están haciendo solos, a los que están afligidos por la pérdida de un ser querido, o están divorciados o separados, a aquellos de vosotros que sois padrinos, que estáis acogiendo a un niño temporalmente, que sois padrastros o madrastras, progenitores adoptivos o alguien que proporciona cuidados primarios: a todos vosotros, que sois la gente maravillosa, empática, amable y cariñosa que ha asumido el papel de criar y educar a un niño, cosa que con frecuencia es el trabajo más desafiante del mundo… El más importante, sin lugar a dudas.

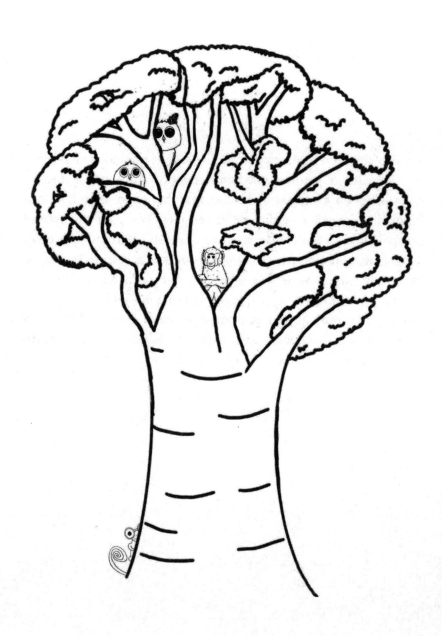

Ésta es la historia de tres animales y un árbol: el lagarto, el babuino, el búho sabio y el baobab, y cómo, juntos, representan a nuestro cerebro y cada uno influye en el comportamiento de nuestros hijos (y, ciertamente, en el nuestro).

Se trata de un relato que explica por qué, para nuestros hijos de menos de cinco años, lo «malo» no existe; y cómo, si acertamos desde la concepción hasta los cinco años de vida, podemos encarrilar a nuestros hijos en la vida.

Estoy muy emocionada de poder mostraros cómo.

Introducción:
Por qué he escrito este libro

Cuando, finalmente, fui madre, después de muchos años de angustia, con cuatro fecundaciones *in vitro* fallidas, dos abortos espontáneos y un completo agotamiento emocional, estaba encantada. Me había quedado embarazada de forma natural con cuarenta años, lo que parecía algo sorprendente, dado que incluso los médicos habían perdido la esperanza. Después, a los cuarenta y tres años, volvía concebir de forma natural. Mis hijos, Clemency y Wilbur, me parecieron, con toda honestidad, regalos del universo. Hubo el obvio alborozo y una gratitud absoluta, pero esto también se vio acompañado de muchas preguntas.

En primer lugar, ¡caramba!: ¿por qué nadie nos dijo que esto sería tan difícil? En segundo lugar… bueno… ¡¿Por qué fue tan duro?! Y, en tercer lugar: ¿para todo el mundo es todo esto tan difícil?

Seis semanas después de dar la bienvenida a Clemency a nuestro hogar, incluso mi marido, un ex comando de la Infantería de Marina de Reino Unido, exclamó: «¡Conseguir mi boina verde fue mucho más fácil que esto!»; y, más tarde, dijo: «¡Conseguí más consejos cuando compré un cachorro!».

Es cierto. Las realidades más duras de la crianza y la educación de los hijos rara vez se comparten con los amigos, y mi marido bromea con que, de todas formas, probablemente nunca lo hubiésemos hecho. Creo que esto se debe a que quizás estamos criando y educando a nuestros hijos de manera independiente, sin el apoyo de la comunidad más tradicional de la que antaño habríamos formado parte. Entonces podíamos criar y educar a nuestros retoños de una forma más instintiva, cuando no estábamos tan privados de sueño y disponíamos del beneficio de tener una familia y parientes que nos ayudaban a cocinar y estar con el bebé mientras los mayores transmitían conocimientos antiguos de generación en generación.

Puede que vivamos en épocas distintas, pero todos seguimos teniendo las mismas esperanzas y aspiraciones, el mismo sueño de ser los mejores padres posibles; queremos la confirmación de que «lo estamos haciendo bien», y deseamos saber que nuestros hijos están creciendo sintiéndose valorados, a salvo y queridos.

Y es evidente que *obtenemos* consejos, pero en las últimas décadas, parece que parte de ellos se han diseñado teniendo en mente a unos progenitores extenuados (algo del todo comprensible), en lugar de los que podrían, necesariamente, funcionar mejor *para nuestros hijos*. Hemos visto, por ejemplo, la aparición del «castigo cuando el niño se porta mal» o del «confinamiento/castigo en su habitación», o incluso dejar que nuestros hijos lloren solos hasta que se harten. Todo esto con la mejor de las intenciones para ayudar a los padres, que andan escasos de tiempo y que sólo intentan mantenerse a flote. ¿Pero qué sucedería si pudiésemos combinar lo *mejor* de nuestras antiguas sabidurías, *respaldadas* por la ciencia actual, de una forma que no sólo nos beneficiase a nosotros... sino que también beneficiase a nuestros hijos?

Enfrentados a la crisis de salud mental de un niño, queremos, más que nunca, tener la confianza de que estamos criando y educando a unos pequeños compasivos, considerados y amables: hijos que se conviertan en adultos que sean aventureros emocionales, capaces de superar las adversidades y abrazar la vida en toda su gloriosa paleta de colores.

Una vez que me convertí madre, tenía muchas ganas de aprender más cosas sobre cómo podría apoyar mejor el bienestar mental de mis hijos, además de su salud física.

Como periodista, he tenido la suerte de tener acceso a algunos de los psicoanalistas clínicos más brillantes del mundo, como el profesor Peter Fonagy; neurocientíficos y psiquiatras como el doctor Bruce Perry; médicos clínicos y psicoterapeutas como el doctor Gabor Maté y la doctora Margot Sunderland; y la psicoterapeuta Liza Elle. Invité a psiquiatras infantiles a mi cocina a tomar una taza de té... y les pedí que «trajeran su cerebro» (como de costumbre), pero lo decía literalmente. Tuve que leer tantos libros sobre la crianza y la educación de los hijos, y me fijé en tantas teorías distintas (y me encontré con algunos mitos por el camino) que quería *oírles* explicar por qué nuestros hijos se comportan de la forma en que lo hacen y, más importante, cómo nosotros, como padres, podemos responder de la mejor forma.

Quería aprender cómo criar y educar un cerebro sano.

Sabía, por mi formación como terapeuta infantil y por mi propia experiencia con la psicoterapia, que lo que experimentamos cuando somos muy jóvenes moldea al adulto en el que nos convertimos. Lo que *no* sabía, y lo que *me dejó anonada*, fue saber que lo que sucede durante nuestra infancia puede tener un impacto sobre TODO: desde nuestro desarrollo cerebral hasta nuestra biología, *además de* nuestro comportamiento. La forma en la que nosotros, como progenitores, respondamos frente al comportamiento de nuestros hijos tendrá una influencia directa sobre el desarrollo de su cerebro.

De repente me fijé en mis hijos con otros ojos, o más bien en su *comportamiento* con otros ojos. Descubrí que podía lidiar con las rabietas y los berrinches con facilidad, resolver riñas en segundos y vi cómo la rivalidad entre hermanos tiene sus raíces en el miedo. Me encontré con que la crianza y educación de mis hijos era mucho MÁS fácil, y que, además, mis pequeños eran más felices. Con todo lo que estaba aprendiendo, me vi con la capacidad de criar y educar a mis hijos con más confianza e intuición, en lugar de sentir que me encontraba en la oscuridad. Fue una COMPLETA REVELACIÓN. Y para mi marido, criado en un ambiente de «evita la disciplina/el castigo y echarás a perder a tu hijo», el enfoque que empezamos a usar también fue transformador incluso para él.

Y todo ello sin ningún «castigo cuando el niño se porta mal».

He escrito este libro para compartir lo que he aprendido, porque me parece demasiado importante como para no hacerlo. Creo que TODO progenitor merece conocer el secreto para criar y educar a unos hijos emocionalmente sanos. No sólo les hace un excelente servicio a nuestros vástagos para el futuro, sino que también hace que nuestra vida sea más FÁCIL y muchísimo más DIVERTIDA.

Quería compartir el **secreto para criar y educar a un cerebro sano**.

Es algo que los científicos conocen desde hace décadas. Sin embargo, lo que han sabido (y, para ser justos, querían que nosotros también supiésemos) todavía no ha llegado a la corriente principal de la crianza y educación de los hijos.

¿Por qué?

Porque, tal y como me dijeron cuando les hice esa pregunta: «La ciencia adopta etiquetas» y «La ciencia se ocupa de cosas "complicadas"». El profesor Fonagy me retó a «explicarlo como si fuese un relato, a hacer que resultara sencillo».

Así pues, eso es lo que me propuse hacer.

Me tomé la libertad de renombrar la (muy complicada) estructura del cerebro y concebí una idea (*muy* sencilla) para explicar cómo el cerebro en desarrollo de nuestros hijos influye en su comportamiento.

La idea implica, simplemente, a tres animales y un árbol: el lagarto, el babuino, el búho sabio y el baobab. Es SUPERFÁCIL de explicar y SUPERFÁCIL de poner en práctica.

Quería una idea que fuese fácil de entender, incluso para nuestros hijos, y que nosotros, como progenitores, podamos poner en práctica en cuestión de segundos, incluso cuando nos encontremos bajo una importante presión como padres.

Es importante para mí hacer hincapié en que *hay* ciencia en este libro. Digo esto porque quiero que te sientas empoderado por ella. He escrito acerca de esto de una forma que es realmente accesible, porque me apasiona que TODOS los progenitores puedan tener acceso a ello. Porque con la ciencia a tu favor, por así decirlo, puedes tener la confianza de avanzar, confiando en tu instinto, *mediante* el empleo del lagarto, el babuino y el búho sabio, sabiendo que lo que estás haciendo por tu hijo *está respaldado por la ciencia pura y dura*.

También te encontrarás con lo que llamo «Apuntes sobre el cerebro» diseminados por todo el libro, que incluyen elementos sobre la investigación que he llevado a cabo, los estudios clínicos que he leído, y los análisis y los conocimientos de la gente a la que he entrevistado y me ha inspirado. Hay, además, muchos recursos y redes de apoyo al final del libro, por si quieres profundizar más. A pesar de ello, en todo momento (y no puedo hacer suficiente hincapié en esto) el lenguaje es sencillo y la idea es fácil de aplicar.

Parte I

Los dos primeros capítulos muestran nuestras intenciones, por así decirlo. Te explicarán cómo la crianza y la educación de tus hijos moldea el tipo de persona en que se convertirá tu pequeño: sus actitudes frente al riesgo, su resiliencia e incluso sus relaciones futuras. ¡Es MUY importante que lo sepas! Te explicará el comportamiento de tu hijo empleando la idea de los tres animales y el baobab, de forma que al final del *primer* capítulo, estarás **preparado** y equipado con todo lo que necesitas saber para ser un ninja omnisciente en lo tocante a la neurociencia, listo para lidiar con todo tipo de comportamientos: desde las rabietas y las lágrimas hasta las peleas y los miedos. Te prometo, y te doy mi palabra, de que así será. Por lo tanto, estate atento… La insignia de ninja en la crianza y educación de tu hijo tiene tu nombre escrito.

Parte II

Exploro todos esos escenarios universales de la crianza y educación de los hijos… Ya sabes, esos que todos tememos: los berrinches en público, las explosiones de ira, el «negarse a obedecer como un soldado» (tal y como lo expresa Mike, mi marido), además de muchos otros, incluyendo empezar a ir a la guardería o al colegio, la pérdida o el duelo, una separación o un divorcio. También compartiré muchos escenarios procedentes de mi experiencia personal (tampoco voy a ahorrarme la vergüenza) para asegurarme de que, de verdad, no estás solo. Asimismo, leerás conocerás historias de otros padres que comparten su experiencia, incluyendo a mi marido, lo que resulta importante, porque en su caso llegó, originalmente, hasta aquí con una perspectiva un tanto diferente.

En cada capítulo encontrarás consejos sencillos y prácticos, así como herramientas que emplear, además de algunos guiones que seguir, porque sé que cuando estamos hasta las narices en nuestra tarea de criar y educar a nuestros hijos, con frecuencia queremos tan sólo que alguien nos muestre CÓMO hacer las cosas, y lo queremos AHORA.

La educación y la crianza de los hijos pueden resultar difíciles. Puede que, con frecuencia, lo estemos haciendo solos y que estemos exhaustos. Soy una madre trabajadora a la que la maternidad le llegó a una edad más o menos avanzada. Sé lo agotador que puede resultar. Sé, ya que tengo hijos pequeños, las dificultades que puede plantear la actual educación de los hijos. Ahora comprendo por qué criar a nuestros retoños ha sido descrito como el trabajo más duro del mundo.

Sin embargo, también comprendo, con todo lo que he aprendido en la última década, que somos mucho más poderosos de lo que creemos, más capaces de lo que podamos imaginar y, ciertamente, todos disponemos de la capacidad de criar y educar a unos hijos que estén sanos y sean felices, y que puedan compartir el vínculo más estrecho con nosotros de por vida.

Tengo la esperanza de que este libro te permita ser el progenitor que siempre has esperado y querido ser. Espero que te ayude a sentirte respaldado para disfrutar de tu *propio* viaje, sintiéndote apoyado y empoderado a lo largo de todo el camino y, sobre todo, que ayude a tu hijo a medrar con una infancia que sea rica en felicidad y diversión. Espero que esto nos ayude a todos a construir un mejor futuro para nuestros vástagos, y que todos nosotros podamos disfrutar de un tiempo maravilloso mientras lo hacemos.

¿Empezamos? Sumerjámonos. Os acompañaré a lo largo de todo el camino.

Kate Silverton, febrero de 2021

PARTE I

Comprender a tu hijo al estilo del lagarto, el babuino y el búho sabio

Creo que nos vemos más beneficiados como padres cuando tenemos la capacidad de entrar en la mente de nuestros hijos para comprender de verdad cómo piensan y qué motiva su comportamiento. Esto es mucho más fácil de hacer cuando comprendemos cómo se desarrolla su cerebro. La Parte I va a explicarnos cosas sobre el cerebro de tu hijo empleando la idea supersimplista de tres animales: un lagarto, un babuino y un búho sabio. Yo lo considero de la siguiente forma: puede que el cerebro sea complejo, pero nuestro conocimiento sobre él no tiene por qué serlo.

Con estos conocimientos recién descubiertos comprenderás *todo* sobre el comportamiento de tu hijo y por qué, en realidad, no hay niños «malos».

CAPÍTULO 1

El lagarto, el babuino y el búho sabio

«Mira a tu hijo de forma distinta y verás a un hijo diferente».

Doctor Stuart G. Shanker, profesor emérito de filosofía
y psicología de la Universidad de York

«¡Está pasando por los terribles dos años de edad!».
«Mi bebé es muy dependiente».
«Mi hija es incapaz de compartir».
«Mi hijo lo muerde todo».
«¡Mis gemelos no se están quietos!».
«¡¿Por qué no podemos salir de casa a la hora?!».
«Mi hija está muy ENOJADA: sigue pegando a su hermana».
«¡¿POR QUÉ NO HACEN LO QUE SE LES DICE?!».

¿Por qué se COMPORTAN nuestros hijos de la forma en que lo hacen?

La crianza y educación tradicional de los hijos diría que nuestros hijos son «MALOS».

Yo digo que la crianza y la educación tradicional de los hijos está equivocada.

Nuestros hijos *no* son «malos»: *simplemente están intentando decirnos algo* de la única forma en que saben hacerlo.

Nuestros hijos de menos de cinco años con frecuencia «representan» sus sentimientos porque no siempre disponen de las palabras para *explicarlos;* todavía. Y sus sentimientos pueden parecer ENORMES, como si el MUNDO ENTERO se fuera a acabar, porque no disponen de un «filtro emocional» avanzado a esta edad, ninguna forma de «desconectarse» o de «reducir la potencia». Cuando comprendamos eso, cuando seamos capaces de interpretar su comportamiento con facilidad (cosa que lograrás al final de este capítulo), verás por qué digo: «NO HAY NIÑOS MALOS», y nos convertiremos en padres que no preguntaremos «¿Qué te pasa de MALO?», sino más bien «¿Qué te está pasando en este preciso momento con lo que es necesario que te ayude?».

¡Eso es!

Sé que suena fácil, pero ayudar a tu hijo a aprender cómo gestionar sus grandes sentimientos será unos de las mayores y MEJORES inversiones que HARÁS como progenitor. En realidad, no hay necesidad de que te sientas presionado para crear a un pequeño Einstein o Mozart. Si queremos tener unos retoños equilibrados, sensatos y felices, la ciencia confirma lo que la naturaleza ya sabía: enseñar a nuestros hijos cómo manejar sus emociones es vital para asegurar su bienestar mental y emocional futuro. La belleza de ello es que la naturaleza ya nos ha proporcionado todo lo que necesitamos para ayudarles a hacerlo.

Apunte sobre el cerebro

«En lugar de mostrar unas tarjetas didácticas a un bebé, resultaría más adecuado, para la etapa de desarrollo de la criatura, que simplemente le sostengas entre tus brazos y disfrutes de él».

Sue Gerhardt (psicoterapeuta) en su libro *El amor maternal: la influencia del afecto en el cerebro y las emociones del bebé*

Nuestras emociones son los sentimientos que percibimos en nuestro interior. Son nuestra guía para saber lo que es seguro en la vida y lo que no, hacia qué nos acercamos y de qué nos alejamos.

La forma en la que nuestros hijos experimenten el mundo y nuestro papel como progenitores moldearán el tipo de persona en el que se convertirán: no sólo con respecto a su salud física, sino también en lo relativo a su bienestar mental y emocional. La mejor forma en la que podemos ayudarles es comprendiendo que el cerebro de nuestros hijos *todavía* se está desarrollando, lo que significa que pueden comportarse y percibir las cosas de forma muy diferente a como lo hacemos nosotros.

Mediante una ilustración: al mirar esto, ¿qué ves?

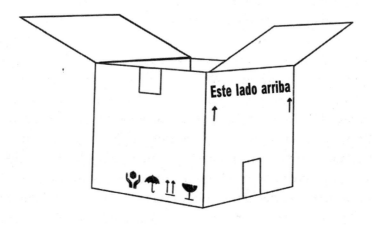

Pues bien, aquí tenemos lo que ve tu hijo…

¡¿NAVE ESPACIAL?!

¡¿COCHE DE CARRERAS?!

¡¿FORTALEZA?!

¡¿MANSIÓN?!

A esta edad, nuestros hijos experimentan el mundo de una forma distinta a nosotros porque *su cerebro es diferente*. Su cerebro está implicado en el crecimiento, en explorar, en aprender. Eso se debe a que el cerebro de nuestros hijos no está desarrollado como el nuestro. De hecho, el trabajo del profesor Peter Fonagy y el de muchos investigadores de su mismo campo sugieren que el cerebro humano no deja de desarrollarse hasta que cumplimos veinticinco años, más o menos, por lo que tu hijo de menos de cinco años tiene un cerebro que todavía es, EN GRAN MEDIDA, un proyecto en desarrollo, lo que significa que a su comportamiento también le queda mucho trabajo por delante.

En cuanto aprendí sobre el desarrollo del cerebro, *todo* acerca de mis hijos pequeños adquirió sentido de inmediato: desde por qué les costaba compartir, por qué mi hijo pegaba a su hermana y por qué era tan rematadamente difícil que todos saliésemos de casa a la hora prevista.

Podía evitar las rabietas y abrazarlos cuando lloraban, detener las peleas y ver cómo mis hijos se convertían en grandes amigos sin recurrir a las reprimendas «tradicionales» como los «castigos cuando el niño se porta mal» (dejar al niño castigado en un rincón o hacer que se quede de pie de cara a la pared en una esquina del aula o sentado solo en un escalón) o el «confinamiento/castigo en su habitación». Vi que podía ser el progenitor que quería ser, con la capacidad de «meterme en la cabeza de mis hijos», de ver las cosas desde su punto de vista y comprender qué era lo que estaban sintiendo y, lo más importante: *POR QUÉ*.

Comprender cómo se desarrolla el cerebro de nuestros hijos es absolutamente vital si queremos ayudarlos (y, de hecho, ayudarnos a nosotros mismos) a avanzar durante el resto de su vida con felicidad, con independencia del reto al que se enfrenten.

Sin embargo, el cerebro es un órgano complejo, y yo soy un animal con un cerebro bastante pequeño en lo tocante a la neurociencia. Cuando me dispuse a aprender sobre el cerebro, toda la cháchara sobre el cuerpo amigdalino, el sistema límbico y el nervio vago dorsal me hacían venir a la mente imágenes de cursos de programación informática o del anuncio de un coche alemán más que del increíble órgano que nos mantiene vivos.

Por lo tanto, me propuse destilar la ciencia para crear un concepto muy sencillo que me ayudara a entender el comportamiento de mis hijos de una forma que tuviera sentido para mí, y en cierta forma espero que también tenga sentido para ti, ya que mi mayor deseo es que al compartirlo contigo veas por qué «NO HAY NI-ÑOS MALOS» y, al final de este capítulo, *tú serás el que le explicará a tus amigos por qué*.

El lagarto, el babuino y el búho sabio

Cuando nuestros antepasados empezaron a caminar sobre dos patas, pudieron, naturalmente, usar sus manos con mayor libertad, y los científicos creen que el aumento de su inteligencia como resultado de poder llevar a cabo más actividades dio lugar a un impresionante incremento del tamaño del cerebro. Sin embargo, caminar erguido sobre las dos extremidades posteriores también tuvo otra consecuencia.

Apunte sobre el cerebro

«Al mismo tiempo, caminar erguido sobre las dos extremidades posteriores provocó un estrechamiento de la pelvis y del canal del parto en las mujeres. Una cabeza de mayor tamaño y una pelvis más pequeña implicaban que el bebé humano tenía que nacer con un elevado grado de inmadurez».

Doctora Margot Sunderland, Directora de Educación
y Formación, Centro para la Salud Mental Infantil
(Londres), de su libro*The science of parenting*.

Tener un «cerebro relativamente inacabado» significa que somos mucho más vulnerables al nacer y durante un período significativamente más largo que los emparentados mamíferos. Las cebras, por ejemplo, pueden huir de sus depredadores sólo una hora después de nacer; una jirafa recién nacida cae al suelo después de salir del útero de su madre desde una altura de casi dos metros y camina, pese a hacerlo de forma bastante tambaleante, casi de inmediato; y los delfines *nacen* nadando. En marcado contraste, nuestros bebés nacen bastante indefensos. A un niño le lleva alrededor de un año empezar a caminar con confianza, y no puede alimentarse ni cuidar de sí mismo hasta que transcurre mucho más tiempo.

Nuestros hijos dependen por completo de nosotros para sobrevivir, hasta que sus cerebros inmaduros estén, en efecto, a la altura.

Ésa es la razón por la cual se produce un crecimiento tan rápido del cerebro en los primeros años de vida: el cerebro de nuestros hijos tiene que trabajar *rápidamente* para alcanzar las destrezas y las habilidades que necesitan para sobrevivir y florecer en cualquier entorno en el que se encuentren.

El cerebro se desarrolla de forma jerárquica: desde la parte inferior a la superior, por así decirlo. Para permitir que esto se comprenda de forma más fácil, los científicos lo han dividido en dos partes. Todas las porciones están presentes desde el momento del nacimiento y cada una está conectada con la otra, pero cada parte tiene, además, sus propias funciones distintas.

Para entender a nuestros hijos y por qué hacen lo que hacen, primero debemos comprender estas distintas partes y cómo influyen en el comportamiento de nuestros retoños.

Las primeras partes del cerebro de nuestros hijos que se desarrollan son lo que se conoce como el tallo cerebral y el cerebelo: lo que consideramos nuestro CEREBRO DE SUPERVIVENCIA. Tal y como el nombre implica, su trabajo consiste en mantener a nuestros hijos vivos. Controla el ritmo cardíaco y la temperatura corporal, los patrones de sueño de nuestros hijos, su respiración, equilibrio, apetito y digestión. El cerebro de supervivencia responde ante cualquier cosa que ponga en peligro la vida: tanto si es algo que sucede en el interior del cuerpo (como, por ejemplo, si nuestros hijos tienen hambre) como fuera de él (por ejemplo, que alguien corra hacia ellos agitando sus puños apretados y gritando).

En estas circunstancias, el cerebro de supervivencia de nuestros hijos actúa de forma instintiva y automática. Sus respuestas no se eligen de manera consciente, e implican lo que entendemos que son nuestras respuestas de lucha o huida y de quedarse congelado. El cerebro de supervivencia es de lo que más dependen nuestros bebés en el útero, y dirigirá buena parte de su comportamiento durante su primer año de vida.

A continuación, tenemos el cerebro límbico, o lo que también se conoce como CEREBRO EMOCIONAL. Está implicado en procesar y regular los «grandes sentimientos» de nuestros hijos, como la ira y la alegría, además de su comportamiento social: cómo se relacionan con otras personas. También se trata de la forma en la que nuestros bebés e hijos pequeños procesarán lo que está sucediendo en el mundo que hay a su alrededor: lo que ven, oyen, saborean, huelen y perciben mediante al tacto. Es donde se «localiza» gran parte de su memoria y lenguaje, además de su respuesta frente al estrés: cómo **actúan** si sienten que se encuentran en peligro.

Las partes de nuestro cerebro dedicadas a la supervivencia y las emociones suelen recibir el nombre de «cerebro inferior» y en gran medida están interconectadas.

Por último, llegamos al córtex, y en concreto al córtex prefrontal o CEREBRO PENSANTE, que también recibe el nombre de CEREBRO SUPERIOR, y que es la parte del cerebro que nos distingue del resto de los animales. Ayuda a nuestros hijos a aprender, a tener empatía (pensar en las cosas desde el punto de vista de otra persona), a pensar en el pasado y en el futuro, a resolver problemas y a comprender «conceptos».

TODAS las partes del cerebro ESTÁN presentes desde el momento del nacimiento, pero como cada una de ellas se desarrolla «secuencialmente», por así decirlo, primero el tallo cerebral y por último el cerebro pensante, algunas partes del cerebro pueden ser más influyentes que otras en términos del comportamiento de nuestros hijos en sus primeros años de vida.

Así pues, tal y como hemos afirmado, me encanta el cerebro (es brillante), pero puedo perderme mucho con las etiquetas, como la de «cerebelo» o «hipotálamo». Podría llenar páginas explicando todas y cada una de las intrincadas funciones del cerebro (no te preocupes, no lo voy a hacer), y creo que la complejidad de las etiquetas es una de las principales razones por las que las inestimables investigaciones llevadas a cabo en las últimas décadas no han llegado a un público más amplio. Sin embargo, lo que sabemos sobre el desarrollo del cerebro de nuestros hijos, especialmente en sus primeros años de vida, es fundamental para su futura salud mental y su bienestar, y puede ayudarnos, también, en su crianza y educación. Por lo tanto, me reté a destilar décadas de ciencia en una idea sencilla con la esperanza de que haga algo por ayudarnos a comprender el comportamiento de nuestros hijos un poco mejor.

E implica… Aquí llega…

A un árbol, un lagarto, un babuino y un búho sabio (lo sé… Encantada de ayudarte ☺ 😁).

Recuerda que ésta es mi interpretación. Por supuesto, tu hijo NO TIENE un lagarto, un babuino ni un búho sabio en su cabeza, pero pienso que usar imágenes es una forma realmente útil de explicar lo que he asimilado de todas las investigaciones y entrevistas que he llevado a cabo.

Pese a ello, me gustaría de verdad que te sumergieras en profundidad en el increíble mundo de la neurociencia y en el trabajo pionero de científicos como el profesor Peter Fonagy, el doctor Bruce Perry y la doctora Margot Sunderland, y de muchos otros que aparecen en el apartado de referencias bibliográficas de este libro, que me han influido a lo largo de mis estudios (los cito a todos al final del libro). Sin embargo, mientras avanzamos, podemos desechar la «integración bilateral» y dejar a un lado al «señor Cerebelo» para presentaros, con fanfarrias, el cerebro de vuestro hijo (y también el vuestro, por cierto) empleando simplemente a tres animales y un árbol.

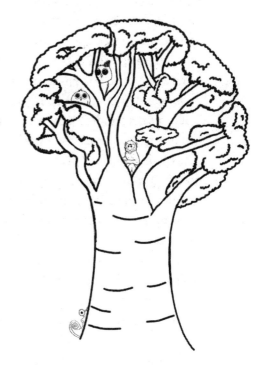

Y no hablamos tan sólo de un árbol viejo cualquiera, sino de un increíble y antiguo baobab de mi querido Zimbabue. Conocido allí como el árbol de la sabiduría, se trata del árbol alrededor del cual los ancianos se reunían para transmitir generaciones de conocimientos a los niños pequeños del poblado.

Vamos a tomar el baobab en su conjunto para representar el cerebro de nuestro hijo. En la parte inferior del tronco hay un pequeño lagarto sentado sobre su corteza. El lagarto representa al CEREBRO DE SUPERVIVENCIA. Pienso en él como en un lagarto porque esta parte de nuestro cerebro es (sorprendentemente) el mismo cerebro que también tienen los reptiles y que, de hecho, han tenido desde hace cientos de millones de años. Es muy primitivo pero, tal y como hemos visto, desempeña un papel vital para mantenernos a salvo y vivos.

El lagarto

Imagínate a un lagarto en la naturaleza. Actúa basándose en su instinto. Si tiene hambre y una mosca revolotea a su alrededor, su lengua sale disparada y ya tiene su comida. Si escucha un rumor entre la hierba alta cercana,  se levanta y sale corriendo en un santiamén, o puede que se quede completamente inmóvil, esperando camuflarse con su entorno y evitar ser detectado. Pues bien, lo mismo pasa con nosotros: nuestro cerebro reptiliano está ahí para nuestra supervivencia y reaccionará al instante, tanto si tenemos hambre como sed, si tenemos demasiado frío o calor o si piensa que estamos a punto de ser atacados.

Nuestro lagarto está implicado en lo que se conoce como nuestra «respuesta frente al estrés». Los síntomas del miedo surgen primero aquí, en el tallo cerebral, y puede conducirnos al modo de lucha, huida o quedarnos congelados: con esto queremos decir que si nos sentimos amenazados, podemos mantenernos firmes y luchar, o darnos la vuelta y huir, igual que el lagarto o, del mismo modo, si parece que hay pocas posibilidades de escapar, podemos, simplemente, quedarnos congelados… esperando que la amenaza desaparezca.

El lagarto no «escoge» comportarse de una forma concreta: su comportamiento es automático. Podemos verlo en el mundo real con la conducta, «rápida como el rayo», de nuestros hijos: por ejemplo, las rabietas en público, en las que nuestro hijo puede tirarse al suelo como un peso muerto, lo que sugiere que el «lagarto» ha quedado completamente sobrepasado por lo que está experimentando de forma muy parecida en la que nosotros, los adultos, podemos desmayarnos o quedarnos paralizados si nos vemos demasiado «superados» por una situación en especial estresante.

Es el cerebro reptiliano el que está actuando cuando el cuerpo de nuestro bebé se pone rígido si está asustado, o si se asusta debido a un ruido intenso y se encuentra tumbado boca arriba: sus brazos y piernas pueden agitarse como si estuviera intentando huir. Si tu bebé berreó en el cuarto de baño cuando le diste su primer baño, puedes imaginar que se trata del cerebro reptiliano que entra en acción en su defensa como protesta ante la impresión por el súbito cambio de temperatura, y es el lagarto el que motiva esos lloros de lo más insistentes mientras nuestro bebé nos dice, sin que quepa espacio para la duda: «¡TENGO HAMBRE!».

El lagarto no es sofisticado ni manipulador: no se queda sentado lamiéndose las patitas y pensando: «Mmmh… ¡Voy a hacer que el bebé llore y llore porque sé que eso saca de quicio a mamá y papá!».

¡Noooo! En absoluto. El único cometido del lagarto es asegurarse de la supervivencia de tu hijo. Actúa de forma automática, alertándote de lo que necesita tu hijo *exactamente* cuando lo precisa. La forma en la que respondas es clave, porque aquí radica el aspecto fundamental: el buen desarrollo del LAGARTO es esencial, no sólo para la *salud psicológica* de tu hijo, sino también para su futura *salud mental*.

La forma en la que se desarrolle el lagarto puede ayudar a moldear el futuro comportamiento de nuestro hijo y su actitud con respecto a cosas como el riesgo, su tendencia a la ansiedad y lo miedoso que sea, tanto como niño y como el adulto en el que se convertirá; y el desarrollo del lagarto y las asociaciones que establece (si el mundo es un lugar acogedor o amedrentador) empiezan VERDADERAMENTE PRONTO EN LA VIDA.

Apunte sobre el cerebro

 «El desarrollo del cerebro empieza dos semanas después de la concepción, y desde el momento de la concepción tenemos dos necesidades centrales: **unas relaciones estables, cariñosas y enriquecedoras.** Estas dos necesidades básicas son elementos críticos del entorno en el que crecemos, y son tan importantes para un desarrollo positivo como el alimento y la seguridad».

Profesor Peter Fonagy, Anna Freud Centre
for Children and Families

Quedé anonadada cuando comprendí, por primera vez, que las experiencias que tenemos en el interior del útero y durante nuestro primer año de vida moldean al adulto en el que nos convertiremos. Ésa es la razón por la cual mi eminente comadrona, Jenny Smith, afirma que todos debemos saberlo. «Es en el momento de la concepción cuando tenemos que empoderar a las mujeres con el conocimiento de que incluso en las primeras semanas de la gestación están sustentando e influyendo no sólo en el crecimiento de su bebé a nivel físico, sino también en el desarrollo del cerebro de su bebé. Este desarrollo empieza en el útero y continúa durante la infancia, y estas influencias tienen un impacto sobre el tipo de adulto en el que se convertirá tu hijo».

Con tantas experiencias nuevas en su primer año de vida, todo esto puede parecer muy amedrentador para nuestros bebés, en especial si pensamos que están, literalmente, atrapados en su cuerpo, indefensos, incapaces de huir de las amenazas o de alimentarse por sí mismos cuando tienen hambre. En gran parte, el lagarto depende en un principio de nosotros para su supervivencia. Cuando sostienes a tu bebé (o tu hijo pequeño), cuando lo tienes pegado a tu cuerpo, manteniéndolo caliente y sintiéndose a salvo, estás ayudando a «tranquilizar» a esa parte antigua de su cerebro (nuestro lagarto metafórico), asegurándole que cuando tenga hambre, sed, esté asustado o sienta dolor, tú estarás ahí para ayudarlo, para mantenerlo a salvo: para mantenerlo con vida.

Cada vez que respondes a tu bebé cuando te llama, que lo alivias y consuelas y satisfaces sus necesidades, estás ayudando a desarrollar unas asociaciones positivas en el cerebro de tu bebé.

Apunte sobre el cerebro

 «Ser capaz de sentirse a salvo con otras personas es, probablemente, el aspecto más importante de la salud mental. Las relaciones que aportan seguridad son fundamentales para tener una vida plena y satisfactoria».

Bessel A. van der Kolk, psiquiatra, investigadora y autora de *El cuerpo lleva la cuenta: cerebro, mente y cuerpo en la superación del trauma*

Cuantas más asociaciones positivas haga el «lagarto» de tu hijo (es decir, que cuando te necesite y si te necesita siempre estarás ahí), más probable será que tu hijo sea capaz de lidiar con los retos en el futuro. Piensa en cómo ayudamos a nuestros hijos a aprender a montar en bicicleta. No les subimos encima de una bicicleta sin más para que pedaleen solos en su primer intento. Al principio actuamos como si fuésemos sus ruedines, estabilizándolos mientras encuentran el equilibrio, ayudándolos a practicar hasta que puedan pedalear solos. Al cabo de un tiempo damos un paso atrás y los animamos desde una distancia, pero cerca por si hace falta darles un beso en su rodilla despellejada por una caída. De forma parecida, tenernos ahí al lado como «ruedines» al principio de su viaje en la vida permite a nuestros hijos adquirir confianza para «encontrar su equilibrio», para probar cosas nuevas y, en último término y por supuesto, hacer las cosas solos.

Así es como se desarrollan las bases de la resiliencia. Ésta nace no de «tirar a tus hijos en la parte profunda de la piscina», sino más bien colocando primero unos cimientos sólidos y proporcionando un amor y un respaldo incondicionales en este período inicial y de mayor vulnerabilidad en su vida. Al hacer esto ahora, estamos ayudando a nuestros hijos a desarrollar unas bases fuertes y sanas en su cerebro que les durarán toda la vida.

En conclusión, pues:

1. El cerebro «reptiliano» de nuestros hijos es lo que los mantiene con vida.
2. No ESCOGE actuar de la forma en que lo hace... Actúa por instinto y de manera automática, avisándote de sus necesidades.
3. Sigue ejerciendo una enorme influencia sobre nuestros hijos, en especial en sus primeros años de vida, aunque también durante toda su existencia.
4. Desempeña un papel en las actitudes de nuestros hijos con respecto al riesgo, su tendencia en lo tocante a la ansiedad y su futura salud mental.

Así pues, ¿qué sucede con el resto del cerebro?

Bueno, echemos un vistazo a nuestro baobab de nuevo, y ahí, encima de una de sus ramas tenemos a un...

BABUINO

El babuino representa, en mi idea, el CEREBRO EMOCIONAL, o lo que los científicos llaman sistema límbico. Es la misma parte del cerebro que encontramos en otros mamíferos, como nuestro perro o gato. El babuino está a cargo del comportamiento social de nuestro hijo: aspectos como el cariño y el apoyo, el carácter juguetón y el establecimiento de vínculos. Es el encargado de todas las grandes emociones como el miedo y la ira, la alegría y la confianza. El «babuino» de tu hijo no puede registrar las ideas como el tiempo (¡no lleva un reloj puesto!), ni puede aplicar la lógica. Es un babuino y vive en gran medida en el aquí y el ahora. El babuino, al igual que el lagarto, es responsable de la seguridad y supervivencia de nuestros hijos. Pienso en él como en un sistema de autodefensa que está vigilante y alerta. Lo imagino sentado en la rama del baobab, escudriñando el horizonte en busca de cualquier amenaza potencial. Si ve algo inapropiado puede saltar al suelo, golpeándose el pecho para ahuyentar a cualquiera que no quiera que se acerque demasiado. Los babuinos de nuestros hijos siguen el ejemplo del lenguaje corporal de otras personas, en especial de sus ojos, de la misma forma en la que lo hacen otros mamíferos como los perros. El babuino ayuda a nuestros hijos a establecer buenas relaciones, a asentar vínculos con otras personas: otro mecanismo de supervivencia, si te detienes a pensarlo, ya que formar parte de una «tropa» o tribu más amplia proporciona más seguridad.

El babuino en realidad madura durante los tres primeros años de vida de nuestros hijos y, tal y como veremos, ésa es la razón por la cual el comportamiento de nuestros retoños puede parecerse a veces más al de un babuino desvergonzado que al de un ser humano. (Con un hijo pequeño que ahora tiene seis años, ¿qué es lo que crees que me inspiró?). Todo eso de que se revuelquen por el suelo, roben comida o juguetes, golpeen el suelo con los puños: son comportamientos que podríamos considerar un poco «desmesurados».

Tener la capacidad de pensar en nuestros hijos como en criaturas más primitivas, dirigidos por un «lagarto» y un «babuino» cuyo centro de atención está más puesto en permanecer vivos y menos en ser educados, puede ayudarte a mantener la perspectiva en esos momentos de rabietas y accesos de ira. Cuando recordemos que el comportamiento de nuestros hijos está dirigido por un cerebro que todavía está en desarrollo, puede que seas más tolerante cuando no siempre se comporten de la forma que queremos o esperamos que lo hagan.

Cuando podemos comprender qué es lo que está desencadenando el comportamiento de nuestro hijo, cuando lo consolamos, apoyamos y tranquilizamos si se siente amenazado o asustado, esto nos ayuda a desarrollar asociaciones positivas en el cerebro y a fortalecer los lazos de cariño entre él y tú. Esto nos conduce a lo que nos referimos en psicoterapia como tener un «vínculo seguro». El psiquiatra británico John Bowlby definió los vínculos, lazos o apego como «una conexión psicológica duradera entre seres humanos». Esto significa que cuando nuestros hijos se encuentren estresados, o se sientan amenazados o asustados, nos llamarán o acudirán a nosotros de inmediato porque han aprendido que podemos ayudarlos, que pueden confiar en nosotros para que aliviemos sus miedos y contengamos sus sentimientos intensos. Disponer de un vínculo seguro nos permite respaldar el bienestar emocional y mental futuro de nuestros hijos. Influye en todo: desde cómo manejan el estrés más adelante en la vida hasta sus relaciones futuras: sí, incluso las relaciones amorosas.

Apunte sobre el cerebro

 «Hay pruebas sólidas procedentes de la neurociencia que respaldan la teoría del apego y que sugieren que la edad que va de los cero a los cinco años es un período crítico para desarrollar vínculos. Si no se han desarrollado relaciones de apego durante este período, entonces el niño es probable que padezca problemas de aprendizaje, de salud o sociales, tal y como vemos en el caso de criaturas criadas en circunstancias de grandes privaciones emocionales. Una forma en la que se pueden fortalecer los vínculos es mediante interacciones de "servir y devolver" entre los niños de entre cero y cinco años y sus progenitores, cuidadores y otros. Como un peloteo en un partido de tenis, los bebés y los niños muy pequeños buscan, de forma natural, las interacciones con los adultos mediante el balbuceo, señalando cosas, imitando las expresiones faciales, etc. Este proceso conduce al desarrollo de importantes habilidades lingüísticas, cognitivas y sociales, y es uno de los ingredientes clave que desarrollan el cerebro de un niño».

Profesor Peter Fonagy, Anna Freud Centre
for Children and Families

Tal y como explica el profesor Fonagy, «una base sólida en los primeros años de vida incrementa las probabilidades de una buena salud y del aprendizaje más adelante, mientras que una base poco firme incrementa las probabilidades de encontrarse con dificultades más adelante en la vida». La forma en la que nos relacionemos con nuestros hijos ahora es así de importante.

En este libro nos fijaremos en MUCHOS ejemplos de comportamientos de tipo babuino (arrebatar cosas, pegar y grandes berrinches) y cómo podemos responder de la mejor manera para así conseguir «el mejor partido de tenis» posible con nuestros hijos. Compartiré los consejos, las herramientas y los trucos para permitirte trabajar con tus hijos en sus momentos más desafiantes, para hacer que tus jóvenes babuinos vuelvan a entrar en razón sin demasiadas lágrimas y sin revolcarse por el suelo. Con una comprensión y unos conocimientos claros sobre el desarrollo del cerebro de nuestros hijos (y, ciertamente, del nuestro), podemos interpretar más con más facilidad su comportamiento no como «malo» o «travieso» *per se*, sino como un comportamiento que es consecuencia de que tengan un cerebro de babuino todavía en desarrollo.

Nuestros pequeños babuinos con frecuencia actuarán primero y pensarán después, en especial si se sienten amenazados: quizás si otro niño les arrebata su juguete favorito, si un hermano toma *su* trozo de pastel, u otra criatura se vuelve demasiado brusca mientras juegan en la guardería, etc. En estas ocasiones, nuestros babuinos pueden tirarse a la yugular a modo de respuesta si todavía no han aprendido cómo controlar su comportamiento impulsivo.

Podemos ayudar a nuestros hijos a gestionar sus emociones (o lo que llamamos autorregularlas) ayudándoles a *reconocer* las emociones que sienten en su interior. El doctor Allan Schore es uno de los principales psicólogos clínicos de su generación, y sostiene que fomentar la regulación emocional es una de las cosas más fundamentales que los padres pueden hacer por sus hijos muy pequeños.

Apuntes sobre el cerebro

 «El acontecimiento clave para los niños se produce durante sus dos primeros años de vida: el cerebro en desarrollo dobla su tamaño en el primer año de vida, y en el segundo, destacablemente, numerosas conexiones nerviosas delicadas forman patrones en el cerebro. Se formarán a pesar de todo: la pregunta es si se tratará de patrones sanos y estabilizadores o no. Es importante señalar que las partes del cerebro que controlan la estabilidad emocional, el autocontrol y la consciencia se forman en una etapa temprana de la vida».

Doctor Allan Schore, 2013

Si esto parece un poco disparatado, piensa en los adultos que conoces que TODAVÍA usan a su babuino con bastante frecuencia. Piensa en el hombre (o la mujer) que «tira sus juguetes fuera del carrito», o en el conductor que gruñe debido a las discusiones de tráfico, agitando los puños y gritando a otros conductores con una ira indignada... con todos los babuinos en acción.

También tenemos las cosas de babuinos que son divertidas: el establecimiento de vínculos sociales, el carácter juguetón, la curiosidad y la comunicación verbal, la capacidad de cuidar de otros y apoyarlos, y en lo que pienso que es un saco de recuerdos que ayuda a nuestros hijos a albergar sus experiencias y las emociones que les proporcionan su color y textura.

El babuino ayuda a nuestros hijos a grabar sus recuerdos (los buenos y los no tan buenos) en lo que podríamos considerar, en esencia, una «biblioteca de experiencias». Cada día, el babuino de tu hijo añadirá cosas a la lista de experiencias: lo que es divertido y lo que no lo es, lo que es seguro hacer sin que tú estés presente y lo que no lo es.

Cuando nuestros hijos nos piden una guerra de almohadas o una pequeña pelea, o cuando trepan por el pasamanos, todo esto son comportamientos dirigidos por su babuino, que los insta a ser curiosos y juguetones, acumulando así recuerdos divertidos que almacenar en ese maravilloso saco de recuerdos.

A medida que vaya cogiendo confianza, el babuino de tu hijo lo instará a que pruebe cosas nuevas, a adquirir cierta independencia. Cuando lo hacen, es un testimonio de tu brillantez como progenitor, porque significa que confían en que estarás ahí a su lado si fracasan.

Y un apunte importante que hacer a este respecto es que, si nuestros hijos parecen egoístas, exigentes y, en ocasiones, como si «todo girase a su alrededor», esto se debe a que están diseñados, debido a la evolución, para que sean de este modo. Recuerda que se trata de sobrevivir.

* * *

Si desestimamos el comportamiento de nuestros hijos al considerar que están pasando por «los terribles dos años de edad», los etiquetamos como «malos» o los acusamos de que son «melodramáticos», estaremos pasando de verdad por alto la idea principal: a esta edad su cerebro es, en gran medida, un proyecto en desarrollo y simplemente no hay tanto pensamiento racional en el interior de su cerebro como en el nuestro.

Las buenas noticias son que podemos trabajar con nuestros hijos para ayudar a su lagarto y a su babuino a desarrollarse de un modo saludable y, al hacerlo así, reduciremos su comportamiento más extremo con el tiempo.

¿Cómo conseguimos esto?

Ahhhh… bueno… aquí es donde llegamos a nuestro «cerebro pensante», o a lo que a partir de ahora llamaremos…

El búho sabio

El búho sabio representa a nuestro «cerebro superior o pensante»: en concreto al córtex prefrontal. Es la parte más desarrollada del cerebro y su sofisticación es lo que nos distingue del resto de los animales. Nos aporta la facultad de razonar e imaginar y la capacidad de resolver problemas. Ésa es la razón por la cual pienso en esta parte del cerebro como en un búho sabio, sentado en medio de la copa del árbol, con sus hojas y ramas en la parte superior de nuestro cerebro o baobab.

El búho sabio se encarga de todos los pensamientos maravillosamente complejos que tenemos. Comprende conceptos como el tiempo y la consciencia, puede analizar, explicar historias, racionalizar, ser creativo, gestionar sentimientos intensos, razonar, mostrar amabilidad, lógica, empatía y preocupación, e incluso generar pensamientos abstractos y tener imaginación. El búho sabio nos permite ver las cosas en su conjunto. Sentado ahí arriba, a gran altura en el árbol, dispone de perspectiva, por lo que puede poner las situaciones en un contexto. Si un desconocido se acerca por el horizonte, nuestro lagarto y babuino puede que se pongan nerviosos e inquietos, listos para atacar o huir en caso necesario. El búho sabio, desde su elevada posición, puede ver si el desconocido es un amigo o un enemigo, y puede decidir la mejor forma de responder con el beneficio de su «visión de conjunto». Aporta calma y puede regular los comportamientos más primitivos de nuestro babuino y lagarto. Comprende que a veces DEBEN actuar de la forma en que lo hacen (para mantenernos vivos), pero también sabe cuándo es necesario bajar en picado desde su alta rama para elevar al lagarto y al babuino en sus grandes alas emplumadas para calmarlos y aliviarlos si necesitan que lo haga, o puede que trabaje con ellos en equipo para así lidiar con cualquier peligro potencial juntos.

Nuestra parte del cerebro correspondiente al búho sabio es la que nos permite distinguir lo correcto de lo incorrecto o lo que podríamos considerar como «juicios éticos», junto con muchas otras habilidades que nos permiten vivir en armonía en sociedad.

Como adultos, *el búho sabio es crucial para nuestra propia autorregulación emocional*: nuestra capacidad de calmarnos a nosotros mismos y a nuestras emociones, y de confiar en que podemos responder ante cualquier situación, por desafiante que sea, de una forma calculada y llena de confianza.

Pero… últimas noticias: aquí tenemos el titular.

NUESTROS HIJOS PEQUEÑOS TODAVÍA NO DISPONEN DE UN BÚHO SABIO.
No, NADA, naranjas de la China…
DE LO QUE DISPONEN ES MÁS BIEN DE UN POLLUELO DE BÚHO RECUBIERTO DE PLUMÓN MÁS QUE DE UN BÚHO SABIO: se trata de un polluelo de búho que todavía no puede volar. Tiene unas alas pequeñas, que implican que no puede bajar en picado y elevar al lagarto y al babuino para consolarlos. No tiene la capacidad para tranquilizarlos rápidamente cuando necesitan que lo haga.

El polluelo de búho necesita tiempo para crecer, para convertirse en el búho sabio que somos los adultos. Nuestros fantásticos niños pequeños están iniciando el increíble viaje de descubrimiento en la vida. En estos primeros años de vida, su cerebro está, en gran medida, corriendo para ponerse al día, e incluso entonces se trata, sobre todo, de un proyecto en desarrollo.

Hasta ahora en su vida, el cerebro antiguo de nuestros hijos ha estado dedicado en exclusiva a su supervivencia, y no a cómo salir de casa a la hora o si es apropiado o no tener un berrinche en el supermercado. Su foco se ha centrado en obtener algo de importantísima independencia de modo que tengan más probabilidades de permanecer vivos si son abandonados en la «sabana».

Comprender el concepto del tiempo o disponer de la consciencia para resolver un dilema moral o distinguir lo correcto de lo incorrecto son, ciertamente y a estas alturas, unos requisitos excesivos. Así que, su señoría, no podemos declarar culpables a nuestros hijos de ser «malos» cuando su cerebro todavía se está desarrollando.

Nuestros hijos no pueden «contener» con facilidad sus sentimientos intensos en estos primeros años de vida. Debemos ayudarlos a que sean capaces de hacerlo ellos mismos. Debemos ayudarlos a que ese polluelo de búho recubierto de plumón se convierta en un hermoso búho sabio.

* * *

Sin embargo, y como sabemos, la crianza y educación de los hijos no siempre es fácil. Cuando estamos cansados o asustados, es más probable que nuestro lagarto y babuino entren en acción antes de que *nuestro* búho sabio ni siquiera haya tenido la oportunidad de bajar en picado para ayudar. Una vez más, y fijándonos en ello desde una perspectiva evolutiva, puede que comprendamos por qué nuestro babuino está más en guardia si nos encontramos «en peligro» de alguna forma, tanto si estamos cansados como si estamos estresados y con el alma en vilo.

Como progenitores, estos conocimientos e información sobre cómo funciona nuestro cerebro pueden ayudarnos a ser más conscientes de nosotros mismos y a asegurarnos de permanecer conectados con nuestro propio búho sabio, en lugar de funcionar sobre todo a partir de nuestro lagarto y babuino, en especial cuando estamos haciendo juegos malabares con correos electrónicos, limpiando culitos y preguntándonos por qué estamos gritando cuando nuestros hijos de cuatro años están desbocados.

Tomemos un ejemplo de la vida real. Cuando mi hijo Wilbur empezó a ir al colegio, con cuatro años, le compramos, llenos de orgullo, su uniforme, que incluía un paquete de polos con el cuello blanco. Llevó uno muy contento el primer día, pero el segundo día se negó en redondo. «Me pondré *esto*», dijo, sacando una camiseta azul, «pero *no* eso». Pero la camiseta no formaba parte de su uniforme. Se inició una batalla en la que empleé cada táctica a la que pude recurrir para hacer que mi hijo se pusiese el polo blanco y pudiéramos llegar al colegio a tiempo. Cuando sólo nos quedaban cinco minutos, seguía inmóvil en las escaleras, con la cara colorada y las lágrimas deslizándose por el rostro. La verja del colegio se cerraba a las nueve y yo tenía que tomar un tren para llegar a mi editorial matinal. Probablemente te sentirás identificado, ya que en ese momento se me pasó por la cabeza el pensamiento de que mi hijo estaba siendo irracional, e incluso malcriado. Entonces llegó el golpe bajo parental definitivo: «De acuerdo, tendré que llamar a la directora para decirle que te niegas a ir al colegio». Mi hija Clemency, que se encontraba a mi lado con su mochila en la mano, también empezó a llorar al darse cuenta de que ahora llegaría tarde a la escuela.

Brillante.

Ahora tenía a dos niños llorando, mis niveles de estrés estaban disparados e imaginar qué estarían pensando los vecinos (o qué pensarían de mí) no me ayudaba precisamente. Además de todo eso, estaba enfadada por haberme gastado un buen dinero en unos polos para el colegio que mi hijo rehusaba ahora ponerse.

Y entonces se me encendió la bombilla.

Algo fallaba en esta ecuación. Estaba machacando a mi hijo (yo misma era un babuino airado), amenazándolo, intentando obligarlo a hacer algo pese a que estaba claramente angustiado. Toda mi formación y mis estudios como terapeuta infantil se habían ido al garete, consumida, como estaba, por mi propio estrés y por lo que consideraba un comportamiento inaceptable por parte de mi hijo.

Me tomé un momento para volver a empezar. No importaba llegar tarde.

Me senté al lado de mi hijo y lo abracé. El búho sabio le habló al polluelo de búho. «Wilbur, ¿qué es lo que no te gusta del polo?».

Mi hijo, de cuatro años, me miró y balbuceó entre lágrimas: «Ayer tuvimos clase de educación física e intenté quitármelo, pero me iba estrecho. Se me quedó enganchado en la cabeza y no podía respirar».

Pobre hijo mío.

Mi propio estrés implicó que mi babuino estaba presente y en todo su esplendor antes de pensar si estaba sucediendo alguna otra cosa. Al dar un paso atrás e involucrarme con mi búho sabio, pude encontrar mi compasión por él en ese momento, recordando que sólo es un niño pequeño que simplemente lleva unos pocos años en este planeta. Pude tener en cuenta que su comportamiento era malhumorado y preguntarme qué estaba sucediendo. Cuando nuestros hijos están asustados, es más probable que su lagarto entre en acción, y veremos la respuesta de lucha o huida, o incluso la de quedarse congelados, haciendo que sea todavía más difícil que un niño pequeño se exprese con claridad. Sin embargo, el comportamiento de Wilbur debería haberme transmitido que algo no iba nada bien.

SIEMPRE *habrá una razón subyacente al comportamiento de tu hijo.*

Y tú *siempre* puedes ayudar.

Con este libro te vas a convertir en el equivalente, como progenitor, de Sherlock Holmes mientras utilizas lo que aprendes sobre el cerebro de tus hijos y cómo funciona, y puedes ayudar a tus retoños a que te expliquen cómo se sienten en lugar de que se «comporten mal». Esto significa, tal y como he dicho antes, que en lugar de ponderar:

¿Qué le está pasando a mi hijo?

Podemos preguntarnos de forma intuitiva:

¿Qué está sucediendo ahora mismo? Y, lo más importante, *¿cómo* puedo AYUDAR?

No es de extrañar que Wilbur no quisiera llevar el polo blanco. Con la amenaza potencial para su supervivencia (no poder respirar), su lagarto se habría desbocado con el polo atascado en su cabeza, y esa experiencia se habría metido, como un gran «NO, NO y NO», en el saco de los recuerdos de su babuino. Al batallar con Wilbur en ese momento, me encontraba en peligro de fracturar nuestra relación y la confianza que él tenía en mí. Él no dispone de un búho sabio que comprenda la necesidad de tomar un tren para llegar a la hora a una reunión para un editorial; él no habría comprendido por qué yo insistía tanto en que se pusiera algo que ahora él odiaba. Nuestros jóvenes polluelos de búho no siempre dispondrán del vocabulario o de los medios para expresar con claridad lo que está haciendo sentirles de la forma en que se sienten, especialmente con el lagarto al mando, y si entra en modo pánico (que es lo que sucedió con el polo), no habrá ningún búho sabio que me lo pueda explicar lentamente. Cuando comprendemos lo que subyace al comportamiento de nuestros hijos, podemos trabajar *con* ellos, y no *contra* ellos.

Cuando usamos el búho sabio con nuestros hijos los ayudamos a autorregularse. Con la calidez de nuestras caricias y abrazos, con nuestra comprensión, podemos generar en nuestros hijos la sensación de que podemos no sólo abrazarlos físicamente, sino que también podemos apaciguar sus emociones desbocadas. Cuando mostramos nuestro propio comportamiento tranquilo, enseñando a nuestros hijos que pueden confiar en nosotros para que los ayudemos y que no nos mantendremos alejados de sus sentimientos intensos, su cerebro de lagarto y de babuino registrarán esto como una experiencia «gratificante» y acudirán a nosotros con mucha más facilidad la próxima vez que necesiten nuestra ayuda.

A la luz de lo que ahora sabes sobre el cerebro en desarrollo de tu hijo (el lagarto, el babuino y el búho sabio), pensemos de nuevo en lo que los hijos de esos padres exasperados al inicio del capítulo podrían explicarnos si pudieran:

«¡Está pasando por los terribles dos años de edad!».

Babuino: «¡Me encuentro en una etapa crucial de mi desarrollo en la que estoy intentando ser más independiente, pero tú no me dejas!».

«Mi bebé es muy dependiente».

Lagarto y babuino: «¡Simplemente tenemos miedo!».

«Mi hija es incapaz de compartir».

«Soy un babuino joven: si alguien se lleva mi comida quizás no sobreviva; así que no, no encuentro fácil compartir en este preciso momento».

«Mi hijo lo muerde todo».

«Soy un lagarto que está asustado y que tiene a un babuino al cargo de mi cuerpo… ¿De qué otra forma puedo expresar cómo me siento? ¡Dime cómo, por favor!».

«¡Mis gemelos son incapaces de permanecer quietos un instante!».

«Somos babuinos. Necesitamos desarrollar nuestra fuerza, usar nuestros músculos y gastar nuestra energía. ¡NECESITAMOS jugar!».

«¡¿Por qué no podemos salir de casa a la hora?!».

El lagarto y el babuino (mirándose el uno al otro): «¿Qué es el tiempo?».

«Mi hija está tan ENFADADA que no deja de pegar a su hermana».

«Soy un babuino, Primero actúo y luego pienso. Necesito AYUDA con mis sentimientos intensos, como la rivalidad y el miedo».

«¡¿POR QUÉ no hacen simplemente LO QUE SE LES DICE?!».

«Somos babuinos… No dominamos la forma de proceder del búho sabio».

¿Y qué hay de esas personas tan «bienintencionadas» que siempre ofrecen consejos no solicitados a los progenitores de niños pequeños?

«Si le sigues cogiendo entre tus brazos, acabarás malcriándolo / debes mostrarle límites a tu bebé para hacer que deje de llorar». *«¡Soy un bebé con un lagarto y un babuino dirigiendo mi comportamiento. ¡Me preocupo únicamente de mi supervivencia y no de manipular!».*

Cuando podemos acceder a nuestro propio búho sabio como padres, esto nos proporciona la capacidad de reflexionar y nos ayuda a tomar decisiones sobre cómo ACTUAMOS y respondemos a nuestros hijos en esos momentos.

 Perlas de sabiduría del búho sabio

ᴠ ᴠ Tu hijo piensa de forma distinta a ti porque tiene un cerebro menos desarrollado que el tuyo.

ᴠ ᴠ Simbólicamente, pensaremos en nuestro cerebro como si fuera un baobab que envía mensajes e información entre nuestro cuerpo y nuestro cerebro por el tronco, en sentido ascendente y descendente.

ᴠ ᴠ Sentados en ese árbol tenemos a un lagarto, a un babuino y a un búho sabio (metafóricos). Estos animales son responsables de distintos aspectos de nuestro comportamiento.

ᴠ ᴠ Como padres podemos ayudar a que el cerebro de nuestros hijos se desarrolle de forma saludable.

ᴠ ᴠ Podremos hacer todo eso cuando veamos el mundo tal y como lo experimentan ellos, *a través de sus ojos.*

ѱ ѱ Podremos hacer todo eso cuando empleemos a nuestro propio búho sabio para criar y educar a nuestros hijos y para regular nuestras propias emociones en la misma medida en la que ayudamos a nuestros hijos a regular las suyas.

A continuación (e igual de importante que lo que está sucediendo en el cerebro de tu hijo), explicaré lo que está pasando en su cuerpo. Nuestros hijos, sin la presencia reguladora del búho sabio, con frecuencia experimentan una REACCIÓN CORPORAL COMPLETA frente a los sucesos que puede sobrepasarles tanto física como mentalmente. Sin embargo, a partir de ahora y junto con tu conocimiento de su lagarto, su babuino y su búho sabio, podrás, literalmente, transformar su vida, y me atrevo a susurrar que también transformará tu vida.

CAPÍTULO 2

Lo que sucede en el cerebro no permanece en el cerebro

«El estrés vive en el cuerpo».

Doctora Nadine Burke Harris, pediatra y Directora General
de Salud Pública de California

Estoy sola en casa y es tarde. El vello de la nuca se me eriza y me quedo congelada mientras oigo unos golpecitos en la ventana y soy consciente de que hay algo (o alguien) fuera. Mi mente se acelera, los niveles de adrenalina se disparan y aprieto los puños.

Es en estos momentos cuando experimentamos lo que se llama una respuesta de estrés, e implica a nuestro lagarto y nuestro babuino.

En esta situación, me imagino a mi propio lagarto sentado sintiéndose vulnerable y expuesto en la parte inferior del baobab, congelado debido al miedo y haciéndome dar un respingo. Mientras tanto, mi babuino ha entrado en acción. De todas formas, ya estaba en alerta máxima, ya que ya es de noche y estaba sola, y me lo imagino corriendo por su rama para hacer sonar la alarma. Presiona y activa lo que imagino que es una gran alarma roja de in-

49

cendios instalada en la corteza del árbol. En realidad, en nuestro cerebro es lo que conocemos con el nombre de cuerpo amigdalino (o amígdala).

Apunte sobre el cerebro

«Uno de los sistemas de alarma más importantes recibe el nombre de cuerpo amigdalino. Una de sus principales funciones consiste en comprender el significado emocional de todo lo que te sucede. Si el cuerpo amigdalino percibe que está sucediendo algo amenazador, se comunica con otra estructura del cerebro que se llama hipotálamo, y esta parte del cerebro desencadena la secreción de hormonas del estrés que entonces pueden preparar a tu cuerpo para la reacción de lucha o huida».

Doctora Margot Sunderland (psicoterapeuta),
The science of parenting

Cuando sufrimos este «estrés» cotidiano, éste se procesan no sólo en nuestra mente, sino también en nuestro cuerpo. Ésta es la razón por la que experimentamos esa sensación de lucha o huida que puede que todos reconozcamos. Las hormonas del estrés (la adrenalina y el cortisol) son bombeadas por todo nuestro organismo para prepararnos para actuar, estimulándonos para estar dispuestos a hacer lo que sea necesario. Puede que sintamos «mariposas» en el estómago, la garganta seca, una neblina mental y, tal y como descubrí durante la época de mi participación en el programa de entretenimiento *Strictly come dancing* (un concurso de baile), los sudores en los pies inducidos por el pánico también pueden ser uno de los síntomas.

Todo forma parte de nuestra respuesta de estrés o, tal y como lo llaman los científicos, nuestra respuesta «límbica-hipotalámica-adrenocortical».

Nos quedaremos con el término «RESPUESTA DE ESTRÉS».

Es algo positivo, diseñado para mantenernos con vida.

Es lo que nos permite apartarnos de la trayectoria de un coche a la huida o escapar de un edificio en llamas. Nuestra respuesta de estrés nos ayuda a cumplir con un plazo de entrega, a superar una entrevista de trabajo o a pronunciar un discurso. Nos permite cocinar una comida para diez, correr un maratón o tener una primera cita.

El estrés es saludable en pequeñas dosis: en esos momentos estamos diseñados para poder concentrarnos en superar un desafío, independientemente de qué se trate, y nuestro cuerpo y nuestro cerebro *actúan juntos como si fueran uno solo.*

Apunte sobre el cerebro

 «Hemos llegado a pensar que el "estrés" es algo malo, pero no lo es. El estrés te permite terminar las cosas. Te permite llegar al trabajo. Te permite avanzar a través del tráfico. Te permite aprender una nueva afición. Te permite enamorarte. Ese estrés se da cuando nuestro sistema fisiológico se ve estimulado, ya sea por razones positivas o negativas. Cuando el estrés surge en pequeñas dosis es saludable. Cuando dura más tiempo, incluso eso es sano. Cuando dura mucho más, incluso es saludable (si no tienes que gestionarlo completamente solo y sabes que tienes ayuda a tu disposición)».

Doctora Suzanne Zeedyk, psicóloga infantil y autora de
Sabre tooth tigers and teddy bears:
The connected baby guide to attachment

Después de esta respuesta de supervivencia (esta gran reacción de todo el organismo), nuestro búho sabio entrará entonces (idealmente) en acción para aliviar y tranquilizar al lagarto y al babuino, así como para desconectar la «alarma de incendios», que está sonando. Presiona, con el pico, un botón verde que hay a su lado, cosa que imagino que es como un sistema de «aspersión» de nuestro cuerpo. En realidad, envía un torrente de sustancias químicas ansiolíticas naturales, «apagando así el fuego», por así decirlo.

Nuestro búho sabio (nuestro cerebro pensante) también nos ayuda a averiguar cómo devolver a nuestro cuerpo su equilibrio de forma práctica. Podemos prepararnos una taza de té caliente y dulce después de sufrir una conmoción, salir a correr tras un día duro en la oficina, descolgar el teléfono para llamar a un amigo si hemos recibido una mala noticia, o llegar a casa y darle un abrazo a nuestra pareja después de haber estado a punto de sufrir un accidente de tráfico, buscando consuelo en su compañía y procesando aquello por lo que hemos pasado.

Si piensas que ahora, en lugar de todo eso, PODRÍAS muy bien encenderte un cigarrillo, tomarte una copa, comerte un trozo de tarta o hacer algunas compras por Internet, te escucho. Si no nos mostraron cómo lidiar con el estrés cuando ÉRAMOS jóvenes, podríamos crecer dando con formas menos saludables de superarlo por nuestra cuenta, y ésta es la razón por la cual vamos a fijarnos en cómo potenciar nuestros poderes del búho sabio en el capítulo 14, ya que nos ayudará DE VERDAD en la crianza y la educación de nuestros hijos.

Cuando podemos «autorregularnos», ayudamos a nuestros hijos a regularse también.

Queremos ayudar a los niños a desarrollar formas saludables de lidiar con el «estrés», ya que esto es lo que se encuentra subyacente en buena parte del llamado comportamiento «malo» o «travieso».

Compartiré algunos «mecanismos de afrontamiento» muy prácticos y saludables que os permitirán a ti y a tus hijos recuperar el equilibrio siempre que os enfrentéis a un desafío o una situación estresante, a reconocer qué es lo que estáis sintiendo y a gestionar esas «emociones intensas» en vuestro interior. Esto es a lo que llamamos tener una «regulación emocional», y nos fijaremos en ello en detalle en el capítulo 4.

Vemos cómo se desarrolla en mi escenario de «sola en casa».

Mientras mi lagarto y mi babuino están histéricos debido a esta amenaza potencial para mi supervivencia, arriba, en el baobab, mi búho sabio ha visto que la figura que hay en el jardín es, de hecho (¡aleluya!), simplemente un zorro. Ha volcado el cubo de la basura y ahora está ahí fuera rebuscando comida. ¡Gracias a Dios! Mi búho sabio desciende en picado desde su rama y eleva a mi nervioso lagarto y babuino en la calidez de sus alas emplumadas, calmándolos y diciéndoles que todo va bien. Da las gracias a mis dos vigilantes de seguridad por haber estado tan atentos, pero les dice que ya pueden relajarse y romper filas. Sus palabras tranquilizadoras y el que haya activado el sistema de aspersión ayudan a restaurar la calma en mi mente Y TAMBIÉN en mi cuerpo. Menos mal que tengo a mi búho sabio: ahora puedo prepararme una taza de té e irme a la cama a leer un libro en lugar de salir corriendo de casa en camisón poniendo el grito en el cielo.

¿Pero qué les pasa a tus hijos cuando están asusta-dos y se encuentran solos?

Tienen un polluelo de búho recubierto de plumón.

Y te tienen a *ti*.

El mundo puede parecer un lugar grande y ame-drentador si llevas poco tiempo en él.

Para nuestros bebés, tanto si se trata de oír la bati-dora encendida por primera vez, que el cachorro les ladre o incluso (y especialmente) si tienen hambre o frío, todas estas cosas se registrarán en forma de estrés o incluso de una «amenaza» potencial para la supervi-vencia, porque para el lagarto y el babuino podrían muy bien serlo.

Para nuestros hijos pequeños, que se enfrentan a un estrés coti-diano, como caerse o rasparse una rodilla, que les hagan un análisis de sangre o que les dejen con un nuevo cuidador, todas estas cosas pueden provocar que se desencadene una respuesta de estrés «de todo el cuerpo y el cerebro».

Sin un búho sabio propio completamente desarrollado, nuestros hijos (y, en especial, nuestros bebés) necesitan que NOSOTROS les retornemos el equilibrio.

Cuando tú estás ahí para responder a sus lloros con la calidez de tus caricias, tus palabras tranquilizadoras y la seguridad que sienten de inmediato cuando los sostienes entre tus brazos, su cuerpo y su cerebro recuperan el equilibrio con relativa rapidez.

Pero si el estrés se vuelve intolerable, si se les deja con esa respuesta activada una y otra vez, sin que nosotros estemos ahí para ayudar, puede convertirse en algo dañino (*véase* la sección de Recursos para obtener más información sobre este asunto).

Las hormonas del estrés podrían, entonces, simplemente *permanecer* en el cuerpo (imagino que como el agua estancada) y convertirse en lo que llamamos estrés «crónico» o tóxico, que, como pronto descubriremos, no es nada positivo. No es algo que sea bueno para nosotros, y desde luego que tampoco lo es para nuestros hijos.

Apunte sobre el cerebro

 «El estrés se vuelve tóxico cuando es prolongado y cuando no tienes a nadie que te ayude con él. Las adaptaciones que tu organismo tiene que llevar a cabo para lidiar con él no son saludables. En el caso de los niños, el estrés tóxico es especialmente problemático porque los cambios fisiológicos que provoca pueden modificar el desarrollo. En otras palabras, el estrés tóxico que experimentaste de niño puede seguir afectando a tu salud de adulto. Ésa es la razón por la cual las relaciones son tan y tan importantes. Incluso aunque un niño se esté enfrentando a cosas seriamente desafiantes, lo que más importa no es el factor estresante, sino si dispones de ALGUIEN que te ayude con ello».

Doctora Suzanne Zeedyk, psicóloga infantil

Es importante ser consciente del impacto del estrés crónico/tóxico, porque ahora sabemos que cuando el cerebro en desarrollo de nuestro hijo se enfrenta a un miedo persistente y no resuelto, esto puede tener consecuencias para toda su vida. Sabemos que, aunque quizás no recordemos conscientemente, todas nuestras experiencias de la infancia, el estrés que puede que experimentáramos durante estos primeros años de vida pueden «vivir» en el organismo y dar lugar, como resultado de ello, a la disrupción de la arquitectura en desarrollo del cerebro.

Comprender el estrés y, sobre todo, cómo afecta al comportamiento de nuestros hijos te ayudará MUCHÍSIMO a avanzar. Te empoderará para criar y educar a tus retoños de forma más fácil e intuitiva, usando *tu* instinto y estos conocimientos. Significa que serás de inmediato capaz de interpretar el comportamiento de tu hijo, tal y como he descrito en el capítulo 1.

El principal objetivo de este capítulo, antes de que prosigamos, consiste en ilustrar que *lo que sucede en el cerebro de nuestros hijos no sólo permanece en su cerebro... sino que también queda integrado en su cuerpo.*

Saber sobre la respuesta de estrés y lo intensamente que pueden SENTIRSE las emociones en el organismo (y el cerebro) nos ayudará a medida que avancemos en el libro, ya que encuadra el comportamiento muy físico de nuestros hijos en un contexto: el comportamiento «malo» o «travieso» que podamos ver, como, por ejemplo:

Los pataleos.
Los gritos.
Los lloros.
Ir dando golpes por doquier.
Revolcarse por el suelo.
Huir.
Pelearse.

Hmm… ¿luchar o huir de alguien? ¿Qué otra cosa PODRÍA-MOS esperar de un niño sin un búho sabio que lo ayude? ¿Qué más puede hacer con las hormonas del estrés por las nubes y sin ninguna otra forma de liberación?

¿Están nuestros hijos siendo «malos» o todo esto son intentos naturales de liberar el estrés que sienten… de la única forma que saben hacerlo?

Cuando comprendamos la respuesta de estrés, podremos ver por qué digo que «no hay niños "malos"».

Cuando nuestros hijos están alterados, cuando su lagarto y su babuino están histéricos, cuando no disponen de un búho sabio completamente desarrollado para activar esas sustancias químicas calmantes por naturaleza en el organismo… bueno, ¡¿qué OTRA COSA podemos esperar que hagan?!

Tal y como ha dicho la doctora Nadine Burke Harris al principio de este capítulo, «el estrés VIVE en el cuerpo».

A no ser que ayudemos a nuestros hijos a dejarlo salir.

El polluelo de búho recubierto de plumón de nuestros hijos crecerá y se volverá fuerte y más capaz cuando estemos ahí para mostrarle cómo. Es entonces cuando alcanzamos nuestro importantísimo objetivo de ayudar a nuestros hijos a tener «REGU-LACIÓN EMOCIONAL». Y nuestros hijos van a NECESI-TARLA porque la vida no siempre está en equilibrio. La vida es más probable que consista en altibajos y, tristemente, es posible que todos experimentemos dificultades, ya sea en forma de apuros, tragedias o adversidades.

No siempre podemos evitarles a nuestros hijos el dolor de tales experiencias, por mucho que nos gustara.

Pero cuando actuamos como «amortiguador», como lugar segu-ro para ellos para que puedan liberar sus emociones intensas y su estrés, hay muchas investigaciones científicas que nos aseguran que entonces podrán superar muchos de los retos difíciles de la vida, incluso los más duros… SI nos tienen para ayudarlos a superarlos.

Ahora podemos avanzar de manera adecuada, fijándonos en to-dos los escenarios en los que antes podíamos haber asumido que nuestros hijos estaban siendo «malos», pero en los que ahora podríamos reconocer que tan sólo necesitan nuestra *ayuda*.

Porque, tal y como hemos visto en este capítulo, el estrés es una experiencia de todo el organismo, y sin un búho sabio que «reduzca la potencia», los sentimientos que surjan en nuestros hijos como resultado de esa respuesta de estrés pueden parecer REALMENTE INTENSOS DE VERDAD y puede que exploten sin límite. Tal y como expone la doctora Margot Sunderland en su excelente libro *The science of parenting*: «Cuando los sistemas de alarma del cerebro se desencadenen en el cerebro inferior de un niño, éste se encontrará en un estado de dolor emocional y de intensa agitación corporal, a no ser que un adulto los ayude a tranquilizarse. Esto se debe a que una vez que uno de los sistemas de alarma haya saltado, se activarán fuerzas neuroquímicas y hormonales que abrumarán a su mente y su cuerpo como un incendio forestal».

Y eso, damas y caballeros, da lugar a lo que la crianza y educación tradicional de los hijos llama «rabieta», que es justo lo que estamos a punto de abordar.

Perlas de sabiduría del búho sabio

ᴠ ᴠ Cuando nos sentimos amenazados, nuestro cuerpo está diseñado para responder.

ᴠ ᴠ Esa respuesta consiste en una reacción tanto del cerebro como de todo el organismo.

ᴠ ᴠ Comprender la reacción de todo el organismo nos permite ayudar a nuestros hijos en lugar de, simplemente, etiquetarlos como «malos» o «traviesos».

∀ ∀ Nuestra respuesta natural de estrés es positiva, ya que está diseñada para mantenernos con vida, pero si la respuesta de estrés se desencadena a lo largo de períodos más largos y sostenidos, puede ser perniciosa para nuestra salud, y, en especial, para la de nuestros hijos, posiblemente incluso a largo plazo.

∀ ∀ Con nuestra ayuda y nuestro apoyo, la respuesta de estrés de nuestros hijos puede llevarse «de vuelta al equilibrio».

∀ ∀ Con nuestra ayuda, nuestros hijos pueden aprender cómo regular sus «sentimientos intensos», y eso, a su vez, también nos ayuda como padres.

Todo esto va a llevarte a tener una experiencia de crianza y educación de tus hijos mucho más mágica, porque cuanto más hagamos esto, menos rabietas y comportamientos «malos» veremos, al establecer unas conexiones saludables en el cerebro y desarrollar un increíble vínculo de confianza entre tu persona y tu hijo.

PARTE II

La crianza y educación de los hijos al estilo del lagarto, el babuino y el búho sabio

Así pues, ahora que ya conoces al lagarto, al babuino y al búho sabio, además de la reacción de todo el organismo de tu hijo frente al estrés, podemos pasar a la parte II, en la que nos fijaremos en CÓMO tus hijos comunican qué es lo que sienten en su interior, cómo sus emociones dirigen su comportamiento y cómo se expresan estas emociones. Nos fijaremos en cómo ayudarlos a comunicar qué es lo que están sintiendo y, en resumen, llegaremos a la conclusión de que ahora sabemos que cuando la crianza y educación tradicional de los hijos etiquetaba antaño a nuestros hijos como «malos» se equivocaba.

No hay niños «malos»: nuestros hijos simplemente tienen necesidades.

Empecemos, y por dónde mejor que comenzar que por el reto universal de la crianza y la educación de los hijos: las rabietas.

CAPÍTULO 3

Cómo lidiar con las rabietas y aplicar el «*Basta*, NT-O-DV (no tiene que ver contigo – observa – dale la vuelta)» desde cierta distancia

«Cuando los niños pequeños se ven sobrepasados por las emociones intensas, es nuestra tarea compartir nuestra calma y no unirse a su caos».

L. R. Knost, autor y defensor de la infancia

Cuando se volvió loco en la guardería

Cuando mi hijo tenía tres años y medio, iba a una guardería que se encontraba en plena naturaleza, en el bosque cercano a nuestra casa. Cada día jugaba como deseaba, con un traje de esquí que consistía en un mono rojo grande que le protegía del barro y la humedad. Sus maestros encendían hogueras, construían cabañas y mostraban a los niños las maravillas de la naturaleza y todo lo que ésta nos ofrece.

A la hora de ir a recogerlo, esperaba frente a una verja que daba al bosque junto con el resto de progenitores, y todos echábamos ojeadas por encima de la verja para ver qué niño era el nuestro. Cuando Wilbur me veía, corría a toda velocidad, con su traje de esquí tan cubierto de barro que apenas podía distinguir de qué color era, mientras él llevaba en la mano un palo o quizás un tarro de mermelada lleno de hojas, tijeretas o cualquier otra cosa encantadora similar. A cambio, siempre le traía algo: una manzana, una mandarina o quizás un plátano: una pequeña pieza de fruta que le aportase una inyección de glucosa antes de la hora de la comida, pero esto también proporcionaba un pequeño ritual de ofrendas entre madre e hijo.

Un día concreto, Wilbur vino corriendo hacia mí como hacía normalmente, pero tenía el gesto torcido. Percibí que pasaba algo, pero, como siempre, me quedé sonriendo con alegría, con los brazos abiertos y una manzana en la mano para recibirlo. Sin embargo, en lugar de imitar mis gestos, como solía hacer, su rostro se convirtió en un gruñido airado.

«¡Habías dicho que me ibas a traer una naranja! ¡QUIERO una naranja!».

Tras eso, Wilbur se tiró al suelo, sacudiendo los puños en el barro. ¡Caramba!… Me sonrojé muchísimo. ¡Mi hijo me había rechazado delante del resto de los padres! Mi lagarto y mi babuino se volvieron locos.

Mi primer instinto fue el de **PELEAR**. Quería enfrentarme a la ira de mi hijo de una manera frontal y regañarlo por parecer tan malcriado. Podría haber arrastrado a mi hijo de tres años, que daba patadas, se retorcía y chillaba, hacia el coche, peleando con él para que se metiera dentro y se sentara, exacerbando una batalla de voluntades con nosotros enfadados durante todo el camino de vuelta a casa; pero un yo irritado, gritando a mi hijo en público, no parecía algo tan genial.

Mi lagarto y mi babuino pensaron que quizás debía **HUIR**. Quería largarme de ahí con rapidez sin, de hecho, querer llegar al fondo de su enfado, cosa que simplemente habría hecho cambiar la ubicación sin dar con una solución. Además, dado que Wilbur estaba tirado en el suelo embarrado y que no parecía que fuera a levantarse pronto, tampoco era muy buena idea.

Tenía que haber alguna otra forma de solucionarlo. Mi lagarto me lanzó una última opción: ¡Tachán! **QUEDARME CONGELADA.**

Quizás podría, simplemente, ignorarlo y esperar a que la rabieta «se desvaneciese».

Pero no parecía que sencillamente fuera a desvanecerse. No hacer nada hubiera hecho… no conseguir nada.

Sentí todas las miradas de la gente sobre mí mientras el resto de niños llegaba corriendo, saliendo por la verja, contentos y sonriendo entre los brazos de sus padres. Sospeché que la mitad de los adultos estaban pensando: «*¡Vaya! ¡Qué malcriado!*», mientras la otra mitad se apenaba pensando: «Menos mal que no soy yo».

Este escenario *quizás* te suene un poco familiar. Parafraseando un conocido dicho, el 65 por 100 de los padres admiten que su hijo pequeño ha tenido por lo menos una rabieta y el restante 35 por 100 no dice la verdad. Todos nos enfrentaremos a este dilema en algún momento de los primeros años de vida de nuestros hijos y, en especial, cuando se trate de un berrinche en público, no sólo es probable que provoque en nosotros la respuesta de lucha, huida o quedarse congelado, sino que también desencadenará nuestra inseguridad:

«¿Por qué están todos los demás hijos contentos de ver a sus padres?».

«¿Soy un padre horrible?».

O peor todavía…

«¿Hay algo de malo en mi hijo?».

Llegado a este punto, espero que ya hayáis anticipado mi respuesta: ¡NO!

Recuerda: para un niño de menos de cinco años, **la «maldad» no existe.**

No hay nada de malo en tu hijo, y tampoco en ti.

Apunte sobre el cerebro

 «Las rabietas se dan cuando un niño se siente sobrepasado por una emoción intensa que es incapaz de procesar. Aunque un berrinche puede verse desencadenado por muy distintas razones, el asunto subyacente es que el niño está expresando una emoción que es "demasiado grande", desconocida, incontrolable y agobiante. Podría tratarse de frustración, de un deseo de ser más independiente, de una experiencia nueva y amedrentadora, de celos o ira, etc. Dejarlo salir todo mediante una rabieta es la forma en la que se sienten capaces de expresar cómo se sienten. Algunos niños puede que también tengan un berrinche como forma de "ser vistos" y así obtener la atención que ansían. Es importante recordar que, independientemente de lo trivial que pueda parecerte la razón del berrinche, se trata de un sentimiento real e importante para ellos. A medida que crezcan, les podemos enseñar a nuestros hijos cómo expresar sus sentimientos de una forma segura. Es un proceso gradual. Aprenderán estas cosas a medida que pase el tiempo, pero la única forma de solucionar esto de verdad es que, en primer lugar, empiecen a tener las rabietas».

Doctora Camilla Rosan, directora del Servicio para la Infancia del
Anna Freud National Centre for Children and Families

En realidad, los berrinches simplemente nos dicen que nuestros hijos están *sobrepasados*: puede que se sientan agobiados porque están cansados; quizás porque se lo están pasando bien en el parque infantil y no pueden desconectar fácilmente para «volver a casa ahora»; puede que se sientan abrumados porque antes, ese mismo día, su hermana tomó su juguete favorito y lo rompió, y tú no estuviste ahí para regañarla; o tal vez estén agobiados porque están aburridos y su cerebro se encuentra en un estado de excitación y todavía no han desarrollado la capacidad para lidiar con ello.

Tal y como hemos visto en el capítulo 2, cuando nuestros hijos de menos de cinco años se sienten amenazados, asustados o «agraviados» (incluso aunque el incidente desencadenante carezca de importancia), su cerebro antiguo asumirá el mando y se desencadenará esa RESPUESTA DE ESTRÉS. Como ya sabes, su búho sabio no está suficientemente bien desarrollado para racionalizar la situación para ellos, por lo que el lagarto y el babuino están al mando.

* * *

De vuelta a la guardería que se encontraba en plena naturaleza, un pequeño babuino con su traje de esquí rojo manchado de barro seguía retorciéndose en el suelo. Di un paso atrás y luché con mis pensamientos. Esto me hizo ganar tiempo suficiente para que mi propio búho sabio fuera al grano.

Espera. Wilbur siempre está muy contento de verme. Estaba bien esta mañana, pero ahora no lo está. ¿Qué pasa si esto no tiene que ver con la manzana?

Entonces se me encendió la bombilla…

Esto no tiene que ver conmigo. Debe haber sucedido algo…

En cuanto pude dar un paso atrás, pararme a pensar y permitir que mi búho sabio asumiese el mando, pude ver las cosas desde el punto de vista de Wilbur y no sólo desde el mío. En lugar de sentir frustración, vergüenza o incluso ira por el comportamiento de mi hijo pequeño, me vi inundada de compasión por él.

La ciencia de los «berrinches»

Tal y como hemos visto en el capítulo 1, nuestros hijos pequeños son, en efecto, «libros en blanco» en lo tocante a la experiencia. Cada día es como una jornada lectiva, por así decirlo. Ellos sólo pueden procesar experiencias nuevas «aquí y ahora» usando a su babuino, ese antiguo cerebro de mamífero diseñado para responder claramente cuando se sienten amenazados o «agraviados». Esto se exacerba si su madre o su padre no están ahí, lo que sucede cada vez más y durante períodos más largos en el mundo actual (retomaré este asunto en el capítulo 10). Esto significa que nuestros hijos se enfrentan a muchas experiencias nuevas propias de la vida sin que estemos ahí, sin que estemos a su lado para ayudarlos.

Tal y como hemos visto en el capítulo anterior, nosotros, los adultos, quizás no interpretemos los incidentes como algo amenazador porque tenemos décadas de experiencia que nos proporcionan perspectiva. Para un niño en esta etapa del desarrollo cerebral, otro niño que vaya hacia ellos con un puño alzado, incluso mientras estén «jugando», puede parecerle una amenaza, y su cuerpo reaccionará de la manera correspondiente, y la respuesta de estrés entrará en acción.

Luchar, huir, quedarse congelado o desmayarse no siempre suponen opciones para nuestros retoños, por lo que, ¿qué más pueden hacer? Nuestros hijos pequeños quizás no tengan todavía la confianza suficiente para buscar a un maestro que los ayude, o puede que incluso todavía no sean capaces de exponer con claridad cómo se sienten. Por lo tanto, puede que se vean obligados a tragarse y reprimir todos esos sentimientos nuevos. ¿Y sabes qué? Tal y como hemos visto en el capítulo 2, el estrés no es un *sentimiento* sin más. El estrés **vive** en el cuerpo en forma de hormonas del estrés que inundan el organismo a través del torrente sanguíneo. ¿Puedes imaginar ahora qué puede hacerle sentir eso a tu hijo de menos de cinco años?

Piensa en los momentos en los que tú te has sentido estresado, quizás antes de levantarte de tu silla para pronunciar un discurso, al hacer una entrevista de trabajo o al hacer cualquier cosa que suponga un reto por primera vez. Al igual que les sucede a nuestros hijos, nuestro cuerpo también responde: puede que perdamos el apetito, sintamos «mariposas» en el estómago, tengamos una neblina mental, nuestra respiración se vuelva más superficial, e incluso hasta nos sintamos mareados. Cuando sufrimos una acumulación de estrés, ¿cómo podemos desprendernos de él? ¿Podemos salir a correr, entrenar en el gimnasio o llevar a cabo alguna actividad para, literalmente, desprendernos de lo que sentimos en nuestro interior?

Pero, tal y como he dicho en el capítulo anterior, ¿qué pasa con tus hijos? Ellos no disponen de ninguna forma de desprenderse de ese estrés, quizás no hasta que se sientan lo bastante seguros para hacerlo…

Y adivina cuándo podría suceder eso.

Y con quién podría suceder.

¡Efectivamente! Cuando *tú* vayas a recogerles al colegio.

Cuando te vean a *ti*, su *puerto seguro*, la persona en la que más confían en el mundo.

Excepto porque, cuando consideramos que el comportamiento de nuestro hijo es una «rabieta», que es algo «malo», ¿qué hacemos?

Los CASTIGAMOS.

Justo cuando más nos necesitan.

* * *

De vuelta a la guardería que está en plena naturaleza, un Wilbur de tres años sigue tirado en el barro. ¿Qué es lo que ves ahora? ¿A un niño pequeño «malo» y malcriado pataleando por una naranja o a un niño que necesita que lo consuelen? ¿A un niño que se ha visto sobrepasado por algo, tanto física como psicológicamente? Ves a un niño cuya «alarma de incendios» se ha disparado a lo grande y, confía en mí: no tiene que ver con una naranja.

Admito que *seguía* mortificada porque esto estuviera produciéndose delante de todo el mundo, pero con mi sabio cerebro de búho ahora al mando me sentí repentinamente con la confianza de que sabía qué hacer.

Me arrodillé para ponerme a la altura y al lado de Wilbur, que estaba en el barro, y con un tono de voz un poco más elevado de lo normal, exclamé:

—¡Oooh! –como si me hubiese dado cuenta de algo–. ¡Qué tonta es mamá.

Mi tono de voz cantarín fue suficiente para ir al grano.

Wilbur miró hacia arriba.

—¡Oh! ¡Qué tonta es mamá! ¿Querías una naranja? —le dije, como si ese pensamiento se me acabase de ocurrir.

En una situación así, debes usar las mínimas palabras posibles: el babuino de Wilbur seguía, en gran medida, a cargo de su comportamiento, por lo que tenía que ir al grano y conectar con él. Con la palabra «naranja» obtuve el resultado.

¡Ah! ¡Mamá me comprende!

Su babuino se quedó parado en seco. Mediante el uso de la palabra que Wilbur había dicho que era lo más importante para él en ese momento, había conectado con él. Independientemente de lo que de verdad estuviese pasando, en ese momento habíamos conectado y sabía que tenía que actuar con rapidez.

Extendí mi mano y le pregunté si quería venir conmigo. Me quedé sorprendida cuando sus lágrimas cesaron y simplemente se puso de pie. Sentí ganas de hacer una pequeña reverencia debido a lo increíble de la transformación. Mi propio lagarto estaba histérico, pero con la mano de mi hijo en la mía, me relajé mientras nos alejábamos de la multitud. Ahora que Wilbur me prestaba toda su atención, y para añadir un efecto teatral, tomé la manzana y me golpeé en la cabeza con ella.

—Qué tonta es mamá. Mira, Wilbur, la manzana me está diciendo: «Qué tonta es mamá».

Wilbur se rio.

Me di otro golpe en la cabeza, esta vez cambiando mi voz por la de una estúpida y chillona manzana e hice ver que la pieza de fruta estaba enfadada conmigo.

—¡Wilbur quería una naranja! ¿POR QUÉ me has traído a MÍ?

La carcajada de Wilbur fue como un bálsamo. El humor relajó nuestra tensión y nos animó a ambos. Corrimos por el camino de vuelta al coche juntos, riéndonos mientras desarrollaba el espectáculo teatral con la manzana, sosteniéndola frente a mí mientras ella me decía lo tonta que había sido aquel día y que si no sabía que teníamos naranjas en casa. «La manzana» entonces le preguntó a

Wilbur si quería ir a jugar entre las hojas, y él la tomó alegremente de mi mano, dándole un mordisco mientras me llevaba hacia la gran pila de hojas diciendo:

—¡Ven, mamá, juega conmigo!

Su alivio con respecto a mí me pareció palpable. Algo había cambiado en nuestra relación: una sensación del ahondamiento de un vínculo entre madre e hijo. Parecía como si hubiese sucedido algo profundo. Mi hijo de tres años se había dado cuenta de que *mamá podía contener el dolor de su hijo* incluso cuando parecía el peor sentimiento del mundo y, mejor todavía, no se enfadaría con él.

Estaba tan eufórica y enamorada de él en ese momento que no tuve ningún problema por revolcarme entre esas hojas y hasta el barro con él. Echando la vista atrás, puedo ver que eso también fue un gran liberador de estrés para mí: patalear entre las hojas y reír. ¿Qué mejor forma de proporcionar a nuestros cuerpos estresados una válvula de escape?

Por lo tanto, tomémonos un momento para volver a pensar en esta «rabieta».

Nos encontrábamos frente a un enorme berrinche por parte de un niño de tres años. ¿Te parece familiar? Cuando eso pasa (en especial cuando sucede en público), es muy probable que se active nuestro babuino primitivo. Eso se debe a que nosotros mismos sentimos que nos encontramos bajo esa amenaza: en este caso, la amenaza consiste en sentirnos avergonzados en público por nuestro propio hijo: la vergüenza y el sentimiento de culpabilidad de parecer unos padres malos o incompetentes.

El problema es que cuando nuestro lagarto y nuestro babuino están activados, nuestra propia respuesta de estrés entra en acción y normalmente recurrimos a la lucha, la huida, quedarnos congelados o desmayarnos.

SIN EMBARGO, si puedes anular a tu lagarto y tu babuino e implicar a tu búho sabio, tu capacidad para gestionar las rabietas de tu hijo de forma empática y cariñosa se verá TRANSFORMADA. En ese momento desagradable, respira y permite que tu búho sabio asuma el mando, y tu lagarto y tu babuino se retirarán rápida y tranquilamente. Entonces podrás estudiar la escena con tranquilidad desde una perspectiva distinta: *la perspectiva de tu hijo en ese momento.*

Préstame atención un momento. Digamos que ha sucedido algo en tu lugar de trabajo que te ha alterado: quizás tu jefe te haya echado una bronca o un colega haya hablado de ti a tus espaldas o haya criticado tu trabajo. Es más que probable que hayas reprimido tus sentimientos y que luego, al llegar a casa y como necesitabas descargarte, se lo explicaras a tu progenitor, amigo o pareja.

Sin embargo, imagina que, en lugar de escucharte y proporcionarte apoyo, ellos hubieran encogido los hombros, simplemente te hubieran ignorado o, quizás y peor todavía, te hubieran dicho que no fueras tan ridículo o tonto.

¿Cómo te sentirías? ¿Cómo podría eso afectar al avance de vuestra relación?

SI ESCUCHAMOS y NOS FIJAMOS de verdad en nuestros hijos en sus momentos de angustia, estaremos recibiéndoles con compasión y comprensión, lo que nos ayudará no sólo a alejar a nuestros hijos de estar al borde de un berrinche, sino que también nos permitirá desarrollar un vínculo todavía más fuerte con ellos.

Hay un «premio adicional»: lidiar con las rabietas de esta forma también ayuda al desarrollo del cerebro de tu hijo. Cada vez que tranquilizamos y consolamos a nuestros hijos cuando están angustiados, los estamos ayudando a formar y desarrollar las importantísimas habilidades de la autorregulación sobre las que hablaré en el capítulo 4.

Todo esto podemos hacerlo cuando aceptamos que NO HAY NIÑOS «MALOS».

Ese día concreto en la guardería que se encuentra en plena naturaleza, seguía queriendo llegar al fondo de lo que había *provocado* la reacción de Wilbur. Después de liberar el estrés jugando entre las hojas, caminamos hacia el coche. Sólo entonces me sentí capaz de preguntarle:

—Cariño, parece que tenías unos sentimientos intensos dentro de ti: ¿cómo ha ido todo hoy?

Wilbur se tomó un momento. Se detuvo y me miró:

—Max me ha empujado.

—Vaya, Wilbur, ¿qué ha pasado, cariño?

—Me ha empujado y ha hecho que me cayera en el barro.

Ahhh... y justo ahí teníamos la amenaza que había desencadenado la respuesta de estrés de Wilbur y que había provocado una respuesta de todo su organismo.

Pero había más. Mirándome a los ojos, dijo acusadoramente:

—¿Dónde estabas tú?

¡Y PUM! De repente comprendí.

Se había enfrentado a una experiencia difícil en la guardería y había tenido que lidiar con ella solo. En ese momento comprendí que había guardado en su interior todo ese estrés como resultado de lo que había sucedido, toda la brusquedad del juego, las decisiones que había tenido que tomar sobre cómo responder... incubando su dolor y aguantándolo todo en su interior hasta que me vio a mí (su puerto seguro, su búho sabio con el que se sentía a salvo), ese alguien que podía alzarlo en brazos y hacer que todo fuera mejor.

Ese día me había retrasado un poco para ir a recogerlo, y le imagine buscándome con la mirada, viendo cómo el resto de los padres llegaban, pero no *su* madre. Todas sus emociones, almacenadas en su interior, listas para salir... ¡pero yo no estaba ahí! Sus emociones habían hervido y se habían desparramado como la olla de la hoguera de la guardería. Era yo quien debía tener en cuenta eso, no él: *mi cerebro* está completamente formado y funciona a pleno rendimiento. Puedo razonarlo en cuestión de segundos. Wilbur está iniciando su camino por la vida, y en ella a veces suceden cosas malas y echamos de menos a quienes pueden mantenernos a salvo.

—Oh, cariño, eso parece duro. No es un comportamiento aceptable y siento no haber estado a tu lado. –Nos detuvimos en seco y volví a arrodillarme para mirarlo a los ojos–. Mamá siente mucho no haber estado ahí. Eso ha debido ser muy duro.

No podía saber exactamente en ese momento lo que había pasado ese día en la guardería. Tan sólo había consistido en una forma de jugar demasiado eufórica, porque Max es, igual que Wilbur, un babuino sobrexcitado. En realidad da igual. Lo que era más importante en ese momento fue cómo *respondí* como progenitora. La vida no está libre de desafíos, y las interacciones sociales pueden proporcionar importantes oportunidades de aprendizaje para nuestros hijos pequeños; pero cuando están iniciando su camino, puede que necesiten nuestra ayuda para mostrarles qué hacer si no estamos cerca.

—De acuerdo, cariño, mamá lo comprende. La próxima vez que el juego se vuelva demasiado salvaje, ¿crees que podrías buscar a tu maestro para decírselo? –Wilbur parecía un poco escéptico–. ¿O crees que podrías usar la palabra «¡BASTA!» y decir: «Ahora no me gusta este juego»?

Wilbur asintió. Seguía pareciendo un poco inseguro, y no quería forzar las cosas, aunque tomé una nota en mi cabeza para mencionarle esto a su maestra, de modo que pudiera ayudarlo a abrirse camino si esto volvía a suceder.

No podemos esperar que nuestros hijos muy pequeños tengan que gestionar interacciones sociales difíciles solos. Debemos exponerles las soluciones, de modo que puedan aprender sobre la resolución de conflictos y cómo sentirse capaces de marcar unos límites relativos a los comportamientos, para así sentirse capaces de decirles a otros niños lo que es aceptable y lo que no. Que sepan que puedan decirles a otros niños que PAREN y que, en caso de que lo necesiten de verdad, sepan que pueden exponerle el problema a un maestro para que los ayude.

Sabía que Wilbur podía no procesar todo esto en ese momento, ya que había mucho que asimilar; pero al escuchar a mi hijo, ver su angustia y admitiéndola, estaba haciendo algo asimismo importante. Le estaba haciendo saber que está bien sentirse molesto cuando las cosas nos enojan, que está bien sentir ira: ésa es una emoción válida que se desencadena cuando sentimos que nos han agraviado; y al admitirlo, en lugar de pedirle a Wilbur que asumiese las culpas por su berrinche, le estaba haciendo saber que podía acudir a mí la próxima vez y explicarme que algo no estaba bien, en lugar de recurrir a otra escena de «rabieta» en el barro.

Entonces Wilbur lloró: otro fantástico liberador de estrés, como explicaré en el capítulo 5. Por último, nos abrazamos, lo que provocó una inyección de oxitocina, la «hormona del amor», que se segrega cuando hay un contacto físico entre un progenitor y su hijo, o entre dos personas que se quieren. Entonces nos pusimos de pie y caminamos, cogidos de la mano, para dirigirnos a casa.

¿Y sabes qué? Wilbur se comió la manzana tan ricamente.

De acuerdo, presentemos la primera herramienta de nuestra caja de herramientas para la crianza y educación de nuestros hijos.

CONSEJO DE LA CAJA DE HERRAMIENTAS

Basta, NT-O-DV (no tiene que ver contigo – observa – dale la vuelta)

Cuando te enfrentes a una rabieta en público o en casa:

* Primero debemos **PARAR**.
* *Respira y tómate un momento.*

Recuérdate que *esto no es algo personal*; no consiste en que tu hijo sea un maestro de las artes oscuras. Además, no está siendo «malo», manipulador, terco, difícil, etc. (lo que sea que la crianza y educación tradicional de los hijos puede que esté intentando decirte). Es incapaz de eso.

• Entonces recuerda que **consiste en**:

No tiene que ver contigo: esto NO es algo personal: puede que tu hijo se encuentre en medio de una respuesta de estrés desencadenada enteramente por alguna otra cosa que no tiene que ver contigo.

O – OBSERVA: así pues, ¿qué otra cosa podría estar pasando?
DV – DALE LA VUELTA: piensa en la situación desde el punto de vista de tu hijo.

(Hacer esto implicará a tu cerebro del búho sabio en lugar de verte echando chispas en una batalla con tu propio babuino).

Ejemplos prácticos para usar el *Basta*, NT-O-DV: cuando nuestros hijos de menos de cinco años no hacen lo que les pedimos

1. El pulpo del cochecito aceitoso

¿Qué hacer cuando tu hijo rehúsa subirse o bajarse del cochecito, desencadenando una rabieta?

Bueno, para empezar, **¡PAREMOS!**

En el caso de nuestros hijos muy pequeños (lo serán, si van en un cochecito), debemos recordar que *no es algo personal*.

Tu hijito no está pensando: «Lo sé, me negaré a subirme al cochecito, me resistiré de verdad, porque eso les hinchará las narices».

¡Por supuesto que no están pensando eso!

Como ya sabes ahora, entre el año y los tres años de edad, tu hijo tiene un cerebro de babuino que está al mando, un babuino que está empezando a mostrar interés por el mundo y que necesita cierta independencia. El babuino sabe: «Tengo más probabilidades de sobrevivir si puedo desarrollar mis músculos y caminar. Necesito comprender dónde está el mundo y quiero disponer de cierto control sobre lo que estoy haciendo, así que, *POR FAVOR*, permítemelo».

Así pues, ¿cuál es la mejor forma de enfocar esto?

PRIMERA OPCIÓN

Bueno, una vez que nos hayamos tomado unos instantes para *PARAR* y poner en acción a nuestro búho sabio, podemos hacer una valoración y quizás pensar: «Hmm, ¿es realmente algo tan importante que mi hijo camine?».

OBSERVA: nos encontramos en un entorno seguro (es decir, no estamos cerca de una calle importante con mucho tráfico), así que permite que tu hijo sepa que lo comprendes, lo que supone el primer paso para que el babuino se tranquilice: le han *escuchado*. «¡Oh, Maisie, PUEDO ver lo divertido que es caminar! ¿Quieres caminar?».

El uso de la palabra «caminar» en este caso tiene la misma potencia que la palabra «naranja» en el caso de Wilbur: estás mostrándole a tu hijo que «lo captas».

Para un mayor efecto, podrías incluso añadir, con una sonrisa: «¡Caramba, puedo ver que *de verdad* quieres caminar!».

Puedes sonreír al saber que la situación no es nada personal cuando no te tomas esto como un desprecio o un desafío a tu liderazgo. Cuando podemos emplear la forma de pensar de nuestro búho sabio, nos damos cuenta de que esto puede consistir en que el cerebro de babuino de nuestro hijo necesita quemar cierta energía u obtener cierta independencia. Nos ayuda a pensar con una perspectiva distinta y llegar a una situación en la que todos salen ganando.

Ahora puedes **DARLE LA VUELTA**.

Habla como si, ciertamente, estuvieses hablando con ese babuino: de forma tranquila y con muy pocas palabras, de modo que no vuelva a alborotarse. Quizás quieras ponerte en cuclillas para estar su altura, de modo que no te erijas sobre él, desencadenando esa respuesta de «estrés» del babuino. Sigue sonriendo…

«¡Papá/mamá LO COMPRENDEN! ¡Sé lo BUENO que eres caminando!».

AHORA has captado su atención de verdad. Su babuino puede que estuviera previendo una batalla en este momento, pero ahora puede relajarse, haciendo que, en su lugar, seas más capaz de implicarte con el polluelo de búho recubierto de plumón que está creciendo. En este momento en el que las cosas están más tranquilas, puedes decidir con celeridad: ¿es ésta una batalla que necesite dirimir?

Puede que pienses que, de hecho, caminar no le hace ningún daño a tu hijo. De hecho, es bastante adorable que esté adquiriendo cierta confianza y, si reflexionas sobre ello, eso hará que esté más cansado a la hora de acostarse. Quizás puedas tomarle la mano y charlar mientras avanzáis. Te garantizo que estará contento (al igual que cuando Wilbur, de repente, estuvo satisfecho al tomar la manzana) mientras percibe que de verdad le entiendes.

Entonces podréis relajaros y disfrutar de vuestro tiempo juntos. De acuerdo, puede que lleve algo más de tiempo llegar a casa, pero ésta es una oportunidad para el establecimiento de vínculos afectivos con tu pequeño babuino, que acabará queriéndote mucho más.

O…

SEGUNDA OPCIÓN

Piensas: «Bueno, todo esto va bien y es bueno, ya lo capto, pero ESTAMOS cerca de una calle con mucho tráfico que me está estresando y, además, TENEMOS QUE LLEGAR A CASA PRONTO».

Bueno, sigamos con el *Basta*, NT-O-DV.

En esta ocasión puede que tengamos que marcar un límite para que nos ayude: una frontera amable que permita que tu babuino sepa: «De acuerdo, te oigo y te veo, pero debes marcar un límite con respecto a esto porque en este momento la situación no es muy segura». Marcar unos límites *no* significa obligar a tu hijo a subirse al cochecito, ya que eso no hará sino enfrentar a dos babuinos airados: obviamente, tendrás éxito, pero no «ganarás».

Obligar/pelear no hará nada por generar lazos en vuestra pequeña unidad familiar.

Sin embargo, usar unos límites amables y el humor sí lo hará.

Por lo tanto, regresemos al *Basta*, **NT-O-DV**.

Nos **PARAREMOS** y nos implicaremos con nuestro cerebro del búho sabio.

Sabemos que **no tiene que ver con nosotros**, por lo que no tenemos que tomarnos esto como un desafío personal.

OBSERVA

Ojalá pudiera decir que sí, pero parece demasiado peligroso.

En cuyo caso puedes decir:

«De acuerdo, pero la calzada es demasiado ruidosa (podrías ponerte las manos sobre las orejas y emitir un ruido alocado para hacer reír a tu hijo), y hay demasiados coches… (otro movimiento estúpido y divertido por tu parte), PERO PODEMOS, ciertamente, caminar cuando lleguemos a nuestra calle… ¿trato hecho?».

Si tu hijo sigue alterado, tan sólo repíteselo… empleando menos palabras de modo que pueda escuchar a través del ruido blanco de la rabieta: «Sí, PUEDES caminar en cuanto nos alejemos de todos estos grandes coches apestosos».

Su babuino escucha la palabra PUEDES. Recuerda que no se trata de una pelea con el babuino, por lo que el límite no va a hacerle perder los papeles. Todo lo que necesita saber es que comprendes su necesidad de caminar y que podrá hacerlo dentro de muy poco.

Ahora **LE HAS DADO LA VUELTA.**

Emplear el humor para apaciguar esa respuesta de estrés de todo el organismo y usar límites ayuda a tu hijo a sentirse seguro. Hablaremos sobre los límites en mayor detalle en el capítulo 8. En este ejemplo, tan sólo quiere decir trazar con tranquilidad una línea con respecto a lo que es posible y lo que no, pero tú lo estás explicando porque necesitas mantener a tu hijo A SALVO. Esto es algo que puede calar en el babuino, porque él se ocupa únicamente de la supervivencia, ¿recuerdas? Y, con independencia de lo pequeño que sea tu hijo, él sabe lo que significa sentirse a salvo.

En este intercambio, puedes no sólo calmar al babuino, sino animar al propio polluelo de búho de tu hijo a que crezca, ya que tendrá que pensar acerca de y valorar la solución que le has ofrecido. Todo esto es bueno para el desarrollo cerebral y es positivo para el futuro, cuando necesitaremos resolver problemas mayores que amarrar a nuestro hijo en el cochecito con el cinturón abrochado. Si proporcionas a tu hijo una opción, además de algo que tener en cuenta, éste implicará a la parte «buscadora» de su cerebro, aparte de a su polluelo de búho recubierto de plumón, ayudándole a crecer. Si todo va bien, conseguirás que tu hijo se suba al cochecito con alegría hasta que lleguéis al final de la calle, momento en el cual sabe que podrá caminar como parte del «trato».

Esto consiste en que tengas inventiva, en que trabajes con tu hijo para hallar una solución.

No consideres que estos intercambios impliquen que estés cediendo. Esto no consiste en ser un progenitor «débil».

Es más bien todo lo contrario. Se ha visto que en muchas áreas de la vida (en los negocios, el liderazgo, desde las grandes empresas hasta el nivel de la unidad familiar), una y otra vez, la empatía y la colaboración consiguen los mejores resultados. Al entrevistar a la empresaria y autora Margaret Heffernan, ésta me habló de la enorme cantidad de estudios que respaldaban que la colaboración es la MEJOR forma de liderazgo y da lugar a los mejores resultados tanto si hablamos de negocios como de la vida familiar.

Veamos otro ejemplo antes de avanzar.

2. Mi hijo no quiere irse del parque cuando tenemos que volver a casa

De acuerdo. Es de esperar que a estas alturas sepas qué hacer:

DETENTE

Tómate un momento.

No es nada personal. Tu hijo no piensa: «Voy a hacer que la vida de mi papá sea muy difícil. Sé que tiene que volver a casa por una llamada de trabajo/para hacer la cena, así que ahora voy a ser «malo» y no voy a querer volver a su lado cuando me llame».

¡Por supuesto que no quiere hacer eso!

Con un babuino a cargo de su cerebro, ¿qué es lo que tu hijo está pensando realmente?

«¡Me estoy DIVIRTIENDO! Vivo en el presente. No entiendo nada sobre el tiempo o las llamadas de trabajo o cuánto rato lleva prepararme la cena. ¡Voy a toda máquina ahora! ¿Por qué iba a QUERER irme del parque cuando lo estoy pasando tan bien?».

OBSERVA

Mi hijito estaba pasándoselo muy bien y ahora llego yo y le fastidio la fiesta en el momento álgido. Viendo las cosas desde esta perspectiva, ahora puedes empatizar con él. No está siendo «malo», sino que tan sólo se lo estaba pasando bien. «¡Oh, Ollie, lo SIENTO tanto! ¡Puedo ver que te lo estás pasando MUY **BIEN**!».

Una vez más, emplea una voz cantarina y sonríe cuando le hables. «Papá te comprende. Es TAN divertido estar aquí en el parque con tus amigos, ¿verdad?».

(Puedes repetir esto por si acaso, de modo que tengas a ese babuino realmente calmado y a bordo, y no te preocupes por lo eufórico que parezcas a los demás. Si tu empatía es genuina, tu hijo te escuchará).

«Es un fastidio, pero tenemos que irnos ahora».

Y *ahí* tenemos el límite, introducido con delicadeza. Le estás haciendo saber que comprendes su **DECEPCIÓN** y lo difícil que es tener que irse, pero que, pese a ello, tenéis que iros.

Seamos realistas: puede que para él todavía sea difícil marcharse. Tiene una RESPUESTA DE ESTRÉS del mismo nivel en su organismo cuando está jugando que cuando está pasando una mala época. Tal y como veremos en el capítulo 4, el sentimiento de alegría en el cuerpo puede ser una experiencia igualmente arrolladora para los niños pequeños. Por lo tanto, no te preocupes si aparecen lágrimas.

Yo pienso en las lágrimas como en estrés que abandona el cuerpo. Puede que en este caso quieras añadir una ración de empatía extra si tu hijo está muy enfadado por tener que dejar de hacer lo que estaba haciendo. Si, en esos momentos, tu hijo llora todavía con más fuerza mientras le estás consolando, recuerda: se trata de una clara señal de que se está liberando estrés.

Ahora podemos **DARLE LA VUELTA.**

Aquí puedes marcar un límite, ofreciéndole a tu hijo otros cinco minutos para ayudar a proporcionarle un período de «amortiguación» para que su babuino se tranquilice. Incluso podéis cerrar el trato con un apretón de manos.

Una vez más, puedes arrodillarte para no estar erguido por encima de tu hijo, lo que provocaría que la respuesta de estrés fuera peor. Emplea un tomo de voz tranquilizador. No te preocupes si hay gente mirando: no es asunto suyo. Confía en mí: funcionará. Simplemente no te detengas. Acepto que cuando hagas esto por primera vez, sobre todo si te encuentras en público, puede parecer difícil saber qué es lo mejor que puedes decir, o es posible que te preocupe decir «algo inadecuado». Mantén las frases cortas, sé sincero y muestra que tienes la intención de ayudar a tu hijo con su problema. Tu retoño percibirá tu sinceridad y confiará en ti incluso aunque te equivoques cuando estés empezando a descifrar lo que pueda estar pasando.

Esto, más que una experiencia difícil para ti como padre es, de hecho, una OPORTUNIDAD: una ocasión para comprender mejor a tu hijo y para fortalecer la relación que tienes con él. Reconozco que con frecuencia puede parecer difícil, en especial cuando quizás nosotros mismos nos sintamos estresados, pensando en correos electrónicos de trabajo a los que debemos contestar, en que hay que preparar la cena y en tomarnos cierto tiempo para nosotros mismos. Sin embargo, si en esos momentos podemos DETENERNOS y sintonizar con nuestros hijos, cuando respondamos con calma y con compasión, nuestros retoños se sentirán más cerca de nosotros y querrán colaborar, porque el intercambio, literalmente, ha aliviado su cerebro; de hecho, la ciencia puede mostrarnos que, como resultado de ello, se establecerán conexiones positivas en el cerebro. Abrazar a nuestro hijo y decirle: «Está bien, te entiendo», nos hace sentir bien.

Es en estos momentos cuando se produce la magia.

Es en estos momentos cuando estás ayudando a tu hijo a experimentar la importantísima EMPATÍA (es decir, nuestra capacidad para comprender e identificarnos con lo que sienten otras personas y lo que puede que estén experimentando a nivel emocional). La empatía es *crucial* si queremos que nuestros hijos se conviertan en adultos (búhos sabios) que se preocupen por el bienestar de otras personas, que actúen con compasión, que se lleven bien con los demás y para que, a una escala todavía más amplia, una generación futura medre como sociedad sana. Julie Harmieson, codirectora de Trauma Informed Schools, explica: «La empatía no es una habilidad evolutiva que simplemente adquirimos. Es difícil enseñarla. Tenemos que experimentarla».

Cuando respondemos a nuestros hijos de forma empática, usando un enfoque de búho sabio, les estamos ayudando a *experimentar* el sentimiento de verse consolados. Esto «enciende» el cerebro y ayuda a nuestros retoños a volverse empáticos por derecho propio, ya que reconocerán lo bien que les hace sentir, y querrán, a su vez, hacer lo mismo por los demás. Tendremos a unos hijos que querrán, de forma natural, aliviar el dolor y el sufrimiento de los demás, y que se identificarán de forma más sensible con el bienestar de los demás. Al mostrar a nuestros vástagos que podemos ponernos en su lugar y comprender cómo se *sienten* en cualquier momento concreto (en especial en los momentos más desafiantes), estaremos ayudando a ese cerebro de polluelo de búho recubierto de plumón a convertirse en un «búho sabio» emocionalmente sofisticado que no podrá soportar ver a otra persona sufriendo y que siempre se acercará a ayudarla.

De vuelta en el parque, papá está ahora tranquilo, ha mirado a su hijito, cuyas lágrimas corrían por su rostro, y, de repente, ha comprendido que esto es muy difícil para él. Aquí es como podría desarrollarse la conversación:

—Lo sé, cariño. Todo va bien. Ven aquí, todo va bien. Te comprendo.

Casi está a tu lado…

—Ven, ¿quieres un abrazo?

O puede que él le haga alguna pregunta.

—¿Te gustaría que te cogiese en brazos y hagamos el avioncito?

Si nuestros hijos están más acostumbrados a una respuesta propia de un gran babuino amedrentador por nuestra parte en estas situaciones, esta respuesta propia de «un papá/una mamá divertido/a» puede suponer una sorpresa suficiente para que se detengan en seco. Cuando aportas otra solución, esto te ayuda a hacer bajar a ese babuino de su rama y a apartar su mano de esa alarma de incendios mientras piensa… «*¡Humm, eso sería divertido!*».

Si los aviones no son lo tuyo, podrías lanzar una pregunta para implicar a ese cerebro pensante de polluelo de búho. Algo como: «¿Por qué no vemos cuántas hojas amarillas podemos recoger en nuestro camino de vuelta a casa?».

Podrías sorprenderte de lo rápido que tu hijo dice «¡SÍ!». Las lágrimas se detendrán en cuanto le tomes de la mano, de forma muy parecida a como le sucedió a Wilbur conmigo… ¡y ya está!

Es una buena sensación cuando puedes apaciguar una situación así. Funcionará. Tan sólo confía, porque sé que puede implicar tener fe la primera vez que lo intentes. No obstante, cada vez que lo hagas, sentirás cómo la conexión entre tu hijo y tú desarrolla lo que el Harvard Center on the Developing Child (Centro de Desarrollo Infantil de la Universidad de Harvard) describe como «servir y devolver».

ESTO es lo que desarrolla vínculos con nuestros hijos: los lazos que tendremos de por vida.

En ese preciso momento, en lugar de marcharte indignado, sintiéndote el o la PEOR padre o madre del mundo, tras haber batallado con tu hijo, obligándole a subirse a su cochecito mientras patalea y chilla, te sentirás como si hubieras ganado el primer premio de las apuestas de la buena educación y crianza de tu retoño. Emplear la fuerza no funciona. Fractura la relación que tenemos con nuestros hijos. Les enseña a reprimir sus necesidades naturales, a acallar el comportamiento sano que su organismo les está apremiando a llevar a cabo (por ejemplo, volverse más independientes). Emplear la fuerza le enseña a tu hijo… a usar la fuerza. ¿De verdad quieres eso para él cuando se haga mayor?

Tal y como hemos visto con Wilbur en la guardería que se encontraba en plena naturaleza, cuando nuestros vástagos sufren una respuesta de estrés en todo su esplendor (o una «rabieta», tal y como lo etiquetaría la educación y crianza tradicional de los hijos), esto puede ser realmente alarmante e incluso amedrentador. Aunque nuestros hijos estén pataleando y chillando, mientras se encuentren en un lugar en el que ni ellos ni nosotros podamos sufrir daños físicos, puedes tener la seguridad de que, estando a su lado, no abandonándolos en este momento de enorme estrés, entonces, con tu presencia tranquila y tu empatía y compasión, el babuino APARTARÁ su mano de la alarma de incendios y tú podrás ser el búho sabio que puede devolver a tu hijo al equilibrio. Tan sólo permite que ese babuino sepa que no vas a ningún sitio, que sólo quieres mantenerle a salvo y que estás ahí para ayudar… y lo más probable es que veas a tu hijo subirse a tu regazo al poco tiempo para recibir un importantísimo abrazo reparador.

 Reflexiones de los progenitores: Claire, madre de dos hijos de menos de cinco años

«Puede resultar agotador estar siempre "activa", teniendo siempre conversaciones a medias con gente cuando salgo fuera de casa, siendo siempre usada como andamio para trepar. Cuando salimos al parque, puedo acabar irritada y airada, y aunque todos los progenitores sienten este deseo de que sus hijos se comporten bien, siendo madre soltera no dispongo de la vieja advertencia de apoyo de: "Tú sólo es-

pera a que tu padre llegue a casa". Cuando llego al límite de mi pacien-
cia, puede que me encuentre con un niño con un berrinche: mi hijo
puede ponerse bastante violento y rechazar mis abrazos, lo que pue-
de desencadenar mis propios sentimientos de rechazo. Cuando me
siendo rechazada, yo también lo rechazo. Lo que ha resultado de ayu-
da es darme cuenta de que yo también soy un babuino, y ser conscien-
te de esto me ayuda a liberar mi presión y ansiedad, y me permite
convertirme en mi búho sabio con más rapidez y con más buen hu-
mor. Cuando logro que mi hijo ría, es como si nada hubiese sucedido
antes. Nos lo perdonamos todo».

Imagino que todos podemos identificarnos con el dilema de Claire. No sólo puede parecernos muy amedrentador que nuestros hijos estén angustiados, pataleando, chillando y rechazando nuestra ayuda, sino que, además, eso puede hacer que nos sintamos bastante desamparados, rechazados, y me atrevería a decir que también incompetentes: ¡aquí está ese viejo sentimiento de culpabilidad una vez más! Por lo tanto, en esos momentos recuerda que, al igual que tu hijo está sintiendo unas emociones INTENSAS en su interior, también las sentirás tú. Puede que las tuyas estén reprimidas, ya que tienes un búho sabio que te advertirá para que no patalees y chilles en público, pero puede que aun así tengas esos sentimientos generados por esa respuesta de estrés que hemos visto en el capítulo 2.

La distracción en esos momentos en los que todos están «supera-dos» es una herramienta extremadamente útil que tener en tu man-ga: las distracciones que usan el humor y que son estúpidas suelen funcionar muy bien. A los niños les encantan las tonterías y las ob-servaciones divertidas, y cualquier cosa diseñada para hacer que tu hijito se ría, como, por ejemplo, la manzana parlante o un: «Vaya, mira a ese perro olisqueando el trasero de ese señor!» (disculpas a los caballeros implicados), pero, honestamente, llévalo a cualquier nivel de estupidez: tu hijo te querrá por ello, y supone una enorme libe-ración, además de, por lo general, ser suficiente, en esa fracción de segundo, para detener al babuino en seco y hacer que se revuelque de risa. Es imposible que esté enfadado contigo y riéndose al mismo tiempo. Gran parte de todo esto consistirá en la prueba y el error, pero te garantizo que cuando encuentres algo que funcione para ti y para tu hijo, el sentimiento será MARAVILLOSO.

«Cuando comprendamos el PORQUÉ podremos ocuparnos del QUÉ».

Has de saber que todo esto se volverá mucho más fácil con el tiempo. Cuanto más aproveches estas oportunidades para obtener un momento para establecer lazos con tu hijo, más aumentará la confianza entre él y tú. Cuanto más lo hagas, menos rabietas verás. Y el extra es esta realidad científica: con el tiempo y con la suficiente repetición, se formarán conexiones neuronales en su cerebro en desarrollo, con lo que las «rabietas» serán cada vez menos y más espaciadas. Todos los recuerdos de las ocasiones en las que «papá/mamá me ayudaron a gestionar mis sentimientos intensos» se almacenan en el saco de los recuerdos del babuino. Todo ello redunda en el poder del bien.

Cuando obligamos a nuestros hijos a obedecer, nos arriesgamos a perder su confianza. Crecerán aprendiendo a resistirse a nosotros, a rebelarse contra nosotros, y harán las cosas que no queremos que hagan. Simplemente las harán a nuestras espaldas, cuando no los estemos viendo. Cuando trabajes *con* ese pequeño babuino, no sólo estarás sentando las bases para tener un hijo que se graduará para tener también un búho sabio, rico en pensamiento racional, en el control de sus impulsos y en empatía y resiliencia, sino que también estarás fortaleciendo los cimientos entre vosotros y desarrollando un vínculo inquebrantable. Estas experiencias constituyen los ladrillos de la futura salud mental, del bienestar emocional, de la resiliencia de tu hijo y de la conexión que *siempre* tendrá contigo. Puedes batallar contra él todo el tiempo y hacer que se levante un muro de resistencia entre vosotros o trabajar con ese cerebro en desarrollo y ayudarle a crecer de la mejor forma posible. *Nuestra respuesta como padres será clave para ayudarlos, en el futuro, a transmitir cómo se sienten.*

Perlas de sabiduría del búho sabio

ѵ ѵ Las rabietas son una clara señal de que el cuerpo y el cerebro de nuestros hijos están sobrepasados.

ѵ ѵ Lo más frecuente es que sean una señal de que nuestros hijos estén respondiendo a una amenaza, ya sea percibida o de otro tipo, y los sentimientos que surgen en su interior son realmente estresantes.

ѵ ѵ Podemos cambiar al modo búho sabio al ver que nuestros hijos no son «malos», sino que más bien han sido «secuestrados» por una respuesta de estrés de todo su cuerpo.

ѵ ѵ Esos momentos, en lugar de una batalla de babuino contra babuino, podemos usarlos como oportunidades para ayudar a nuestros hijos a que hagan crecer a su búho sabio. Para hacer eso también debemos hacer uso de nuestro propio búho sabio.

ѵ ѵ Recuerda que cuando se produzca una escena con tu hijo y parezca una emergencia, ANTES de que tu babuino entre en acción, piensa: *¡Basta, NT-O-DV!*

ѵ ѵ El *¡Basta, NT-O-DV!* nos permite detenernos, nos recuerda que eso no tiene que ver con nosotros y luego le da la vuelta a las cosas.

ѵ ѵ La crianza y educación de los hijos con el búho sabio significa que permites a tu retoño experimentar EMPATÍA, lo que es VITAL para su crecimiento individual y su bienestar social.

Nuestra capacidad para amar se basa en nuestra capacidad para ponernos en la piel de la otra persona, preocuparnos por sus circunstancias y querer aliviar su dolor y angustia. Para mí, mostrar a nuestros vástagos que nos *preocupamos* de verdad por ellos en esos momentos empleando la crianza y educación de los hijos con el búho sabio es crucial, porque les estamos mostrando a nuestros retoños cómo amar.

CAPÍTULO 4

Regulación emocional y crianza y educación de los hijos DRA (di lo que ves – reconoce – alivia)

«Debemos fomentar la competencia emocional en nuestros hijos como la mejor medicina preventiva».

Doctor Gabor Maté, afamado conferenciante, autor y experto en adicciones

Un cirujano me explicó que cuando era un médico principiante, un antiguo colega acercó un bisturí a un compañero facultativo en un ataque de ira. Éste es un clásico ejemplo de un babuino (en un cuerpo de adulto) comportándose de forma destructiva.

Cuando vemos a un adulto con su babuino al man- do, tanto si somos unos progenitores que gritan a su hijo o un médico con un bisturí en su mano, se trata de un signo claro de que no estamos practicando nuestra propia regulación emocional.

Probablemente todos conocemos a alguien en nuestra vida cotidiana que tiene la reputación de «perder los estribos» ante la mínima presión. Si somos honestos, la mayoría de nosotros también nos hemos encontrado en esa situación, sobre todo cuando estamos cansados o estresados. Puede que nos hallemos en modo babuino cuando nuestros hijos no nos escuchen o cuando se estén peleando (una vez más), sea tarde y estemos cansados y al límite.

En modo babuino puede que respondamos chillando a nuestros hijos, pese a que no sea justo ni adecuado. Todos podemos reaccionar de manera exagerada ante situaciones cuando estamos cansados o estresados y nuestros babuinos asumen el control, no con un bisturí (¡espero que no!)… pero ya captas mi idea. Por lo tanto, no deberíamos sorprendernos si nuestros hijos también hacen lo mismo.

Es de esperar que, como adultos con búhos sabios, podamos, generalmente, gestionar nuestros sentimientos intensos, dar un paso atrás y respirar… quizás considerar que los niños tan sólo están cansados después de un largo día en la escuela y que necesitan desahogarse. Podemos considerar que el estrés que estamos sintiendo se deba, con más seguridad, al correo electrónico de trabajo que hemos recibido hace cinco minutos. No tiene nada que ver con los niños en absoluto. En esos momentos puedo encontrarme tranquilo y puedo ofrecerme a leer un libro con ellos, decidiendo que el correo puede esperar hasta que se hayan dormido.

Éste es el arte de la **REGULACIÓN EMOCIONAL** *y es una de las cosas más preciosas que podemos regalarles a nuestros hijos en estos primeros cinco años. ¿Pero qué es, de hecho, una EMOCIÓN?*

Es una buena pregunta.

Así pues, las emociones son pasajeras, aunque con mucha frecuencia consisten en sentimientos muy intensos que se dirigen a alguien o a algo como respuesta a lo que sentimos en nuestro interior o debido a algo que experimentamos. El diccionario define las emociones como «un sentimiento intenso que deriva de las propias circunstancias, del estado de humor o de las relaciones con los demás». Las emociones tienen sus raíces en la evolución (¡como siempre!), ya que dirigen nuestro comportamiento para ayudarnos a mantenernos vivos. Una vez más, todo tiene que ver con la *supervivencia*.

Y es tu capacidad (y la de tu hijo) para GESTIONAR esas emociones la que tendrá un enorme impacto sobre su vida (y la tuya).

Si puedes gestionar tus emociones y enseñarle a tu hijo cómo gestionar las suyas, entonces, en lugar de «representar» emociones intensas (como el cirujano con el bisturí), puedes enseñarle a expresarlas de formas más adecuadas y sanas.

Para regular nuestras emociones, en primer lugar, vale la pena que nos fijemos en las emociones clave que tendrán un impacto en tu vida cotidiana y la de tu hijo, de modo que estéis mejor equipados para responder de manera adecuada cuando esas emociones le provoquen una reacción. Los doctores Paul Ekman y Robert Plutchik, ambos psicólogos, sugieren que hay varias emociones primarias que también son la base de muchas más emociones secundarias. De hecho, algunas fuentes sugieren que podemos experimentar treinta y cuatro mil emociones distintas. No estoy muy segura de que tengamos que echarles un vistazo a todas ellas aquí (a estas alturas ya me conocéis; no me gusta complicar las cosas). Los psicólogos y los especialistas en el desarrollo infantil suelen aceptar que las emociones básicas incluyen, aunque no se limitan a:

Felicidad.
Tristeza.
Miedo.
Enfado.
Sorpresa.
Repulsión.

Éstos son los colores primarios, si así lo prefieres, a partir de los cuales surge el resto de los miles de emociones. Puedes, obviamente, ver a tu hijo arrancando el papel de un regalo navideño con una enorme emoción como ejemplo perfecto de un sentimiento intensamente gozoso de felicidad. Del mismo modo, si su querido hámster pasa a mejor vida, experimentará tristeza. Un fuerte estallido fuera de su cuarto de juegos generará miedo y sorpresa, mientras que un niño que destroce la mayor torre de piezas de Lego nunca antes construida en la guardería generará, de hecho, ira. La repulsión es una emoción que podemos reconocer en el rostro de nuestros hijos cuando les ofrecemos un plato del «nuevo experimento de Mamá para la cena», o incluso quizás al ver el comportamiento inapropiado de alguien (por ejemplo, cuando se hurga la nariz).

Las emociones secundarias que todos nosotros podemos experimentar incluyen, pero no se limitan, a sentimientos como la vergüenza, los celos, la decepción, la culpabilidad, la ira, la pérdida, etc. Éstos pueden, de hecho, ser muy perniciosos, y debemos ser muy conscientes de ellos en la educación y la crianza de nuestros hijos. La vergüenza, por ejemplo, se usa con frecuencia en los castigos (dejar al niño castigado en un rincón o hacer que se quede de pie de cara a la pared en una esquina del aula o sentado solo en un escalón), pero la vergüenza es una emoción muy negativa para evocarla en un niño. Podría limitar su comportamiento, pero le proporciona una imagen muy negativa de sí mismo, haciéndole pensar que no es lo bastante bueno tal y como es. Si a un niño que está enfadado se le castiga avergonzándole, es probable que se convierta en un adulto que relacionará el enfado con la vergüenza.

Otro ejemplo podría ser si nuestros padres nos reprendiesen cuando estamos contentos (o que nos regañasen o castigasen por correr por casa con regocijo): entonces podríamos llegar a relacionar la alegría con el miedo y, como resultado de ello, eso podría limitar nuestra reacción ante los sucesos felices en el futuro. Y para aquellos de nosotros con hermanos, los celos se sienten como una emoción muy intensa que nace del miedo: el miedo de que *mamá/ papá quieran a mi hermano más que a mí.*

El doctor Plutchik desarrolló una herramienta visual llamada Rueda de las Emociones para ayudarnos a visualizar estas emociones con un poco más de claridad, además de a ver la relación entre estas emociones primarias y secundarias (menciono su trabajo al final del libro, por si deseas profundizar un poco más); o puedo hacer referencia a un «experto» alternativo: en *La guerra de las galaxias*, el Maestro Yoda explicaba bastante bien la cadena emocional de eventos cuando decía: «El miedo lleva a la ira, la ira lleva al odio, el odio lleva al sufrimiento».

Antes de pasar a las formas en las que puedes ayudar a tu hijo a gestionar sus emociones, permíteme hacer hincapié en un aspecto MUY CRUCIAL sobre los bebés y las emociones. Puede resultar tentador pensar que cuando estamos mirando fijamente nuestros teléfonos móviles, al lado de nuestro precioso bebé que está balbuceando, no estén sintiendo emociones de la forma en que lo hacen los niños mayores o los adultos; pero los bebés pueden sentir emociones, y éstas pueden ser MUY INTENSAS, tal y como la doctora Suzanne Zeedyk (psicóloga) explica en su libro *Sabre toothtigers and teddybears*, empleando la vergüenza como ejemplo: «La vergüenza procede de experiencias que un niño ha tenido con otras personas. Si un progenitor no responde cuando el niño llora o no le ofrece apoyo en cuanto a lo que el niño necesita, entonces éste puede llegar a la conclusión de que debe haber algo raro en él. De otro modo, ¿por qué no le habrían ayudado? Nada de esto es necesariamente consciente; pero si un bebé o un niño aprenden que los demás no le ayudarán, siente vergüenza. La experiencia de la vergüenza queda entretejida en su cerebro y su cuerpo».

Las investigaciones muestran que, si un progenitor no se da cuenta, no comparte o no responde a las emociones de su bebé, esto puede volverse agobiante para el sistema nervioso central de la criatura. En el potente y ampliamente replicado experimento de la «cara fija», se ve cómo los bebés se angustian muchísimo cuando un progenitor deja de involucrarse y le muestra a la criatura un rostro «en blanco» o «fijo» justo después de haber estado jugando con él. Los psicólogos del desarrollo sugieren que el sistema nervioso central de nuestro bebé sigue siendo demasiado «frágil» para gestionar la confusión y la incomodidad que siente al ser «ignorado» por su padre. Nos dice algo sobre el poder de nuestra relación con nuestros bebés. Si puedes, echa un vistazo a los vídeos que enumero en las págs. 301 y 302 y verás cómo los bebés del estudio emplean todo tipo de medios para captar a atención de sus progenitores: vocalizando e incluso agitando sus puños o golpeando con ellos, para luego darse la vuelta, rompiéndonos el alma, con una expresión de impotencia en su rostro cuando no lo han conseguido. Entonces empiezan a surgir lágrimas de abatimiento. Nuestros bebés medran con nuestras interacciones con ellos, y creo que esta información puede ayudarnos a ser más conscientes cuando usemos nuestros teléfonos móviles o pantallas delante de nuestros hijos, sobre todo cuando son bebés, porque estudios más recientes han replicado los mismos hallazgos con padres que usaban sus celulares en lugar de poner una cara inexpresiva.

Siendo consciente de que nuestros hijos pueden experimentar un verdadero sentimiento de impotencia si ignoramos sus intentos de interactuar con nosotros, es de esperar que podamos gestionar el tiempo que pasamos con nuestros móviles y pantallas para asegurarnos de que nunca los dejemos sintiendo que queremos a nuestros teléfonos más que a ellos. Esto no quiere decir que no debamos usarlos ni que tengamos que sentirnos culpables cuando lo hagamos. Vivimos en un mundo moderno en el que suele ser necesario trabajar desde casa, y nuestra conectividad con el mundo exterior (en especial como padres primerizos) dependerá, con frecuencia, de que tengamos nuestros móviles cerca. Esto es comprensible siempre que cuando nuestros bebés (de hecho, nuestros hijos de cualquier edad) nos hagan saber que necesitan nuestra atención desviemos nuestra mirada hacia ellos. Al ser unos padres atentos, captando las señales de nuestros bebés, sabiendo que quizás se SIENTAN rechazados si miramos a una pantalla en lugar de mirarlos a ellos, entonces podremos responder con mayor inmediatez si lloran. Nuestros bebés medran con nuestras interacciones con ellos, y necesitan que los ayudemos a gestionar las sensaciones que sentirán en su cuerpo. Al contrario que los niños mayores y los adultos, los bebés son incapaces, desde el punto de vista del desarrollo, de regular sus estados emocionales. Debemos ayudarlos a hacerlo. Al tomarlos entre nuestros brazos en esos momentos, sosteniéndolos cerca de nuestro cuerpo, podemos hacer que se regulen de nuevo, y, al hacerlo, disponemos de la oportunidad de *fortalecer* nuestra conexión con ellos. Aquí es donde se genera la confianza entre nuestros hijos y nosotros: una vez más, «cuando necesite a papá/mamá, podré confiar en que estarán ahí para mí»: todas las cosas que hemos comentado en los capítulos 1 y 2 que mantienen a ese pequeño lagarto y babuino sintiéndose a salvo y seguros.

Según la doctora Zeedyk: «Cuando nos damos cuenta de que los bebés pueden sentir [emociones], somos conscientes de lo importantes que son las relaciones para su desarrollo, y entonces mejoramos en proporcionarles el tipo de cuidados que hacen que los padres se sientan orgullosos por ofrecérselos».

Creo que esto se podría aplicar para considerar no sólo nuestras acciones cuando estamos con nuestros hijos, sino también lo que compremos en esos primeros años, como los cochecitos, por ejemplo. Cuando comprendamos que cada minuto de cada día las experiencias de nuestro bebé moldean su cerebro, podremos pensar en comprar uno con el que esté encarado hacia nosotros, de modo que cuando demos un paseo, podamos hablar más a nuestros hijos. Según una fascinante investigación llevada a cabo en Nueva Zelanda, esto ayuda al desarrollo del lenguaje. Que ellos interpreten incluso nuestras pequeñas expresiones faciales mientras hablamos refuerza esa arquitectura cerebral sana, permitiéndonos tranquilizarlos de inmediato si nos encontramos en una calle ruidosa con camiones circulando o con un perro que ladra fuerte cerca de ellos.

Aquí, el concepto primordial es que nuestros bebés e hijos sienten las emociones MUY INTENSAMENTE, y que éstas generan enormes picos de sentimientos. De forma increíble, la ciencia actual nos permite, de hecho, VER esas emociones mientras se experimentan *en el interior de nuestro cerebro*. Podemos ver, por ejemplo, el «dolor» que siente un niño en su cerebro cuando ve que su mamá le da un beso en la cabeza a su hermanito recién nacido. También podemos ver las conexiones neuronales positivas que se establecen cuando el neonato *siente* ese beso. La ciencia nos muestra ahora cómo estas interacciones cotidianas se sienten en el interior del cerebro y del organismo de nuestros hijos, tal y como sabemos gracias al capítulo 2.

Sin la regulación emocional, nuestros hijos pueden sentirse agobiados con mucha rapidez. Permíteme poner un ejemplo final que ilustra el efecto acumulativo de numerosas emociones y también por qué tenemos, simplemente, que ayudar a nuestros hijos a regularlas. Imagínate a una niñita a la que invitan a una fiesta. Su mejor amiga cumple cuatro años y todos los niños a los que conoce en la guardería están invitados. Habrá pasteles, música, juegos y muchísima DIVERSIÓN.

Sin embargo, el día antes de la fiesta tiene fiebre y no puede ir a la celebración.

Para esta niñita, la sensación de decepción será ENORME. Tal y como dice la doctora Zeedyk, esto se origina por el fracaso de la esperanza. «Estás esperando algo con ilusión, estás emocionado y ¡BUM!, no sucede. Lidiar con esa pérdida de la esperanza es difícil. A veces hace que los niños "se agobien" y tengan un berrinche. Eso es lo que vemos con frecuencia en las rabietas de los niños pequeños. No pueden hacer frente a la mezcla de emociones: decepción, frustración, traición, pérdida. ¡Todo ello al mismo tiempo! Su cuerpo está experimentando tantas emociones distintas a la vez que todo ello simplemente implosiona. Tendemos a centrarnos sólo en el comportamiento porque eso es lo que nuestra cultura nos ha enseñado a hacer; pero debajo de ese comportamiento hay muchas emociones difíciles y que chocan entre sí».

Cuando comprendemos lo duro que es para nuestros hijos gestionar sus grandes emociones sin poder recurrir a un búho sabio, entonces podemos ser MUCHO más comprensivos. Entender las emociones de nuestros hijos puede ayudarnos a criarlos y educarlos con compasión, calma y curiosidad, ansiosos de comprender lo que puede que les esté sucediendo a nuestros hijos, y en esos momentos en los que antes habíamos asumido que simplemente estaban siendo «malos» ahora sabemos que no es así.

No hay niños «malos», ¿recuerdas?

Por lo tanto, dado lo INTENSAS, COMPLEJAS y VARIADAS que pueden ser nuestras emociones, ¿qué podemos hacer como padres para ayudar a nuestros hijos a aprender esta habilidad vital de la regulación emocional? Queremos que nuestros hijos se vuelvan «emocionalmente cultos» o «emocionalmente competentes», tal y como les llama uno de mis estimados colegas, el doctor Gabor. Podemos hacer eso cuando los ayudamos a comprender cuáles son sus emociones y cómo podrían hacerles sentir.

CONSEJO DE LA CAJA DE HERRAMIENTAS

Poner nombre a las emociones con tu hijo

Cuando mi hijo era más pequeño, pasó por un período en el que no quería ver ninguna película que tuviera música triste. Cuando le pregunté por qué, me dijo: «Porque podría llorar». Parece ser que había llorado con una pieza musical en la asamblea escolar («Puff el dragón mágico» que, cuando volví a escucharla de adulta, estuve de acuerdo en que ES, ciertamente, una canción triste que habla de la pérdida y el dolor). En esa asamblea escolar, cuando mi hijo lloró, alguien dijo algo despectivo, por lo que el pequeño pensaba ahora que llorar no estaba bien. Sólo tenía cuatro años.

Cuando adviertas que tu hijo está teniendo dificultades o que está enfadado, triste, alegre, emocionado, etc., podemos ponerle un nombre a la emoción, de modo que sepa que lo que siente tiene un «nombre», que es, de hecho, una *cosa*. Es decir, que es algo normal.

Por lo tanto, le pregunté:

—Wilbur, ¿qué es lo que sientes cuando escuchas la música?

—Tristeza.

—Bueno, no pasa nada por estar triste. Es normal estar triste; de hecho, es una canción bastante triste. Todos nos ponemos tristes a veces, y está bien que mostremos que estamos tristes. Es normal. Pensemos en lo que hacemos cuando estamos contentos —le pregunté.

—Reímos —me dijo levantando la vista y mirándome.

—¿Y cómo podemos mostrar que estamos tristes?

—Llorando.

Hacer que nuestros hijos se habitúen a la idea de sentir emociones nombrándolas será de enorme utilidad. Wilbur no sabía en realidad por qué esa música le había hecho llorar en el colegio, pero una vez que se le explicó, en el futuro no estará tan sorprendido ni se sentirá tan incómodo si le vuelve a suceder. Podrá comprender nuestra respuesta corporal ante las emociones: reímos, lloramos, o temblamos si estamos asustados, o puede que pensemos que necesitemos ir al lavabo. Podemos explicarles a nuestros hijos cómo funciona la respuesta de estrés del organismo empleando el sencillo concepto del lagarto, el babuino y el búho sabio. El simple hecho de proporcionarle a tu hijo pequeño este conocimiento te ayudará a hacerle sentir que tiene un control mucho mayor de estos sentimientos y a no sentirse avergonzado de ellos.

Además, y de manera crucial, tu hijo necesita saber que TODAS las emociones son válidas, a pesar de lo que tal vez tu abuela te dijera. Por ejemplo, es muy válido estar enfadado si alguien se pasa de la raya con nosotros (si alguien nos perjudica, abusa de nuestra confianza o nos ataca físicamente y nos hace daño). La ira es una emoción válida que nos dice que hemos sido agraviados. Al responder, podemos comportarnos como el cirujano con el bisturí y despotricar contra todos los que tenemos a nuestro alrededor, amenazando con hacerles daño porque no podemos expresarnos de forma segura, o podemos emplear nuestras palabras, que es justo lo que vamos a enseñarle a hacer a nuestro hijo.

Como hemos visto en el capítulo 2, nuestros hijos lloran o se revuelven porque no pueden expresar con claridad lo que están sintiendo, porque estas emociones parecen MUY GRANDES en el interior de su cuerpo y no saben qué es lo que están sintiendo. Sin embargo, una vez que conozcan los NOMBRES de las emociones y que puedan decirte si se sienten tristes, felices o enfadados, en ese momento ambos habréis dado ENORMES pasos hacia la creación de su propio cerebro autosuficiente del búho sabio. Empezarán a comprender los altibajos de sus emociones a medida que surjan. Cuando comprendan que existe un nombre para eso que están sintiendo, podrán entender que no es «malo» sentirse de la forma en que se sienten. Una vez que eso suceda, esas lágrimas serán menores y más infrecuentes.

Cuando enseñas a tu hijo a estar «en contacto» con sus sentimientos y a reconocerlos, créeme: él será el que liderará a su equipo de forma colaborativa y exitosa, porque le habrás ayudado a dotarlo, en estos primeros cinco años de vida, de una base emocional fuerte y su propio cerebro del búho sabio a pleno rendimiento.

Ahora fijémonos en cómo LIDIAR con los sentimientos IN-TENSOS que pueden desencadenar una respuesta de estrés propia del babuino y que generan los resultados físicos más frecuentes e INTENSOS: los berrinches y los accesos de ira mientras nuestros hijos intentan desprenderse del estrés con el que se han quedado en su interior.

Para esto debemos introducir el DRA.

CONSEJO DE LA CAJA DE HERRAMIENTAS

Crianza y educación de los hijos DRA

Cuando los lagartos de nuestros hijos están histéricos y sus babuinos están desenfrenados, cuando esas emociones están desbocadas y las hormonas del estrés están disparándose por todo su organismo, debemos entrar en acción al estilo DRA.[1] No me refiero a actuar como RAMBO, con ropa de camuflaje y una metralleta en bandolera, pero sí que debes actuar con rapidez y concentrado.

Podemos ser verdaderos HÉROES para nuestros hijos no comprándoles grandes regalos navideños, sino más bien siendo lo bastante «valientes» para sentarnos con ellos cuando hayan sido secuestrados por sus sentimientos INTENSOS.

---

1. Aquí, la autora hace un juego de palabras en inglés que resulta intraducible en castellano, en el que emplea la coincidencia de las siglas (SAS en inglés), que equivaldrían a «Di lo que ves – Reconoce – Alivia», pero también a «Grupo de Operaciones Especiales». *(N. del T.)*

Ésta es la clave de su regulación emocional. Para hacer esto, necesitamos la crianza y educación de los hijos DRA:

* **Di** lo que *ves.*
* **R**econoce.
* **A**livia.

Permíteme explicarlo: como Mike, mi esposo, es un ex comando de la Infantería de Marina de Reino Unido, es la persona perfecta para ilustrar la **crianza y educación de los hijos DRA**.

Mike entró en una ocasión en casa exasperado porque Clemency, que tenía tres años, le había dicho, llorando, que después de que Mike hubiera aparcado el coche, él «había salido por el lado equivocado», y que necesitaba que lo hiciera de nuevo, pero por el lado de ella.

«¡Maldita sea, es como si me tuvieran de rehén!», dijo frustrado. Intentando aguantarme la sonrisa, le pregunté cómo había reaccionado él.

Dijo riendo: «Tenía tu voz en mi cabeza. Tú dirías: "Por muy ridículo que sea debe haber una razón para esto", por lo que simplemente lo he hecho tal y como me ha pedido».

Claramente, para él no tenía mucho sentido (ni para alguien que le hubiera visto caminando rodeando el coche aparcado, meterse dentro de él y volver a salir), pero él se sentía seguro y con la suficiente confianza en mis teorías para mantener las cosas fáciles y sencillas y seguir las indicaciones de nuestra hija. Él sabía que podía usar el «Basta, NT-O-DV» y que esto no tenía que ver con él, sino que más bien algo le estaba pasando a Clemency.

Reflexionando después, sospechamos, cada uno de nosotros por nuestra cuenta, que la necesidad de Clemency de que papá hiciese lo que ella le pedía tenía sus raíces en los celos fraternales, ya que Wilbur, su hermano pequeño, había estado sentado antes «detrás de papá» durante todo el trayecto y ella quería que Mike hiciera algo entonces «a su lado».

Podría parecernos ridículo, como adultos, con toda la perspectiva que nos aportan nuestros búhos sabios, pero para un pequeño babuino de tres años, el sentimiento de los celos es MUY real (recuerda que los celos son una emoción secundaria que nace del miedo y la ira combinados debido a la preocupación de que el bebé podría robarle la atención de mamá y papá).

En estos momentos, podemos usar el «Basta, NT-O-DV» y luego utilizar la crianza y educación de los hijos DRA. En esencia significa, simplemente, que sintonizamos con nuestros hijos, que nos encontramos con ellos en cualquier estado de excitación en el que estén y los relajamos poco a poco y, de hecho, de forma muy parecida a como lo haría un negociador de rehenes.

1 Di lo que ves

Decir lo que *vemos* permite a nuestro hijo sentirse VISTO y ESCUCHADO, lo que, a su vez, ayudará a tranquilizar al babuino y al lagarto. Cuando está calmado y se siente conectado con nosotros, podemos, literal y metafóricamente, tomarlo de la mano y avanzar.

Podemos PONERLE UN NOMBRE a la emoción si sospechamos que sabemos cuál es. Sin embargo, no uses esto de forma negativa: TODAS nuestras emociones son válidas.

Emplea un lenguaje adecuado para la edad del niño, con tan pocas palabras como sea posible, no te compliques y hazlo todo de forma tranquila. Recuerda que tienes que actuar como si fueras el Grupo Especial de Operaciones. Si sólo te encuentras al alcance del oído en ese momento, puedes decir lo que estás oyendo.

Así pues, por ejemplo…

«Clemency, papá puede ver que estás real y verdaderamente ENFADADA», o «¡Vaya, Clemency, pareces tan ENOJADA!».

Di esto en un tono de voz cantarín, con tu volumen en consonancia con el suyo, pero no de forma agresiva. Queremos sintonizar con el babuino, pero no hacerle sentir incluso más enfadado y amenazado.

DECIR LO QUE VEMOS permite a nuestros hijos saber que lo que están sintiendo es REAL y que lo comprendemos y no estamos haciéndoles caso omiso en este momento. Estamos validando su sentimiento intenso porque ES válido (incluso aunque no parezca serlo en ese momento).

Luego:

2 Reconoce

Vas a reconocer lo que crees que necesita o quiere. Una vez más, esto ayuda al babuino a saber que le están entendiendo y también permitirá que su polluelo de búho recubierto de plumón dé un paso al frente.

«¿Quieres a papá a tu lado?».

Pronuncia frases breves y mantén el contacto ocular. Tu rostro debería mostrarse tranquilo y, con una mirada de preocupación, le dirás al babuino que de verdad quieres ayudar. Estás empleando el DRA, como si pertenecieses al Grupo de Operaciones Especiales, así que se trata de una negociación delicada.

En este momento, es muy probable que Clemency asienta a través de sus lágrimas. Mike puede entonces rodear el coche hasta donde ella quiere que él esté. En esos instantes incluso podemos encontrar cierto humor a la situación y disfrutar de nuestro éxito al hacer que nuestros pequeños babuinos vuelvan a tener los pies en la tierra.

3 Alivia

Aquí es donde «rescatas» a tu hijo en este momento. Llegas a sentirte como Rambo, pero sin la carnicería. Has rescatado a tu hijo de sus emociones demasiado intensas y excesivamente dolorosas: lo has conseguido tú, padre de las Fuerzas Especiales, tú.

«De acuerdo, cariño, papá ya está aquí».

O quizás: «Oh, mi niña, ven aquí. Deja que papá te ayude».

Cuando hayamos rescatado a nuestro hijo y le hayamos tomado entre nuestros brazos y empleado un lenguaje adecuado, tranquilizador y consolador, le habremos ayudado a «volver al equilibrio», porque sabemos que con nuestro contacto físico y nuestras palabras de búho sabio veremos esas sustancias químicas ansiolíticas naturales que calmarán todo el organismo de nuestro retoño, con todas esas hormonas que nos hacen sentir bien, como la oxitocina, que hace que nuestros hijos se vuelvan a enamorar de nosotros.

Los ABRAZOS nunca deben subestimarse, porque LOS ARRUMACOS SON LOS REYES (o las reinas), generando, literalmente, vías neuronales sólidas en el cerebro de tu hijo y creando memorias positivas que van al saco de los recuerdos del babuino, que registra que papá es realmente genial y que de verdad me «entiende» y me «comprende».

En este momento, lo que Mike ha hecho es encontrarse con nuestra hija en su angustia y ha recibido su dolor con compasión. En lugar de considerar a Clemency como «mala», ve que ella tiene una necesidad: en este caso sentirse más segura en la unidad familiar después de la llegada de un nuevo bebé. Empleando la crianza y la educación de los hijos DRA, él se asegura de que ella no lidie con esos sentimientos dolorosos por su cuenta.

Mike reflexiona sobre este episodio de la siguiente forma:

 Maniobras masculinas con Mike

«Hace algunos años vi un cómic con el que me identifiqué. Mostraba a un padre desaliñado y obviamente frustrado diciéndole con desesperación a su hijo: "¡Tu actitud está afectando de manera seria la forma en la que quería ser padre!".Todavía se la sigo mostrando a mis amigos en la actualidad. Es un excelente recordatorio de que nuestros hijos no siempre se comportarán de la forma en la que pensamos o queremos que se comporten. Un niño pequeño intentando trepar para escaparse de su cochecito o que esté teniendo un berrinche porque sales por "el lado equivocado del vehículo" puede que parezca un incordio, pero si damos un paso atrás y nos fijamos en ello desde su perspectiva de babuino, nos daremos cuenta de que se trata de *nuestra* proyección sobre *ellos*: les inculcamos nuestros puntos de vista. ¿Por qué, cuando podemos dejarnos llevar y salir por el otro lado o disfrutar juntos de un paseo de vuelta a casa más lento pero divertido y bajo el sol? Ahora me tomo eso como una situación en la que todos salimos ganando, mientras que antes hubiera entrado en batalla, considerándolo como una amenaza a mi autoridad. Tengo en cuenta que se trata de una generalización, pero, de manera anecdótica y, ciertamente, a nivel personal, pienso que los padres pueden temer que si cedes ahora ante las exigencias emocionales, pueden perder, más adelante, el control sobre sus hijos. Siguiendo el ejemplo de Kate, ahora me doy cuenta de que lo cierto es lo contrario. Ahora comprendo que no tiene nada que ver con eso en absoluto».

¡Dios mío, cómo quiero a mi marido! ¡Coincido por completo con él! En qué consiste esto se remonta a nuestras EMOCIONES. Al responder a Clemency con compasión y comprensión, Mike estaba, de hecho, ayudándola a convertirse en alguien emocionalmente segura. A esta tierna edad, sus celos (tal y como comentaré en el capítulo 12 al respecto de la rivalidad entre hermanos) procedían de un miedo inconsciente... a que su hermanito fuera más querido que ella. Este miedo es muy real para ese lagarto y ese babuino: saben, gracias a los miles de años de evolución, que el abandono podría implicar la muerte. Clemency estaba poniendo a Mike «a prueba», pese a hacerlo de una forma inconsciente, comprobando si la quería tanto como a Wilbur y que, por lo tanto, no la abandonaría.

Fijémonos en otro ejemplo: esta vez en uno que procede de la felicidad. Es muy obvio cómo sentimos esta emoción en nuestro interior, ¿verdad? Unas sensaciones geniales, deliciosas y cálidas que nos hacen sentir real y verdaderamente bien. Tan bien que, de hecho, podemos acabar como Tom Cruise, dando saltos sobre el sofá de Oprah Winfrey. Pues bien, la felicidad puede hacernos sentir de forma increíble si no tenemos «miedo» de cómo nos hace sentir en nuestro interior. Pero a nuestros hijos les parecerá REALMENTE GRANDE, porque se trata de otro «estado elevado de agitación» que sentirán de forma intensa en el interior de su organismo. QUEREMOS que nuestros hijos experimenten la cima de la alegría, ya que lo cierto es que la vida puede vivirse en todo su color cuando se puede; pero vale la pena recordar que, en el caso de nuestros hijos pequeños, que sólo disponen de un polluelo de búho recubierto de plumón para poner calma a las cosas, éstos necesitan nuestra ayuda en esta situación con la felicidad tanto como con la tristeza, el enfado o cualquier otra emoción más obviamente agobiante. Resumiendo, su felicidad puede parecerles algo *demasiado grande* como para reprimirlo.

Apunte sobre el cerebro

 «La alegría es un estado fisiológico. Para sentir las cimas de felicidad en oposición a simplemente placer, debemos ser desplazados de lo más profundo de nuestro ser. La alegría es el resultado de la conexión humana. En líneas generales, aquellos que viven su vida al máximo es probable que hayan sido criados y educados de formas que han activado de manera repetida unos estados químicos cerebrales y de excitación fisiológica intensamente positivos».

Doctora Margot Sunderland (psicoterapeuta),
The science of parenting

Queremos que nuestros hijos experimenten la alegría, pero tratándose de una de esas emociones intensas, deseamos ayudarlos a hacerlo sin que se sientan sobrepasados.

Imagínate que tus dos hijos pequeños están jugando en otra habitación construyendo torres magnéticas juntos. Puedes oír, al principio, que se lo están pasando en grande, pero al cabo de muy poco, los sonidos que proceden del cuarto de al lado empiezan a mostrar una excitación creciente. El juego se ha vuelto tan emocionante que corren el peligro de una «sobrecarga de alegría». De repente oyes chillidos en lugar de risas. Puede que tus hijos hayan avanzado hasta un estado de «sobrecarga», que se hayan sobreestimulado y que ahora sea necesario que intervengas y vuelvas a calmar las cosas. Cuando la emoción excesiva se da, todo se vuelve «un poco demasiado» y la alegría puede con facilidad transformarse en algo distinto.

Bueno, una vez más, usaremos la crianza y educación de los hijos DRA.

1 Di lo que *ves*

Con tu voz a un volumen similar, una sonrisa en tu rostro y quizás un grito de alegría para igualar los de ellos, entrarás en sintonía con tus hijos, lo que les hará sentir BIEN, y esto también debería hacerte sentir bien a ti.

«¡VAYA! ¡Esto es increíble! ¡Qué magnífica torre habéis construido los dos! ¡Puedo *ver* lo ENTUSIASMADOS [la emoción] que estáis por haber construido esto!».

No queremos que nuestros hijos dejen de sentir la alegría en su interior: deseamos poder encontrarnos con ellos en su alegría y animarlos, de modo que sepan que éste también es un sentimiento INTENSO que está bien sentir. Éste es un sentimiento seguro, incluso cuando estén tan emocionados que, literalmente, no sepan qué hacer consigo mismos. Al hacer esto, ayudamos a nuestros hijos a experimentar la alegría con plenitud y no les veremos reprimir este maravilloso sentimiento de agitación más adelante en su vida.

Una vez que nos hayamos «reunido» con ellos en su estado intensificado, entonces podremos irles calmando poco a poco antes de que ese estado los haga quedar abrumados. Esto es lo que los

106

ayuda a desarrollar su propia regulación emocional. Así pues, a continuación…

2 Reconoce

«¡Uno debe sentirse realmente **BIEN** por haber construido una torre TAN alta! ¡Puedo VER que todos os habéis estado divirtiendo MUCHO! Sin embargo, parece que alguien se está enojando/entristeciendo un poco. ¿Necesitáis que venga a ayudaros?».

Luego…

3 Alivia

«Venid. ¿Puede unirse mamá a vosotros de modo que todos podamos jugar juntos?».

En este caso, **aliviar** consiste, una vez más, en «igualarse» a ellos mientras están jugando y, para delicia de ellos, dar gritos de alegría junto con ellos cuando parezca justificado e imitar su lenguaje corporal y su tono de voz cuando quieras ayudarlos a «calmarse» de nuevo.

Aquí tenemos algunos ejemplos más de preguntas que podríamos hacerles a nuestros hijos en el «momento» si parece que están teniendo dificultades con sus emociones, o si son algo mayores y sacan a colación algo que les está preocupando:

- «¡Vaya! ¡Puedo ver lo molesto que estás!».
- «¿Puedes decirme qué sientes en tu interior?».
- «Pareces un poco triste».
- «Puedo ver lo enfadado que estás».
- «Pareces bastante disgustado. ¿Me puedes explicar qué está pasando?».
- «Eso parece difícil».
- «Parece bastante duro para ti en este preciso momento».
- «Puede que te parezca difícil saber qué hacer».

Con frecuencia es de ayuda detenerse, ya que en ocasiones ellos «llenarán los huecos…». Muchas veces, en estos casos no hace falta nada excepto que estés presente para tu hijo y que él sienta que estás interesado de verdad por lo que tiene que decir.

Y recuerda que, si te encuentras con resistencia, no pasa nada (no es algo personal), y puedes proseguir con:

«Mamá/papá quiere ayudar».

Éstos son tan sólo algunos ejemplos de los tipos de preguntas que permitirán que tu hijo perciba que COMPRENDES que está pasando por un momento difícil con respecto a ello desde el punto de vista EMOCIONAL.

Cuando somos progenitores DRA, en lugar de darnos la vuelta y dejar a nuestros hijos solos con *sus* sentimientos intensos, podemos dirigirnos a ellos, sabiendo que podemos ayudarlos a gestionar sus grandes sentimientos. La crianza y la educación de los hijos DRA te permitirán mostrar a tu hijo que lo VES en su angustia emocional, y que no sólo lo entiendes, sino que no lo temes, lo que entonces lo ayudará a no tener miedo de *sus* «emociones demasiado intensas».

Cuando eres un progenitor DRA, puedes intimidar con la mirada a aquellos que digan que los niños deberían «aguantarse», o «Oh, mira, ya se va a poner a llorar», «¡Deja de ser melodramático!».

Como progenitor DRA dispones del conocimiento para saber que reprimir las emociones de tus hijos así sólo puede acabar de una forma: con una enorme EXPLOSIÓN de emoción. Esto no aporta NINGÚN BENEFICIO; de hecho, es algo muy negativo. Puede que se conviertan en adultos forzados a llevar toda su vida una carga emocional, una pesada mochila sobre su espalda que vayan llenando de rocas de descontento a medida que avancen por la vida.

En su lugar, queremos crear futuros adultos con una regulación emocional sólida y sana que implicará que están listos para cualquier cosa que la vida les tenga preparada.

Y si queda cierto espacio para convencerte un poco más, haré la siguiente pregunta: ¿quién preferirías que TE operase: el cirujano con un cerebro de búho sabio tranquilo, mesurado y equilibrado o el babuino furioso con un bisturí en la mano?

Perlas de sabiduría del búho sabio

ꙍ ꙍ Las emociones tienen sus raíces en la evolución y están diseña-
das como parte de un mecanismo de supervivencia. Son válidas y pueden gestionarse cuando comprendemos cómo y
por qué dirigen nuestro comportamiento.

ꙍ ꙍ Debemos ayudar a nuestros hijos a entender qué son las emociones y cómo pueden sentirlas en el organismo: podemos hacerlo hablándoles sobre lo que están sintiendo y luego poniendo NOMBRE a las emociones.

ꙍ ꙍ Nuestros hijos no siempre sabrán por qué se están comport-
ando de la forma en que lo hacen, y por esta razón, con frecuencia, el mero hecho de consolarlos y decirles que los entiendes puede ser suficiente.

ꙍ ꙍ **La crianza y educación de los hijos DRA** nos ayuda a enseñarles a nuestros hijos a regular sus emociones. Cuando decimos
lo que vemos, reconocemos su malestar y luego aliviamos cualquier dolor emocional, nos encontramos con nuestros hijos en
cualquier emoción que sientan y los ayudamos a tranquilizarse
poco a poco.

Pongámoslo de esta forma: cuando se trata de tu hijo en su estado de angustia emocional, ¿quién preferirías ser?: *¿el HÉROE que se
DIRIGE a la batalla para ayudarlo con sus sentimientos intensos o el
progenitor que huye, dejando que lo gestione todo él solo?*

CAPÍTULO 5

Llorar como forma de comunicación

«Llorar nunca es un signo de debilidad. Desde que nacemos siempre ha sido un signo de que estamos vivos».

Anon

Nuestros hijos lloran por un motivo, especialmente los bebés, ya que es, en gran medida, la única forma que tienen de transmitirnos lo que necesitan. Algunos bebés no pueden mover sus brazos o piernas para huir o luchar, y en su lugar tienen que usar su voz. La Madre Naturaleza diseñó los chillidos del bebé para que fuesen tan estridentes e insistentes como la alarma de un automóvil, para así asegurarse de que responderemos. Algunos estudios han medido que los lloros de los bebés alcanzan alrededor de los 100-120 decibelios (dB). Una conversación normal transcurre a 50 dB, un concierto de rock alcanza los 120 dB y un avión a reacción cercano emite 150 dB, así que tu bebé puede llorar de un modo muy ruidoso.

Cuando un bebé llora, nos está diciendo, en esencia: «Mamá/ papá... te necesito». Ningún mamífero ignorará a una cría que esté llorando, ya que los lloros de un bebé son una llamada para recibir ayuda (alimento, agua, consuelo, protección, etc.): todas las cosas que necesitan para sobrevivir.

Nuestros bebés lloran cuando nos necesitan, y nuestros niños pequeños hacen lo mismo.

Cuando comprendemos que nuestros hijos sienten la angustia en su organismo, tal y como hemos visto en el capítulo 2, podemos ayudarlos para que sientan alivio y se tranquilicen, respondiendo a sus necesidades, tanto si consisten en cambiarles el pañal como en darles un beso en su rodilla despellejada. Las resonancias magnéticas (RM) muestran, de hecho, cómo esto desarrolla esas importantísimas conexiones en el cerebro de nuestros retoños.

Ésa es la razón por la que digo que los arrumacos son los reyes (o las reinas). Cuando abrazamos a nuestros hijos pequeños cuando están llorando, se secretan hormonas en su cerebro que hacen que se sientan bien: opioides y oxitocina (las llamadas «drogas del amor»). Queremos que tengan tanto de esto como podamos en sus primeros años.

Apunte sobre el cerebro

 «Si alivias constantemente la angustia de tu hijo a lo largo de los años y te tomas cualquier lloro afligido en serio, podrán establecerse sistemas de respuesta muy efectivos en su cerebro. Éstos le ayudarán a lidiar bien con el estrés más adelante en su vida».

Doctora Margot Sunderland (psicoterapeuta),
The science of parenting

A veces se afirma que los bebés no pueden «recordar» sus primeras experiencias, pero el trabajo del doctor Bruce Perry (un eminente psiquiatra) y de sus colegas en la Child Trauma Academy, en Estados Unidos, además del trabajo del profesor Daniel Schacter (un distinguido psicólogo y destacado especialista de la memoria), revelan que aunque puede que no recordemos *conscientemente* lo que aprendimos en nuestros primeros años de vida, sí que disponemos, de hecho, de recuerdos «emocionales» que puede que duren toda una vida. En el libro *Splintered reflections*, el doctor Perry explica a los autores que, pese a que un niño no sea capaz de expresar con claridad cierto recuerdo, eso no significa que no haya «almacenado» la experiencia. Si, por ejemplo, de bebés nos asustó un perro grande que arremetía y le ladrada a nuestro cochecito, puede que eso influyera en cómo reaccionamos al oír a un perro ladrar más adelante en la vida. A partir de las investigaciones que he llevado a cabo, parece que nuestros recuerdos inconscientes pueden influir en gran medida en cómo percibimos el mundo y cómo reaccionamos ante las situaciones más adelante en la vida.

Apunte sobre el cerebro

 «El primer año de vida establece el sentido más profundo sobre quiénes somos, y la fortaleza y la solidez de nuestra identidad. Entre los seis meses y los tres años de vida, la capacidad de respuesta de nuestros progenitores y la constancia de los cuidados que recibimos afecta a lo emocionalmente seguros que somos en las relaciones».

Oliver James (psicólogo clínico infantil),
autor de *How to develope motional health*

El sueño y los lloros

En la actualidad vivimos en un mundo mucho más apremiado por el tiempo, lo que temo que nos ha conducido con más frecuencia a tener que intentar encajar a nuestros bebés e hijos en NUESTRO horario, obligándolos a adaptarse a *nuestras* necesidades, en lugar de atender las SUYAS. Digo esto de nuevo como madre trabajadora, ya que yo misma también he sentido esas presiones. Sin embargo, cuando nos fijamos en las comunidades tradicionales, se nos recuerda lo mucho que nos hemos alejado de las necesidades naturales de nuestros hijos: estar cerca de nosotros, que los sujetemos entre nuestros brazos, que sean vistos y escuchados. Cuando nuestros bebés lloran por la noche, no lo están haciendo para ser «difíciles» (aunque puedo entender cómo se puede sentir alguien cuando se tiene que despertar a las seis de la mañana y tiene cien correos electrónicos a los que contestar).

Por supuesto, la realidad es que no existe un «parche».

Estos primeros años pueden ser difíciles. Es aquí donde los padres necesitan un mayor apoyo. En las comunidades tribales, las madres primerizas han dispuesto de ese respaldo por parte de las familias que tienen a su alrededor. Tristemente, en la actualidad esto sucede con menor frecuencia, dando lugar a prácticas en las que se deja que el bebé «llore hasta agotarse» y se le deja solo sin aportarle consuelo durante un período de tiempo prolongado.

He oído decir: «Bueno, pero está bien dejar que el bebé llore hasta agotarse», o «Ese bebé te tiene comiendo de la mano», o incluso «Está bien irse fuera una semana sin él. No lo recuerda».

Sin embargo, los científicos que he entrevistado nos dicen lo contrario.

La renombrada doctora Margot Sunderland, psicoterapeuta, me dijo que «uno de los mayores problemas en el pasado ha sido asumir que el cerebro en desarrollo del niño es una estructura robusta que puede soportar todo tipo de estrés. Las investigaciones neurocientíficas han visto ahora que esto es una falacia. Aunque los niños poseen cierto grado de resiliencia (genéticamente hablando algunos más que otros), el cerebro en desarrollo en esos primeros y cruciales años de vida también es muy vulnerable al estrés. Es tan sensible que el estrés de muchas técnicas comunes de crianza y educación de los hijos puede alterar a delicadas "sustancias químicas relacionadas con las emociones"».

Entrevisté al doctor Bruce D. Perry, un psiquiatra estadounidense e investigador jefe en la Child Trauma Academy, en Houston (Texas), con respecto a este tema. Su trabajo en este campo es muy reconocido. Al hablar del impacto de los lloros prolongados, me comentó que «ha habido una perspectiva popular que permite que un progenitor se implique en una práctica que pueda llevar a que el niño llore menos por noche, pero no comprenden que se trata, únicamente, de un patrón de activación del estrés que hará que su hijo sea menos resiliente con el tiempo y, de hecho, en el caso de algunas criaturas, puede que, de hecho, las sensibilice y desregule más. Consiste, en realidad, en obtener el resultado contrario al que se quiere a largo plazo».

Por lo general, nuestros hijos estarán más estables y llorarán menos cuando se sientan seguros y se satisfagan sus necesidades.

Apunte sobre el cerebro

 «Un niño que no reciba consuelo acabará, finalmente, por dejar de llorar si no hay ninguna respuesta, pero existen unos costes reales. No hablamos de un padre que acude corriendo hacia el bebé en cuanto su labio inferior empieza a temblar... El lloro prolongado es el lloro que cualquiera sensible al dolor de los demás reconocerá como una llamada desesperada de ayuda. Es el tipo de lloro que dura y dura y acaba cesando cuando el niño está completamente agotado y se queda dormido o, en un estado de impotencia, se da cuenta de que la ayuda no va a llegar. El estrés debido al lloro prolongado y las separaciones puede afectar al cerebro en desarrollo del bebé y al cerebro de por vida».

Doctora Margot Sunderland (psicoterapeuta),
The science of parenting

Puedo comprender que esta información puede resultar dura si eres el progenitor de unos hijos un poco mayores y dejaste que «lloraran hasta agotarse» cuando eran pequeños, ya que éste solía ser el consejo en el pasado. Sin embargo, la ciencia nos permite ahora ver las cosas de forma distinta. Allí donde antaño podíamos no haber sabido, ahora sabemos; y mereces saberlo, porque comprendo que éstas son decisiones difíciles de tomar. Si parece difícil, anímate: la información de la que ahora dispones puede usarse en gran beneficio de tu hijo y de ti. Cuando respondemos a nuestros bebés si lloran y les secamos las lágrimas, estamos desarrollando esas importantísimas conexiones sanas en su cerebro, fortaleciendo el vínculo que compartimos y el «apego seguro» que queremos que nuestros hijos tengan con nosotros.

El doctor Gabor Maté, especialista en adicciones y médico, coincide. «Pocos padres quieren dejar a sus hijos solos con sus lágrimas, y pese a ello, en nuestra sociedad estresada, puede que nos digan con frecuencia: "Tu bebé está controlando tu vida"». El mejor interés del bebé por lo general no es lo más conveniente para los padres. Es normal que los niños muy pequeños lloren por la noche, y el instinto maternal es el de responder de manera sensata a sus necesidades, incluso aunque eso implique muchas noches sin pegar ojo y un constante estado de agotamiento. Ningún progenitor que se preocupe arriesgaría la salud de un hijo buscando el consejo de practicantes médicos no cualificados. Los padres deberían, por tanto, mostrarse recelosos de seguir las indicaciones de entrenadores de sueño sin credenciales que podrían poner en peligro el bienestar mental de sus hijos».

Gabor Maté explica el peligro de la siguiente forma: «Cuando un niño muy pequeño se queda dormido después de un período de gritos y lloros frustrados pidiendo ayuda, no es que haya aprendido la "habilidad" de quedarse dormido. Lo que ha sucedido es que su cerebro, para huir del agobiante dolor del abandono, se apaga. Es un mecanismo neurológico automático. En efecto, el bebé se rinde. Se ha logrado el objetivo a corto plazo de los padres exhaustos, pero al precio de dañar la vulnerabilidad emocional a largo plazo del niño. En su córtex cerebral está codificada una sensación de un universo que no se preocupa».

En el campo de la psicoterapia aprendemos que «siempre podemos reparar», y cuando nos comprometemos a invertir en regulación emocional con nuestros hijos en estos primeros años, los podemos ayudar muchísimo y (tal y como sabemos) habrá muchas oportunidades para hacerlo.

Cuando respondemos a nuestros bebés si lloran y les secamos las lágrimas, les estamos asegurando que pueden confiar en nosotros y que siempre estaremos ahí para que puedan sentirse a salvo. Es esto lo que desarrolla las conexiones saludables en el cerebro de nuestros hijos, haciéndoles más sanos a nivel emocional.

Hay numerosos recursos que he listado en el apartado de las referencias bibliográficas de este libro para respaldar estos hallazgos, y los comparto porque es un tema importante y que con frecuencia provoca divisiones. Sólo puedo compartir contigo lo que mi marido y yo hicimos como padres tras estudiar el tema en gran profundidad. Éste fue el camino que decidimos que era mejor para nuestros hijos, basado en la información científica que había leído, y he mencionado extractos de ella antes. Funcionó en el caso de mi familia. Es cuestión tuya decidir si funcionará en tu caso.

Comprendo que los primeros años pueden ser muy tensos. Recuerdo esos primeros días demasiado bien con mis propios hijos cuando eran bebés. Recuerdo las noches sin pegar ojo y la absoluta confusión que puede provocar tener un niño que llora, desencadenando que nuestros propios babuinos y lagartos se pongan histéricos con el estrés que todo eso genera.

En cierto momento, cuando Clemency era una recién nacida, mi marido, siempre práctico, sugirió con amabilidad que redactáramos una lista de las principales cosas que Clemency necesitaba cuando yo acababa hecha polvo y con los ojos desorbitados mientras ella lloraba.

Hambrienta.
Sedienta.
Exhausta.
Necesita que le cambien el pañal.
Frío.
Calor.
Dolor.

Aprendí que una vez que había tenido en cuenta estas opciones de la lista, entonces la única cosa que podía hacer era CONSOLAR-LA... Acepté que, si había tachado todos los ítems de la lista, sabía que lo que mi hija necesitaba era que la ayudara a tranquilizarse. Descubrí que le encantaba que la llevara en un portabebés pegada a mi pecho, y que yo hiciera lo que ahora llamo «**el abrazo del hipopótamo feliz**», en el que flexionaba ligeramente las rodillas y volvía a erguirme, emitiendo unos sonidos tranquilizadores como de hipopótamo (puede que tengas que buscar esto en Google) al unísono. Los suaves gruñidos en su oreja lograban calmarla, y el movimiento de mi cuerpo ayudaba a sosegarla.

El principio de por qué esto podría haber funcionado en mi caso puede encontrarse, una vez más, en el trabajo del doctor Bruce Perry. Me explicó que la manera de ayudarnos a nosotros mismos y a nuestros bebés y niños pequeños a pasar de un «estado de ansiedad extrema» a un estado más calmado es el *ritmo*. Afirma que las culturas tribales saben esto desde hace miles de años, y los cantos, los bailes y tocar el tambor son un pilar para mantener a la tribu unida, en especial como proceso sanador.

El doctor Perry lo describe de la siguiente forma: «Actividad en forma de un patrón repetitivo y rítmico que usa redes somatosensoriales relacionadas con el tronco cerebral que hacen que tu cerebro pueda acceder a la recompensa relacional (cerebro límbico) y el pensamiento cortical».

Una vez más, con el objetivo de no complicar las cosas, esta explicación científica nos lleva, de hecho, de nuevo, de vuelta a nuestro lagarto y también babuino. Nuestros bebés fueron regulados en el útero, cuando su cerebro de lagarto estaba al mando. Cualquier cosa que ayude a mantener al lagarto a salvo y seguro ayudará a recrear, de alguna forma, esa sensación de estar regulado y bien como cuando estábamos en el útero materno, cuando todo estaba «controlado»: el bebé era alimentado, se encontraba a la temperatura corporal adecuada, podía escuchar el tranquilizador latido del corazón de su madre, etc. Ésta es la razón por la cual nuestros bebés suelen responder bien si salimos a dar un paseo con ellos (quizá en el cochecito, pero mucho mejor si los llevamos en un portabebés o una mochila cargabebés y pegados a nuestro pecho. Y si cantamos o tarareamos, mucho mejor todavía).

Averiguarás qué es lo que funciona en el caso de tu bebé y en el tuyo a base de prueba y error. Los elementos que funcionarán con más frecuencia incluirán reducir la intensidad de la luz, cerciorarte de que tu bebé no tenga demasiado calor ni frío, que esté cerca de ti (piel con piel cuando son muy pequeños), los movimientos suaves, mecerlos y cualquier cosa que pueda imitar el ambiente del útero materno, además de cualquier cosa que los ayude a sentirse «a salvo». Ésta es la clave. Cuando el lagarto se sienta «seguro», tu bebé/hijo pequeño se sentirá tranquilo. Por la noche, claramente, si nuestros hijos están durmiendo en su habitación, puede que se sientan menos «seguros» porque su cerebro «primitivo» antiguo no registra que tú estás durmiendo en el cuarto de al lado. Ellos tan sólo saben que está oscuro y que están solos. Había noches en las que mi marido decía que se sentía como un experto en desactivación de bombas, andando de puntillas para salir de la habitación del bebé, temiendo pisar esa lámina de la tarima que chirriaba y que haría que Clemency se despertase y volviese a chillar. Como resultado de ello, acabamos durmiendo con nuestros hijos. Una vez más, ésta fue nuestra decisión personal, basada en lo que funcionaba para nosotros como familia y en las investigaciones que habíamos llevado a cabo. Esto es algo que debes decidir tú, basándose en los consejos médicos y profesionales que recibas (una vez más, ofrezco un listado de referencias bibliográficas y recursos al final del libro, por si quieres aprender más cosas). Sé que a algunos a padres también les preocupa que una vez que permitan a sus hijos dormir en la cama con ellos, ya siempre tendrá que ser así.

Sólo puedo decir, a este respecto, que yo me encontré con que mis hijos progresaron de forma bastante natural para acabar durmiendo en su propia habitación. Clemency tenía unos tres años cuando ya durmió toda la noche en su propia cama, y Wilbur tenía cuatro años. Y sí, puede que eso te haya sorprendido (¡¿CUATRO AÑOS?!), pero concluí que les dejaría encontrar su camino, y dormir en la misma cama era más fácil que levantarse una y otra vez durante la noche. Ahora los dos duermen alegremente toda la noche del tirón en su propia habitación.

Cuando nos ocupamos de las necesidades de nuestros hijos, los ayudamos a regularse y, en último termino, a calmarse. Cuando hagamos eso, dormirán de manera más profunda y tú podrás quedarte tranquilo. Sin embargo, si nuestros hijos están angustiados (y con ello me refiero a que su lloro no indica que sienten dolor, ya sea emocional o físico), *siempre* respondo. Vuelve a pensar en el lagarto: si el bebé está solo en la oscuridad y hay un ruido fuerte, el pequeño lagarto podría sentir pánico porque haya un depredador cerca y temer ser comido. Tal y como he explicado en el capítulo 2, el lagarto metafórico podría ascender por el baobab y pedirle ayuda al babuino. El babuino podría apretar la «alarma de incendios» (el cuerpo amigdalino) para hacer sonar la advertencia. En su realidad física, que nuestros bebés estén asustados desencadenará la secreción de las hormonas del estrés y veremos un aumento de los niveles de cortisol en el organismo. Entonces nos necesitarán para que los calmemos.

Cuando podamos ser el búho sabio de nuestro hijo, ayudándole a regular sus emociones, podremos tranquilizar al lagarto y al babuino, de modo que trabajen como deberían, y con el tiempo ayudaremos a que nuestro retoño desarrolle su propio búho sabio, de modo que sea capaz de calmarse él mismo y así ver *menos* lágrimas en el futuro.

Debo hacer hincapié en que debes, de verdad, hacer lo que creas que funcionará en tu caso (quizás el mensaje consista en asegurarse de llegar a la raíz de cualquier malestar) si siempre recordamos que si nuestros hijos lloran es porque *tienen una necesidad*. Esto se aplica a nuestros hijos pequeños, y tanto a los de cinco años como los de cinco meses. Encontré hace poco un viejo proverbio que dice: «Lo que el jabón es para el cuerpo, las lágrimas lo son para el alma», y desde mi punto de vista, en estos primeros cinco años de vida, si tus hijos lloran, eso debería, simplemente, considerarse una forma de comunicación. Las lágrimas nos dicen que nuestros hijos están «angustiados», y recuerda que yo veo las lágrimas como «estrés que abandona el cuerpo», y tras haber leído el capítulo 2 comprenderás por qué que el estrés abandone el cuerpo es, de hecho, algo muy bueno que fomentar. En el caso de nuestros hijos mayores, podemos, una vez más, aliviarlos con nuestras palabras, empleando un volumen de voz suave, unos tonos agradables y un lenguaje sencillo. También podemos seguir usando ese ritmo con nuestros hijos mayores, meciéndolos, cantándoles, yendo a dar un paseo… cualquier cosa que pueda ayudar a devolver a la calma a esos pequeños lagarto y babuino.

Si están realmente angustiados, sabes que puedes desplegar la crianza y educación de los hijos DRA:

Di lo que ves, reconoce el malestar y alivia el dolor.

* **Dile**: «Oh, cariño, puedo ver que estás realmente molesto».
* **Reconoce**: «Debes de tener algunos sentimientos muy intensos en tu interior».
* **Alivia**: «Ven. ¿Puede mamá/papá ayudarte?».

No necesitas decir mucho más ni ser demasiado concreto cuando tus hijos estén angustiados: puede que no sean capaces de «oírte» muy bien dado que su cerebro de lagarto puede hacer que en ocasiones se queden «emocionalmente congelados» (en último término, ésa es, con frecuencia, la única respuesta que tienen a su disposición, dado que la lucha o la huida quizás no sean posibles). Tu empatía en esos momentos será suficiente, y puede que incluso veas a tu hijo llorar con algo más de fuerza. Ésa es una buena señal, porque significa que tiene mucho que liberar y ahora le estás ofreciendo un espacio seguro para que lo libere.

Tal y como hemos dicho mientras hablábamos sobre el «*Basta*, NT-O-DV (no tiene que ver contigo – observa – dale la vuelta)», sé consciente de tu propio lenguaje corporal, ponte a su altura, abre los brazos, parece realmente comprensivo (incluso en aquellas ocasiones en las que las lágrimas se deban a algo ostensiblemente cómico, como que el pan no sea del «color» correcto). Recuerda que puede que no se trate del «pan» y que nunca podrás saberlo con total seguridad, pero una cosa que puedes saber es que puedes ser el búho sabio para tus hijos en esos momentos, y cuando los rodees con tus «alas» no sólo estarás reparando su dolor, sino que también estarás desarrollando un vínculo para toda la vida.

Sobre todo si estás educando y criando a tus hijos solo o sola, estos primeros años son DUROS. A Mike le dijeron en una ocasión que ser progenitor soltero era tan estresante como ser un piloto de caza en combate (es muy importante que no te sientas solo, y me ocuparé de esto en mayor detalle en el capítulo 14).

 Maniobras masculinas con Mike

«Cuando son pequeños y realmente quieres que se duerman, puede que eso implique que les cantes nanas y que luego salgas de su habitación con el sigilo de un leopardo, como un miembro del grupo de operaciones especiales. Lo cierto es que debes recordarte una y otra vez que su visión del mundo es distinta de la nuestra y que su fisiología también lo es. La persuasión razonada suele ser la herramienta más poderosa, incluso aunque a veces necesites un cerebro como el de la leyenda del ajedrez Garri Kasparov para triunfar. El lema del Servicio Especial de Embarcaciones de la Infantería de Marina de Reino Unido es "Mediante la fuerza y la astucia", lo que en buena medida resume la educación y crianza de mis hijos ahora que son un poco mayores».

»Puede que parezca una tarea ingrata, pero con la mano en el corazón, será la mejor inversión que hagas en tu vida».

Perlas de sabiduría del búho sabio

ᴠ ᴠ Los lloros son comunicación.

ᴠ ᴠ La forma en la que respondamos a los lloros de nuestros hijos ahora puede influir en cómo verán el mundo más adelante.

ᴠ ᴠ Consolar a un niño no genera un llorón, sino más bien todo lo contrario.

CAPÍTULO 6

Los saltos de estrella, el estrés y el «contoneo de salsa»

«Una cosa que aprendí viendo a los chimpancés con sus crías es que tener un hijo debería ser divertido».

Doctora Jane Goodall (DBE), primatóloga y antropóloga

Como hemos visto en el capítulo 2, todos experimentamos estrés en distinta medida en nuestra vida; pero imagina, por un momento, el estrés que siente un impala en la vasta y seca sabana, un paisaje con pocos lugares en los que esconderse y con demasiados depredadores. El psicólogo clínico estadounidense Peter Levine vio que cuando un impala es perseguido por un león (que representa una amenaza casi constante), su respuesta de estrés obviamente se dispara. Como en el caso de los humanos, el cortisol se secreta en dosis enormes para ayudar al cuerpo del impala a manejar el estrés e incrementar los niveles de azúcar en sangre para alimentar a los músculos y poder escapar.

A veces el impala dejará atrás al león, en otras ocasiones hará lo que hacía el lagarto en la parte I de este libro y tan sólo se dejará caer al suelo en esa respuesta de quedarse congelado o «desmayarse» que podría salvarle la vida, ya que pocos depredadores quieren comerse algo que ya está «muerto».

Con independencia de la acción evasiva tomada, Levine observó que después de la persecución el impala se erguía y temblaba de un modo incontrolado durante algunos minutos, como si estuviera, literalmente, sacudiéndose el estrés de los últimos y aterradores minutos. Una vez hecho eso el impala tan sólo volvía a pastar. Los animales que son presas, como los ciervos o las gacelas, pasan por este proceso físico de temblar o tiritar una vez que el intento de caza ha finalizado y han escapado. Levine llegó a la conclusión de que el proceso de temblar es la forma innata del animal de liberar el estrés o la «energía» física del evento: esa respuesta de estrés de la que hemos hablado en el capítulo 2. Reflexionaba que, con su forma instintiva, estos animales liberan de forma natural el trauma del episodio de caza de su organismo.

Además, Levine también observó que en la naturaleza los animales no experimentan estrés postraumático. Su trabajo multidisciplinar a lo largo de toda su vida le llevó a crear lo que llama «experiencia somática»: «Liberar esta energía almacenada y apagar la alarma de amenazas que provocan una grave desregulación y disociación». Esto es, en esencia, lo que hace el impala después de que la amenaza se haya disipado: liberar el estrés que se había generado de manera súbita en su organismo de una forma controlada y segura.

De acuerdo con varios estudios similares, los humanos y los animales de zoo son los únicos mamíferos que *no* hacen esto. A excepción de algunas culturas tradicionales, rara vez pasamos por este proceso. En algún lugar del camino parecemos haber «desaprendido» este comportamiento curativo.

Lo que de verdad nos funcionaba muy bien cuando vivíamos en cuevas; salíamos en busca de comida o corríamos para escapar de un tigre dientes de sable, algo que no es tan genial para nuestros hijos. Con frecuencia les decimos a nuestros vástagos que «se aguanten» o que «detengan las lágrimas». Éste es un problema grave: si reprimen esa reacción evolutiva involuntaria, nuestros hijos de menos de cinco años (y todos los niños) se quedan con enormes cantidades de hormonas circulando por su torrente sanguíneo sin ningún lugar al que ir. Como hemos visto en el capítulo 2, el estrés vivirá en el organismo si no dispone de ninguna forma de liberarse. El estrés prolongado o frecuente en nuestros hijos no es deseable y, además, puede ser dañino para sus vulnerables sistemas en desarrollo.

Eso no es nada bueno. Recuerda: «El estrés vive en el organismo».

Alejémonos un poco de los estudios científicos y pensemos en las formas en las que los niños PUEDEN liberar estrés de forma natural.

Nuestros hijos pueden encontrar un alivio del estrés como el impala, pese a que a primera vista no nos parezca obvio, como, por ejemplo:

Jamilia tiene tres años y quiere caminar a lo largo del muro en su camino hacia la guardería.

Su madre necesita regresar a casa a tiempo para recibir una llamada de trabajo de su jefe. Jamilia no ha dejado de apartarse de su madre, teniendo un tira y afloja con ella y poniéndose terca.

La tensión va aumentando y, al final, mamá salta:

—¡No! Venga ya, Jamilia. ¡Vamos tarde, tenemos que llegar a la guardería!

Jamilia rompe a llorar.

Mamá está desgarrada, sintiendo compasión por su hija en su enfado, pero quizás no quiera parecer débil cediendo.

—¿Quieres caminar por el muro?

Jamilia sigue llorando, pero asiente con la cabeza.

—De acuerdo. Puedes caminar por el muro, pero primero debes dejar de llorar.

Puede que pensemos que necesitamos negociar con nuestros hijos de modo que no acaben «malcriados», que deben dejar de llorar primero, ya que si no, siempre pensarán que «pueden salirse con la suya».

Comprendo eso. Mike, ciertamente, también entendería esta preocupación después de sus «negociaciones de rehenes» con Clemency en el automóvil. Sin embargo, debemos comprender que nuestros hijos muy pequeños simplemente no disponen de la sofisticación necesaria para esto. Su verdadero enfado procede de un lugar mucho más primitivo y se produce cuando las hormonas del estrés se han acumulado y luego se liberan de la única forma en que saben hacerlo.

Las lágrimas de camino a la escuela pueden ser un signo de ese estrés. En este caso, pueden sugerir que Jamilia puede que ya se haya estado sintiendo agobiada (es sólo su segundo día de guardería) y que su babuino activo haya dado con una forma de «liberar de forma natural» parte de ese estrés que se encontraba presente en su cuerpo subiéndose a un muro y paseando a lo largo de él. Es decir, desembarazarse de él con movimientos físicos y hacer algo un poco amedrentador le ayudaría, además, a contrarrestar la tensión.

Así pues, aquí tenemos a una criatura haciendo algo instintivo como respuesta a algo primitivo: el miedo.

Pero mamá quiere negociar. Mamá desea que «primero deje de llorar» para así «conseguir su deseo», Mamá quiere que Jamilia comprenda que no siempre puede llorar para obtener lo que quiera.

Pero ¿POR QUÉ?

No entres en batalla.

Ponte tu gorra orejera de Sherlock Holmes y pregúntate… el muro parece muy importante ahora. Puede que no comprenda POR QUÉ en este momento, pero si es tan importante, ¿por qué no permitir que camine por él?

Ocúpate de la respuesta de Jamilia: reconoce que sus lágrimas son una forma de comunicación y que, justo aquí y ahora, el muro es importante para una niña pequeña que puede que lo emplee para alguna forma de liberación. Y oye, sí, incluso aunque le aporte un poco de alegría… bueno… ¿quién querría negarle también eso?

«Ah», te oigo decir: «Pero su madre va a llegar tarde para su llamada de trabajo».

Sí: esa cosa llamada vida moderna está invadiendo nuestras relaciones con nuestros hijos una vez más. Pero esto es demasiado importante como para pasarlo por alto.

¿Sabes qué? Que camine por el muro. Tu hija dejará de llorar en muy poco rato, en particular cuando ambas podáis reír con regocijo por lo «brillante» que es haciendo eso. Qué mejor resultado que alzarla en brazos hasta ahí con una gran sonrisa, reconociendo que «¡Ah! ¡Así que querías caminar por el muro! Muy bien, Mamá lo comprende».

Eso es.

Luego disfruta del brillo cálido de un vínculo entre las dos a medida que tu hija camina por el muro y se dirige a la escuela sintiéndose comprendida, querida y unida a ti.

Sin batallas y sin fastidios.

De acuerdo. Oigo a gente decir: «Bueno, todo eso está muy bien, ¿pero qué pasa si mi jefe me despide por llegar tarde?». Bueno, bien visto, pero todo lo que diría es que, si llegamos tarde porque nuestros hijos estaban angustiados, entonces quizás podrías revisar tu rutina matutina con respecto a salir de casa, siendo de esperar que eso te dé más tiempo para llegar al trabajo. Si el trabajo empieza a la misma hora cada día, es tan sencillo como permitir algo más de tiempo para pasear. Además, para ser justos con Jamilia, su incidente probablemente no duró más que unos pocos minutos en total.

Con el tiempo, a medida que tu hijo se dé cuenta y aprenda que comprendes su estrés y que puedes ayudarlo a liberarlo, llegará a reconocer, a cambio, las ocasiones en las que DE VERDAD necesitas hacer algo a tu manera. Obedecerá mucho más rápidamente porque dispone del conjunto de conocimientos de cuando trabajaste con él, en lugar de ordenar algo o imponerte.

Trabajará *contigo* porque te verá como un padre que suele decir «sí», por lo que cuando, de hecho, digas que «no», percibirá con más facilidad la necesidad de trabajar juntos. Esto moldea y afina su cerebro del búho sabio.

Mis hijos me hicieron el mejor cumplido que me habían hecho nunca la semana pasada, cuando les oí decir: «Nuestra mamá es la mejor: dice sí todo EL TIEMPO» (es evidente que no es así, pero me encanta que ésta sea su percepción y cómo se *SIENTEN*).

* * *

El estrés físico se asienta EN EL INTERIOR del organismo de nuestros hijos cuando han sufrido un berrinche en todo su esplendor, están verdaderamente asustados o están en alerta roja por la razón que sea. Tal y como acabamos de ver, los lloros pueden venir acompañados de una necesidad de liberar estrés físicamente, que es cuando vemos la reacción de todo su cuerpo. Lo hemos visto en el caso de Wilbur: su organismo reaccionaba mientras liberaba el «estrés» de su día en la guardería que se encuentra en plena naturaleza; pero también lo hemos visto en nuestras respuestas posteriores: cuando él y yo mostramos esa inclinación natural a rodar sobre las hojas... lo que me lleva a mi siguiente herramienta, que ayudará al control del estrés, y para explicar esto necesito tomar una lección del impala del principio de este capítulo.

CONSEJO DE LA CAJA DE HERRAMIENTAS

Saltos de estrella y el contoneo de salsa

Unas vacaciones decidimos irnos a esquiar. Era la primera vez para nuestros hijos. Los chicos se acostumbraron con bastante naturalidad, un poco torpes al principio, pero progresaron muy rápido. Me quedé para mirar a mis hijos las dos primeras mañanas, para asegurarme de que se hubieran adaptado. Observé cómo muchos de los niños pequeños lloraban, no durante las clases en sí mismas, sino cuando sus padres llegaban para recogerlos. Esta respuesta en forma de lloros era, tal vez, su forma de liberar todo el estrés que habían reprimido esa mañana después de aprender algo nuevo. Ellos, al igual que Wilbur en la guardería que se encontraba en plena naturaleza, habían reprimido sus propias emociones para dejarlas aflorar cuando llegaba su red de seguridad en forma de sus padres. Me rompió un poco el corazón ver que algunos progenitores parecían incómodos porque su hijo llorara. No hay nadie a quien echar la culpa aquí, ya que, si nosotros mismos hemos sido criados y educados de esa forma, ¿por qué íbamos a pensar de otra manera? Pero ahora, cuando entendemos que ésta es tan sólo la forma que tiene la naturaleza de liberar estrés, podemos consolar a nuestros hijos, con la confianza de que hacerlo conducirá a menos lloros (y no más) más adelante en la vida.

Más adelante esa semana, los chicos habían hecho tantos progresos que llevaron a Clemency a otra pista de esquí. La había visto pasar zumbando ladera abajo con inmenso orgullo, viéndola tomar el telesilla y volviendo a desaparecer de mi vista de nuevo. Sin embargo, algunas horas después se desató una tormenta de nieve y se armó una buena. Apenas podíamos ver más allá de nuestras narices. Bajé esquiando hasta donde mi marido había recogido a Wilbur y luego regresé a las pistas para encontrar a mi niñita. La hallé con su grupo, pero estaba en estado de shock y cubierta de lágrimas. La rodeé con mis brazos y la guie a través de la ventisca, volviendo a descender la pista hasta un lugar seguro. Sin embargo, esto era algo más que simples lágrimas: podía ver que estaba en estado de shock.

—¡Clemency! –le dije, intentando parecer lo más alegre posible que pude dadas las circunstancias–. ¡Puedo ver lo amedrentador que ha debido ser eso!

Despliega el DRA: di lo que ves, reconoce el malestar, alivia esos sentimientos intensos, utiliza tu presencia tranquilizadora.

En este caso, no obstante, pude ver que necesitaba hacer algo más que simplemente aliviar. Clemency estaba en estado de shock, con su organismo inundado de cortisol y adrenalina.

Hacía poco que había estado en el programa de entretenimiento que consistía en un concurso de baile *Strictly come dancing* y, recurriendo a esa experiencia y a mis estudios de expertos como Levine, y volviendo a pensar en la historia del impala, tuve una idea: durante mi formación como terapeuta, mi tutora, Georgia, siempre nos decía que «nos lo sacudiéramos de encima» cuando habíamos finalizado una sesión especialmente difícil, y yo había estado haciendo eso, a veces en la sala de redacción, entre boletines informativos (literalmente me pongo de pie y «me lo sacudo todo de encima»), o si sentía la necesidad, me ponía de pie y hacía algunos saltos de estrella, o usaba mi pequeña cama elástica después de un día bastante duro.

Ahora llamo a eso el **contoneo de salsa**.

Lo probe con Clemency.

—¿Intentamos sacudírnoslo todo de encima, cariño? Tan sólo probemos. Hagamos un «contoneo de salsa».

Durante los siguientes treinta segundos más o menos, mi hija y yo estuvimos de pie, con nuestros trajes de esquí, contoneando nuestro trasero y agitando las manos como dos osos rojos (piensa en Baloo en *El libro de la selva* cuando se rasca la espalda contra un tronco).

Al cabo de unos segundos nos estábamos riendo: ella de mí y yo con el magnífico alivio de haber encontrado a mi hija y haberla traído de vuelta de la montaña.

Hemos usado esta idea muchas veces desde entonces. En ocasiones hablamos de ser «gelatina sobre un plato» (que es una canción que mi madre solía cantar al secarnos el cabello después de bañarnos), a veces lo llamamos «el baile del pimentero» y en otros momentos simplemente hacemos saltos de estrella. En cada ocasión, inyecto tanta diversión y humor como puedo.

¡Tampoco tiene por qué tratarse de salsa!: puede consistir en correr, caminar, tamborilear o incluso hacer punto. Esto me recuerda a mi conversación con el doctor Bruce Perry. Nuestro cuerpo sabe qué hacer instintivamente. Tan sólo encuentra una forma física de liberar las hormonas del estrés y estarás siguiendo los instintos naturales de nuestros antepasados.

No importa cómo quieras llamar a esto o la forma en la que desees plantearlo. Simplemente debes saber que tu hijo puede, de manera literal, sacudirse ese estrés del cuerpo. Debo hacer hincapié en que esto es SÓLO para un niño que pueda estar de pie de un modo independiente y que pueda pisar fuerte sin nuestra ayuda.

Importante: NUNCA debemos agitarnos o sacudir el cuerpo con bebés o niños muy pequeños. En el caso de nuestras criaturas de muy tierna edad, podemos sujetarlas pegadas a nuestro cuerpo y hacer «el abrazo de hipopótamo feliz» lenta y suavemente.

Abrazos

Los abrazos son una forma fantástica de liberar estrés a cualquier edad. Cuando nuestros hijos hayan pasado por una experiencia estresante, podemos ayudarlos a autorregularse tomándolos entre nuestras grandes alas de búho sabio y aliviar cualquier estrés residual.

Estas conductas naturales calman literalmente a su lagarto y aseguran que la experiencia estresante no se quede atorada, sino que más bien se elimine con suavidad mientras los mecemos entre nuestros brazos. Cuando regresemos a nuestro instinto e intuición como padres, puede que nos demos cuenta de que empleamos, de forma bastante natural, un movimiento rítmico cuando abrazamos a nuestros hijos, como cuando los envolvemos en una toalla después del baño y los sostenemos entre nuestros brazos y los mecemos con delicadeza hacia delante y hacia atrás: éstas son las ocasiones en las que la curación se producirá de un modo genuino.

Puede que a veces tus hijos se retuerzan si no están acostumbrados a que les hagas esto, así que no lo fuerces. Ofrece tus brazos, esas grandes alas de búho, para abrazarlos y aliviarlos si crees que eso puede aportarles consuelo. Cuando mis hijos han estado angustiados en el pasado y se encuentran sobrecargados, con frecuencia les susurro al oído: «Todo va bien, todo va bien, todo va bien» una y otra vez sin más razón que porque parece aliviarlos y consolarlos. Esto quizás sería coherente con esa sensación de repetición y patrones de la que hablaba el doctor Perry. Aquello que parezca natural y relajante funcionará.

A veces, si se encuentran en un estado de enorme ansiedad, puede que nuestros hijos estén tan agobiados que parezcan no querer que estemos cerca de ellos. Tampoco pasa nada por eso. Permanece tranquilo y recuerda el «***Basta*, NT-O-DV)**»: esto no tiene que ver contigo. Sólo se encuentran sobrepasados. Siéntate con ellos en la habitación y *nunca* les dejes con su angustia, ya que son incapaces de hacer esto solos. Siéntate apoyando la espalda contra una pared, si puedes, y resístete a la necesidad de «hacer».

Tan sólo permite que tu hijo sepa que estás ahí para él.

Encuentra compasión para tu hijo en ese momento. Puede que esté dando patadas en la cama, quizás esté gritando, o incluso chillando. Reconoce que se encuentra en modo lagarto/babuino completo y que en esos momentos está bien no intentar analizar siquiera por qué. **ENTRA EN MODO DRA:** di lo que ves, reconoce que hay algo que está encontrando muy difícil y luego alíviale; y en todo momento, mantente a un nivel físico bajo, de modo que no te alces imponente sobre él, habla en un tono de voz suave y hazle saber que no vas a irte.

Hazle saber que puedes *ayudar*.

Nuestros hijos se enfrentarán a cientos de experiencias nuevas en sus primeros cinco años de vida, y debemos reconocer que esperar que lidien con estas situaciones estresantes solos cuando son pequeños y no ayudarlos a «descargar» ese estrés físicamente puede que haga que crezcan siendo niños más nerviosos y ansiosos. Ésta es la razón por la que no envío a mis hijos castigados a su habitación si están alterados, cosa que trataré en el capítulo 8.

 Maniobras masculinas con Mike

«Mis reflexiones sobre este capítulo y, especialmente, sobre el incidente en las pistas de esquí consiste en que, me atrevo a decir, los hombres pueden, a veces, concentrarse en "resolver el problema" en lugar de pensar en los efectos colaterales emocionales para un niño. Cuando surgen problemas (como inevitablemente surgirán durante el camino de la crianza y la educación de los hijos) y cuando nos enfrentamos a una emergencia como nos sucedió con nuestros hijos durante la tormenta de nieve, vale la pena tener en cuenta cómo los distintos tipos de personas lidian con los "efectos colaterales" emocionales de forma diferente. Recuerdo recoger a Wilbur, que también estaba angustiado por la ventisca, pero mis pensamientos fueron, instantáneamente, reprenderme *a mí mismo* por no haberle comprado unos mejores guantes, ya que tenía mucho frío, y luego me enfadé con la decisión de la escuela de esquí por haberlos llevado a las pistas. Los pensamientos inmediatos de Kate se enfocaron en los "efectos colaterales" emocionales. Los míos, en lo práctico. Eso no significaba que no me preocupara, pero a veces pienso que enterramos nuestra propia angustia y alteración, y quizás pasamos por encima el suceso propiamente dicho: "Bueno, ya ha pasado todo", porque quieres dejarlo atrás, pero después de pensar en ello, eso no es reamente muy útil».

 Perlas de sabiduría del búho sabio

ᴠ ᴠ El estrés habita en el cuerpo.

ᴠ ᴠ En la naturaleza, los animales expulsan instintivamente la energía de un suceso estresante.

ᴠ ᴠ Empleando saltos de estrella y contoneos de salsa podemos ayudar a nuestros hijos a hacer lo mismo.

ᴠ ᴠ En los casos más adecuados debido a la edad, emplea los «abrazos de hipopótamo feliz».

Mi último ÉXITO es:

ᴠ ᴠ Cuando nuestros hijos estén «sobrecargados» (por la razón que sea), el simple hecho de estar a su lado mientras lo «resuelven» siempre es algo bueno.

CAPÍTULO 7

Papá Noel y el código rojo

«Siempre he creído en la magia de la infancia, y pienso que si lo haces bien, la magia nunca debería terminar».

Colin Thompson, autor e ilustrador de libros infantiles

Era el día de Nochebuena (hay un libro por ahí en algún sitio)... Oí el estruendo más terrible procedente del piso de arriba. Oí chillidos de uno de mis hijos y mi marido estaba gritando. Nunca es nada bueno y es especialmente inusual en Mike, que rara vez alza la voz. Subí las escaleras a toda velocidad y me tropecé con mi marido en la puerta del cuarto de baño.

—¡Por Dios todopoderoso, es simplemente imposible!

Apenas podía oírle debido al escándalo que estaba armando Wilbur, que estaba revolcándose por la bañera y chillando:

—¡NO QUIERO SALIR DE LA BAÑERA!

Había agua por doquier, y tanto padre como hijo estaban claramente angustiados Tomé el albornoz de las manos de mi esposo y me dirigí a Wilbur.

—Cariño, ¿qué pasa?

Mi marido se quedó de pie detrás de mí.

—¡Se niega a salir de la bañera!

Habían pasado dieciocho meses desde el incidente en la guardería situada en plena naturaleza, y los berrinches habían sido muchos menos y más distanciados entre sí, por lo que sabía que había pasado algo grave. Sin embargo, en ese momento no pude ver qué era. Podía ver el equivalente a un gran hombre de las cavernas amenazante en forma de mi esposo, de pie frente al equivalente a un pequeño chimpancé que estaba frío, mojado y cubierto de jabón.

Mi pensamiento inmediato fue cómo reducir la tensión de la situación.

Me puse en cuclillas al lado de la bañera, miré a Wilbur a los ojos y abrí los brazos.

Sin embargo, él se echó hacia atrás, gimiendo:

—¡Papá es malo!

Noté cómo «Papá» se enojaba detrás de mí.

—¡De acuerdo, Wilbur! ¿Quieres quedarte en la bañera?

Mike me miró como si hubiese perdido un tornillo. No tenía ninguna intención de dejar a Wilbur en la bañera: sólo quería conectar con él antes de que se cayese y se hiciese daño. Intenté parecer alegre y relajada, pero mi propio cerebro estaba en alerta roja con el ruido y la naturaleza de lo que estaba sucediendo. Después del incidente en la guardería situada en plena naturaleza, sentía más confianza con respecto a que se tranquilizaría si simplemente podía encontrar la conexión. Habíamos progresado lo suficiente en esos dieciocho meses como para saber que esto, en realidad, no tenía nada que ver con la bañera: estaba (como siempre) *pasando algo más*, pero todavía no podía decir qué era.

—De acuerdo, Mamá te comprende (en realidad no tenía ni idea).Quiero sacarte de la bañera. El agua está fría (podía casi ver al polluelo de búho recubierto de plumón de Wilbur pensando con detenimiento en eso… *Humm, de hecho ESTÁ bastante fría*).

—Déjame ayudarte.

Por lo general, Wilbur abriría entonces sus brazos y me rodearía el cuello con ellos ante mi oferta de ayuda, pero esta noche era distinto. Sus ojos estaban completamente abiertos, viéndome, pero él todavía era incapaz de calmarse.

—De acuerdo –dije con un poco más de firmeza–. Mamá te va a sacar para que no te hagas daño.

—¡No! –lloró–. ¡Papá es malo!

Dicho esto, me apartó.

Claramente, se sentía incomprendido o algo así…

Levantó un puño como si fuera a golpearme y me encogí de miedo.

—Wilbur, eso no está bien. –Mi voz seguía siendo amable pero ahora era firme. Marqué el límite–. No golpeamos, cariño, por muy enfadados que estemos.

Negué con la cabeza e hicimos contacto visual. Él había oído mis palabras, pero seguía nervioso, con el cuerpo tenso y los puños apretados. Con agua por todo el cuarto de baño, seguía preocupada de que se pudiera hacer daño si resbalaba, así que volví a intentarlo apresuradamente.

—Wilbur, deja que mamá te ayude. Dime qué pasa.

Algo hizo un chasquido.

Su cuerpo se relajó y aproveché la oportunidad. Lo cogí en brazos, lo saqué de la bañera y lo envolví en un albornoz blanco. Lo tenía a salvo y relajado por primera vez tras el incidente, acercando su cuerpecito al mío, sentada sobre el suelo de baldosas y con la espalda apoyada en la puerta del cuarto de baño. Lo sostuve y dije: «Todo va bien. Todo va bien» una y otra vez, meciéndole mientras le susurraba estas palabras.

Entonces llegaron los sollozos. Todo su cuerpo se agitó con el esfuerzo que suponía eso.

Nos quedamos ahí durante lo que parecieron años, mientras yo nos balanceaba a ambos hacia delante y hacia atrás, mientras seguía susurrando suavemente: «Todo va bien. Mamá te tiene. Todo está bien».

Cuando sus sollozos remitieron, me sentí capaz de preguntarle:

—¿Qué está pasando, mi niño? Cuéntaselo a mamá.

Y entonces… la vocecita de debajo del albornoz dijo…

—Papá Noel me dijo que no podía recibir más de un regalo. ¡Dijo que como le había pedido muchos, en su lugar me traería un vestido rosa!

Y con eso volvieron los lloros, y como un pequeño animal herido, todo su cuerpo tembló.

Eso me golpeó fuerte.

Habíamos ido a visitar a «Papá Noel» antes ese día. Había ido con una pareja a la que conocíamos bien, y nuestros cuatro hijos habían ido a ver a Santa Claus juntos. Cuando Papá Noel le preguntó a Wilbur lo que quería, mi hijo (el más pequeño de los cuatro) lo había dicho emocionado: «Montones de regalos», sonriendo de oreja a oreja mientras lo decía, abriendo los brazos todo lo que pudo para representar la cantidad de regalos que estaba imaginando.

Santa Claus le contestó: «Bueno, jovencito, si vas a ser egoísta, entonces, en lugar de todo eso te traeré un vestido rosa de niña».

De hecho, había oído a Papá Noel decir eso, y pensé, al instante, que se trataba de un comentario raro. Me había sentido mal por Wilbur, que estaba muy emocionado y, para ser honesta, no me había gustado; pero iba con cuatro niños y otros dos padres, y admito que me sentí insegura con respecto a decir lo que pensaba y quejarme, así que no lo hice, y para ser realmente sincera, me arrepiento, porque, tal y como hemos visto, lo que podría parecer raro o más o menos trivial para los adultos puede resultar devastador para nuestros hijos. Si alguna vez sientes esa sensación con tu hijo, NUNCA temas decir lo que piensas si implica protegerlo y ayudarlo a gestionar el enfado.

De vuelta al cuarto de baño, me impliqué en el **«BASTA, NT-O-DV»**.

- **BASTA:** voy a implicar a mi cerebro de búho sabio. Echemos un vistazo al panorama general… y veámoslo a través de los ojos de nuestro hijo.
- **NO TIENE QUE VER CONMIGO:** no debo tomarme esto personalmente. Tiene que ver con algo diferente.
- **OBSERVA:** ¿esto debe tener que ver con alguna otra cosa? Si es así, ¿con qué?
- **DALE LA VUELTA:** déjame ponerme en la piel de Wilbur.

Cómo debe hacerle sentir a un niño pequeño, que todavía no ha cumplido los cinco años, que alguien que no es cualquiera, sino que es PAPÁ NOEL, lo regañe.

Seguramente le pareció insoportable.

Wilbur se había sentido *humillado* y avergonzado por ni más ni menos que Santa Claus, y había estado sobrellevándolo y guardándoselo TODO el día.

La vergüenza, tal y como hemos visto, es uno de los sentimientos más dañinos que puede experimentar un niño. Los niños no encuentran fácil compartir esa emoción con alguien y, para ser justos, ¿compartes tú con facilidad con alguien algo de lo que te sientes «avergonzado»? Y vergüenza es, incuestionablemente, lo que a Wilbur le había hecho sentir ni más ni menos que Papá Noel. El problema es que es imposible mantener los sentimientos guardados y bajo llave. En el caso de un niño de menos de cinco años, se verá *activado* por algo y se *desbordará*, en este caso en el suelo del cuarto de baño.

No podía estar segura de cuál había sido el desencadenante propiamente dicho en el cuarto de baño: el albornoz con capucha o quizás Mike (otro hombre) que le estaba regañando, igual que Santa Claus, pero eso no era tan importante.

Cuando comprendemos el PORQUÉ, podemos entender el QUÉ.

Admito que quedé impactada por la enormidad de la reacción de Wilbur. Aunque el comentario malintencionado e inadecuado de Papá Noel me había parecido raro en aquel momento, no pensé, necesariamente, que provocaría TAL malestar; pero eso se debía a que estaba viéndolo desde mi propia perspectiva: un comentario raro hecho por un viejo idiota disfrazado de Papá Noel. Idiota e irritante... ¿pero tanto como para provocar este enfado?

Sin embargo, cuando pensé en ello y lo *consideré desde el punto de vista de un niño de cuatro años (lo que, a su vez, me hizo ser consciente de cómo le debía haber sentado a Wilbur)*, me enojé de verdad.

—Ese apestoso y viejo Santa Claus –dije. Wilbur levantó la cara y me miró...–. ¡Cómo se atreve! –reí entonces, haciéndome la ofendida de broma.

Wilbur también se rio, incluso mientras sus lágrimas seguían sobre sus mejillas.

Me volvió a mirar y percibí cómo ese vínculo entre nosotros se fortalecía de nuevo mientras me miraba en ese momento. Percibí su anhelo de que su mamá aliviase su dolor.

Lo abracé y seguí hablando, entusiasmándome con mi argumento:

—¡Ese viejo tonto y gordo! —grité—. Voy a volver a ese antro y arrancarle su gorro. —Y entonces llegó *el plato fuerte*—. ¡Apuesto a que huele a meados!

Ante eso, Wilbur dejó salir una gran carcajada y siguió con el argumento...

—Santa Claus es un cabeza de chorlito.

Y así fueron las cosas... pasando de estar agitado y lloroso a una risa a todo pulmón, todo ello en cuestión de unos diez minutos.

Ahora que no había moros en la costa, Mike asomó la cabeza por la puerta del cuarto de baño, claramente aliviado, pero también sorprendido.

—¡Vaya! ¿Qué ha sido todo eso?

Le dije que se lo explicaría más tarde, pero que todo iba bien. Pudimos tranquilizar a Wilbur todavía más con algunas historias sobre otras personas que eran cabezas de chorlito y cómo mamá y papá habían tenido que lidiar con ellas (asumámoslo, todos conocemos a algunos cabeza de chorlito, ¿verdad?).

Cuando le metí en la cama media hora más tarde, Wilbur se quedó dormido en un santiamén. El esfuerzo debido al berrinche le había dejado exhausto. Al verle dormir, Mike susurró:

—Eso ha sido extraordinario. Estaba en pleno modo de batalla desatada con un niño de cuatro años. Se lo tomó de forma tan personal que no me estaba escuchando. Simplemente consideré que se estaba portando «mal» y pensé que si «cedía», perdería cualquier control que tuviera sobre él... Y sí, admito que en ese momento pensé que si cedía crecería para convertirse en un adolescente que nunca me escucharía.

Mike pensó que si yo no hubiera estado ahí, es probable que hubiera acabado peleándose con Wilbur para sacarlo de la bañera, y luego batallando un poco más para meterlo en la cama, acabando los dos muy enfadados, y luego mi marido se hubiera pasado el resto de la noche odiándose a sí mismo por haber perdido los nervios…

—Kate, a ti te ha llevado diez minutos, y a mí me hubiera llevado dos horas.

 ## Maniobras masculinas con Mike

«Me encuentro con que mis propios niveles de estrés se disparan cuando considero que las acciones de un niño son potencialmente peligrosas. En este caso, que Wilbur resbalase y se golpease la cabeza en la bañera. Puedo ver cómo me pongo muy sensible, y sé que eso desencadena algo muy profundo en el interior de mi propio cerebro de lagarto y de babuino, tal y como lo expondría Kate, ya que mi trabajo consiste, en primer lugar, en proteger a mis hijos, así que si, por lo tanto, no me hacen caso, entonces no estoy haciendo mi trabajo correctamente, soy débil y no soy un buen padre. Aquí es donde tuve que aprender a usar la técnica del "BASTA, NT-O-DV". Si seguimos peleándonos, nadie gana. De hecho, al cabo de algunos minutos, si un testigo estuviese escuchando, le resultaría difícil distinguir entre el adulto y el niño. El "BASTA, NT-O-DV" me ayuda de verdad en este sentido. Ahí estaba yo, pensando que todo consistía en que Wilbur era un malcriado y que no hacía lo que se le decía, y en realidad todo tenía que ver con un horrible Santa Claus. Éste es un buen ejemplo del lugar en el que habría entrado en batalla de inmediato, porque yo sentía que *era* una "batalla", y que la podía ganar, ¿pero qué daños colaterales podría costar mi victoria?».

TODO ESTO TENÍA QUE VER CON LA COMUNICACIÓN.

Cuando aceptamos la idea de que **no hay niños «malos»**, podemos anular a nuestros propios babuinos y no entrar en batalla con nuestros hijos, y entonces sucede algo que, de hecho, se convierte en bastante mágico.

Eso es lo que la **COMUNICACIÓN** con tu hijo es capaz de crear.

Desarrollamos un vínculo duradero con ellos.

Se fortalece cada vez que practicamos el arte de la comunicación. Es el arte, de hecho, de intentar ver detrás del comportamiento y comprenderlo, y de preguntarnos como padres: *¿cómo puedo ayudar?*

Esto no tiene que ver con que los niños «reaccionen exageradamente», sino con que nosotros, los padres, *veamos a través de sus ojos.* Lo que puede que a nosotros nos parezca trivial como adultos puede parecerle devastador a un babuino joven. Recuerda que a esta edad no disponen de la experiencia, los conocimientos o los recursos para razonar las situaciones. En el caso de Wilbur, él se había visto humillado por Papá Noel, y para un niño de esa edad, eso REALMENTE parece la peor cosa del mundo.

Para todos nosotros, pero quizás para los niños pequeños más que para nadie, cada día presentará pequeños retos y dificultades. Como sabemos, quizás no siempre seamos conscientes de lo que ha sucedido ese día: puede que nuestro hijo sea todavía demasiado pequeño como para ser capaz de explicárnoslo. Sin embargo, si sufre una rabieta que parece del todo irracional, puedes confiar en que tendrá su origen en algún lugar.

Cuando podamos *comprender* que el comportamiento de nuestros hijos es una forma de comunicación y, a su vez, les mostremos que queremos entender (incluso aunque puede que no siempre esté claro), haremos algo muy valioso.

Les estamos diciendo que pueden confiar en que SIEMPRE les cubriremos las espaldas.

Incluso con el todopoderoso Santa Claus.

Y eso, amigos míos, os preparará para una relación de amor de por vida…

* * *

CONSEJO DE LA CAJA DE HERRAMIENTAS

Código rojo

Esa experiencia en el cuarto de baño me llevó a crear una herramienta para que mis dos hijos pudieran usarla cuando algo sucediera durante su día que realmente les hubiera molestado o hecho daño y no hubieran sido capaces de explicármelo, ya fuese porque yo no estaba ahí o porque no me había dado cuenta de lo que había sucedido.

Diseñé esta herramienta para permitir a mis hijos ***comunicarse*** y ***expresarse*** cuando hubiesen vivido un evento o una interacción que les hubiese molestado. Algo que fuera de ayuda cuando no acabasen de disponer de las palabras para explicarlo de inmediato. Algo como Max empujando a Wilbur y haciéndole caerse en la guardería situada en plena naturaleza o que Papá Noel le dijera que le traería un vestido de niña.

En el capítulo 6 he mostrado formas de ayudar a tus hijos a liberar su estrés de forma física, pero aquí quiero explicar una herramienta que les permitirá conseguir alguna sensación de liberación con el uso de sus palabras.

Cuando Wilbur tuvo que lidiar con ese horrible «Santa Claus» (las comillas están bien usadas en este caso) todavía no tenía cinco años. Esperar que un niño tan pequeño expresase clara y tranquilamente por qué estaba molesto era, seamos honestos, mucho pedir y, de hecho, no era una exigencia justa. No disponen del vocabulario y, tal y como he explicado en el capítulo 1, su cerebro es incapaz y tampoco está lo bastante desarrollado como para hacerlo. A su vez, esto puede provocar reticencias para que lo intenten, ya que no quieren cometer errores con las palabras y puede que se sientan cohibidos.

Necesitaba simplificar el reto para Wilbur con antelación para la siguiente vez que algo le molestase. También pensé que, además, sería de utilidad para Clemency si alguna vez me encontraba con una cara gruñona en lugar de su habitual sonrisa feliz.

Por lo tanto, se me ocurrió un sistema para permitir y fomentar *el arte esencial de la comunicación*, un método que todavía uso con mis dos hijos en la actualidad.

Lo llamo **CÓDIGO ROJO**.

Se me ocurrió cuando le pedí a mis dos retoños jugar a un juego. «Muchachos, si estuvieseis en la escuela hoy y necesitaseis ir a hacer pipí pero pensaseis que no ibais a llegar al lavabo a tiempo, ¿qué código de color representaría eso?».

Con la rapidez del rayo ambos gritaron:

—¡Amarillo!

—¿Qué pasaría si tuvieseis mucho frío? ¿Qué color representaría eso?

—¡Blanco!

—¿Y qué hay si tuviésemos hambre?

—¡Púrpura!

—¿Y si hubieseis tenido el DÍA MÁS MARAVILLOSO, el ME-JOR que nunca hayáis tenido?

—¡ORO!

Estaban riendo nerviosamente y se encontraban del todo impli-cados ahora.

—… ¿Y qué hay si sucediese algo que os molestase?

Contestaron al unísono:

—¡ROJO!

Sugerí que si sucedían cosas en el colegio que les resultase difícil explicarme a mí (o a papá), enton-ces simplemente podían decir que tenían un «códi-go rojo» (o uno amarillo/blanco/púrpura, etc.). Entonces podríamos hablar de ello en ese preciso momento o más tarde, cuando llegásemos a casa.

Pusimos el código rojo en práctica. Si en la verja de la escuela veía aparecer esa mirada en su rostro que me decía que estaba pasando algo, simplemente esperaba. A veces podía pregun-tar: «¿Cómo ha ido hoy? ¿Algún código del que me quieras hablar?».

Al cabo de poco rato simplemente abandonaba el silencio y decía: «He tenido un código rojo hoy» (o del color que fuera). Al principio hubo algunos amarillos y púrpuras. Wilbur tuvo bastantes blancos y púrpuras durante sus primeros días en el colegio (es comprensible) que se resolvieron fácilmente.

Podía abandonar el silencio y decir:

—¡He tenido un código amarillo!

—¡Vaya! –decía yo sonriendo y sin lástima implicada–. ¿Y qué ha pasado?

—Oh, no ha pasado nada. En realidad, simplemente necesitaba hacer pipí, pero el lavabo estaba ocupado.

A veces, nuestros hijos simplemente están buscando nuestro consuelo, en especial en asuntos que implican un elemento relacionado con sentirse avergonzados o culpables. Por lo tanto, en este caso tal vez diría:

—Ah, bueno, eso parece una situación complicada. ¿Qué ha sucedido entonces?

—Nada. He encontrado otro lavabo.

Entonces podía seguir la conversación con un «¿Hay algún profesor que pueda ayudarte la próxima vez?».

O si son algo mayores y se encuentran en otras circunstancias:

«¿Qué otra cosa podrías haber hecho de forma distinta para evitar que eso suceda la próxima vez?».

Esto puede animar a tu hijo a sentirse más capaz de pedir ayuda o a pensar de forma más independiente a medida que crezca para así resolver alguno de los problemas que surjan durante la jornada escolar.

Los códigos dorados siempre son agradables porque, por supuesto, te aseguras de celebrar las cosas importantes y especiales también. «Mamá, lo he hecho muy bien con la organización hoy» (¡HURRA!).

Sin embargo, y resumiendo, el único código al que en realidad se hizo referencia alguna vez fue el **CÓDIGO ROJO**.

Mis hijos se acostumbraron a decir, con libertad, que tenían un código rojo, y entonces preguntaban si quería que me lo explicasen en ese momento (de camino a casa desde la escuela) o más adelante. Si eres un progenitor ocupado, ésta es una forma genial de asegurar que la comunicación entre tu hijo y tú permanece abierta y fluida. Podéis crear un marcapáginas juntos, o un boleto que puedan colorear para dejártelo en un lugar en el que puedas encontrarlo, o hablar de ello cuando estés en la cama leyendo juntos por la noche; o puede que tu hijo quiera agitarlo frente a ti como si fuera la tarjeta roja de un árbitro al atravesar la verja del colegio o cuando regreses a casa del trabajo. Se trata de una forma extremadamente sencilla de iniciar una conversación que os ayude a los dos a sentiros conectados y a resolver de manera fácil cualquier problema destacable.

Si mis hijos prefieren esperar para hablar conmigo más tarde, se trata de la cosa que quieren comentar al meterse en la cama. Puede que te encuentres con que los momentos en los que tu hijo se siente más capaz de hablar son por la noche o en el asiento trasero del coche, cuando no todas las miradas están posadas sobre él.

Así pues, aunque mi experiencia me ha mostrado que todos los códigos de color son útiles, es el código rojo el que más los ayuda cuando se están sintiendo molestos.

Los códigos rojos de Clemency a veces se desarrollan de esta manera:

—Mamá, he tenido un código rojo hoy.

—Oh, Clemency, ¿qué ha pasado?

—Jemima no me ha invitado a su fiesta de cumpleaños.

—Oh, cariño, eso debe ser doloroso.

Pertenecer a un grupo es uno de los elementos más fundamentales del hecho de ser humano: somos animales sociales, y para nuestros hijos pequeños es muy importante que sientan que pertenecen a una comunidad. Recuerda que todos estos sentimientos tienen sus raíces en la supervivencia. Para un niño puede ser terrible sentir que no pertenece a un grupo. Una vez más, lo que podría parecer trivial (como no ser invitada a una fiesta de cumpleaños) puede, de hecho, desencadenar una reacción mucho más profunda y atávica: una sensación de ser excluida de la comunidad. Por lo tanto, nunca debemos pasar por alto cómo se están sintiendo nuestros hijos. En lugar de ello podríamos intentar profundizar y comprenderlo desde su punto de vista.

Hago una pausa, dejando que eso se asimile. Luego prosigo diciendo:

—¿Sabes lo que me ha pasado hace poco?

Clemency se yergue literalmente a la velocidad del rayo.

—Mamá, ¿qué ha sucedido?

Yo… pienso con furia…

—Bueno, Sarah, del trabajo, invitó a todos a su fiesta y no me invitó a mí.

—¿Y qué has hecho?

—Bueno, me fui al lavabo y me sentí un poco dolida, pero luego pensé que quizás otras personas tampoco fueron invitadas y que no pasaba nada porque tengo otros amigos con los que puedo salir. Y, además, también te tengo a ti, por quien regresar a casa para celebrar una fiesta contigo.

El ceño fruncido de Clemency se relajó. Volvió a acostarse en la cama, reflexionando sobre la conversación, y luego me pidió que le explicara más historias de la ocasión en la que me había sucedido eso. Sentí cómo su cuerpo se relajaba y, al cabo de algunos minutos, mi hija estaba dormida como un tronco. Pudo quedarse con la tranquilidad de que no había nada malo en ella y que siempre podría acudir a mí con sus preocupaciones o miedos, ya que siempre dispondría de su propia tribu.

ÉSE ES EL PODER DE LA COMUNICACIÓN.

* * *

Lo que hace disponer de un sistema de «código rojo» es generar una forma de comunicación entre tu hijo y tú para cuando no pueda encontrar las palabras exactas para explicar cómo se siente. El que diga que han tenido un «código rojo» o el simple hecho de mostrarte una tarjeta roja al final del día te transmitirá todo lo que necesitas saber.

Esto te posibilitará, entonces, hacer algunas preguntas abiertas que te permitan estar ahí, al lado de tu hijo cuando puede que más te necesite... sin que él se sienta obligado a tener que pedir ayuda (porque, ¿quién tiene facilidad para hacer eso, verdad?).

Cada vez que escucho a mis hijos, empatizo con ellos (con independencia de lo nimio que pueda parecer el incidente) y les permito sentir que pueden compartir estas cosas conmigo. Eso hace que se conecten vías neuronales en su cerebro o, como nos gusta pensar, que se aten los cabos sueltos.

Lo que estás haciendo cuando empleas el código rojo es, de hecho, permitirles moldear su cerebro.

En esto consiste ser padre.

Perlas de sabiduría del búho sabio

ᴠ ᴠ El comportamiento ES comunicación.

ᴠ ᴠ Puede que nuestros hijos no siempre dispongan de las palabras para decir cómo se sienten. Usar el **código rojo** puede proporcionarles una forma de hacerlo.

ᴠ ᴠ Quédate tranquilo: encontrarán su momento para explicártelo.

CAPÍTULO 8

Contratos, límites y consecuencias

«Cuando sabes más lo haces mejor».

Maya Angelou, poetisa estadounidense
y activista por los derechos civiles

—¿Cuando Wilbur se porta mal le mandáis castigado a su habitación?

La pregunta procede de una niñita de cuatro años.

—No, cariño. No hacemos eso.

—¿Y qué pasa entonces?

Ésa es una buena pregunta.

Cuando nuestros jóvenes babuinos están dando sus primeros pasos y su cerebro todavía está creciendo, y haciendo y experimentando cosas por primera vez, cometerán, inevitablemente, errores. Nuestro trabajo como progenitores consiste en ayudar a moldear el comportamiento que queremos ver, en mostrarles qué es aceptable y qué no.

Podemos hacer eso cuando los *ayudamos* en su viaje y no los *castigamos* en el proceso.

Mandar a un niño a su habitación le envía dos mensajes claros:

1. No puedo ayudarte/no te ayudaré con tu angustia.
2. Estar solo es un castigo.

Dejar a un niño solo en una habitación con sus sentimientos «demasiado intensos» no le ayuda a regular sus emociones. Es probable que despotrique, se enfurezca y se rebele (esto es más probable que conduzca al llamado comportamiento «malo» más adelante), o que se siente en silencio, tragándose esas importantísimas emociones. Cuando nuestras emociones y nuestros «sentimientos intensos» quedan reprimidos, se «quedan» dentro del cuerpo, viviendo literalmente en su interior. Recordemos la respuesta de estrés que se da cuando experimentamos emociones como la ira, el miedo o la pérdida. Si reprimimos y nos tragamos esos sentimientos «intensos», no nos damos la oportunidad de «exorcizar» a las hormonas del estrés que se han elevado, dejándolas «circulando» por el organismo. El doctor Gabor Maté afirma que las emociones reprimidas cuando somos pequeños dan lugar a dolencias y depresión cuando somos mayores. Me dijo: «Piensa en ello de la siguiente forma: cuando "deprimimos" algo, lo estamos presionando, como el pedal del embrague de un vehículo. Presionar es deprimir… y en esto nos convertimos si no prestamos atención a cómo nos sentimos».

Recuerda también que, en el caso de las experiencias negativas, las veremos apiladas en el saco de los recuerdos del babuino. Yo las imagino como pedruscos que el babuino tiene que llevar consigo de un lugar a otro, con el peligro, en último término, de que más adelante en la vida lo desmoralicen. Tal y como dijo John Bowlby, psiquiatra y psicólogo, allá por 1951: «Los niños no son pizarras de las que se pueda borrar el pasado con un borrador o una esponja, sino que son seres humanos que llevan sus experiencias pasadas consigo y cuyo comportamiento en el presente se ve profundamente afectado por lo que ha sucedido antes».

Apunte sobre el cerebro

 «Cuando mandamos a nuestros hijos castigados a su habitación, se convierten en adultos que relacionan estar solos con "algo malo", y ésta es la razón por la cual vemos a adultos en el mundo actual incapaces de estar solos. Emplean la televisión, los videojuegos, la comida, el alcohol, el tabaco o cualquier cosa para no sentir esa sensación de nuevo».

Liza Elle, psicoterapeuta

Lo mismo se aplica en el caso de dejar al niño castigado en un rincón o hacer que se quede de pie de cara a la pared en una esquina del aula o sentado solo en un escalón.

En lugar de usar con nuestros hijos este castigo que acabamos de describir, desterremos esta penitencia.

Estas sanciones y mandar a nuestros hijos castigados a su habitación evocan sentimientos de vergüenza que, tal y como hemos visto, es algo que no debemos hacer nunca.

Las personas respondemos ante los ánimos, cuando nos respaldan para que hagamos lo correcto, cuando nos sentimos empoderados y QUEREMOS formar parte del grupo. Ese babuino quiere pertenecer a una comunidad, desea formar parte de la tribu… por lo que confinar a nuestros hijos, castigarlos por los errores que cometan o por comportamientos sobre los que en esta etapa temporal no tienen todavía mucho control, no hace más que alimentar el resentimiento y el miedo, y quiebra nuestra relación.

Permíteme ser MUY CLARA: tampoco defiendo una forma de crianza y educación de los hijos sin normas ni excesivamente liberal, ni mucho menos. No querremos ser unos progenitores demasiado permisivos. La crianza y educación de los hijos demasiado permisiva permite que nuestros hijos/babuinos estén fuera de control: piensa en los niños a los que se da rienda suelta en un restaurante. La crianza y educación permisiva de los hijos no es sólo una experiencia negativa para los adultos, sino que también es desconcertante para un niño, ya que no sabe, literalmente, cuáles son los límites. La psicoterapeuta Liza Elle me explicó que los niños podrían sentir como si pudieran «caerse por el borde del mundo», ya que no saben dónde están los límites. No averiguarán dónde se encuentran esos límites si los dejamos solos castigados en un rincón o haciendo que se queden de pie de cara a la pared en una esquina del aula o sentados solos en un escalón o enojados y solos en su propia habitación.

En mi opinión, ni la crianza y la educación de los hijos punitiva ni la permisiva funcionan.

Por lo tanto, si no vamos a castigar ni a avergonzar a nuestros hijos para que «sean mejores seres humanos» ni vamos a permitir estén fuera de control sin ninguna orientación de ningún tipo, ¿qué vamos a hacer?

Es nuestra tarea motivar a nuestros hijos y hacer que se unan a nosotros, y sólo podemos hacer esto como equipo.

CONSEJOS DE LA CAJA DE HERRAMIENTAS

Contratos, límites y consecuencias naturales

Disponemos de tres herramientas en nuestro arsenal que te ayudarán a hacer esto: ideas que transformarán tu experiencia en la crianza y educación de tus hijos, y al hacerlo también transformarán la vida de tu hijo y la tuya:

1. Contratos
2. Límites
3. Consecuencias naturales

Si se emplean de manera individual y en combinación, estas herramientas ayudarán a nuestros hijos a comprender qué constituye un comportamiento aceptable y qué no.

1. Contrato familiar

Al hablar con niños durante su terapia, iniciaremos el viaje de su tratamiento trazando un concepto mutuo. En nuestra primera sesión, ambos incluiremos cosas en el contrato, decidiendo juntos lo que es importante para los dos. Por ejemplo:

- Puntualidad
- No golpear a la gente
- Mantenernos mutuamente a salvo en la estancia
- Ordenar después de haber jugado

La lista puede ser tan larga o corta como el niño lo desee.

Un contrato marca un «límite» con respecto a la relación, de modo que si algunos de nosotros supera esa línea, como, por ejemplo, que yo llegue tarde un día o que el niño no quiera ordenar, entonces podremos echar mano del contrato y recordar qué es lo que se acordó en un principio. Mantiene a la gente a salvo, tanto en relación con sus sentimientos como físicamente.

En un escenario familiar, los contratos también pueden tener un valor real y ayudarnos. Es una forma encantadora, creativa y divertida de que una familia se comunique entre sí lo que más importante es para ella.

Cuando una familia tiene un contrato al que todos sus miembros se adhieren, esto puede hacer que la crianza y la educación de los hijos sea muchísimo más fácil, ya que no hay líneas borrosas. El comportamiento aceptable se define con claridad y lo mejor de todo es que todos han tenido voz y voto en las contribuciones, lo que significa que tus hijos (y tú) es más probable que cumpláis lo que se ha acordado.

Todo lo que necesitas es:

- Un gran rollo de papel
- Ceras, bolígrafos y pintura
- Purpurina, pegamento, botones
- Cualquier otro objeto divertido que tu hijo pueda querer incluir al firmar el contrato

Podéis llamarlo como decidáis: un acuerdo, un contrato o lo que queráis. Lo importante es que tus hijos y tú (y tu pareja, si la tienes) estéis comprometidos JUNTOS.

Los contratos no sólo son una forma genial de ver qué está pasando con tus hijos, sino también en vuestra relación. Podéis examinarlo cada semana para ver si alguien quiere añadir términos al contrato o simplemente para charlar sobre cualquier asunto que haya destacado durante la semana. Determinamos nuestro primer contrato familiar cuando nuestros hijos fueron lo bastante mayores para comprenderlo (si tienes un bebé o un hijo muy pequeño, o un hijo mayor, puedes, no obstante, redactar un contrato y «representar» al bebé hablando como si fueras él o ella).

Mike y yo nos sentamos con Wilbur y Clemency y dijimos que queríamos preguntarnos los unos a los otros qué era importante para todos nosotros como familia. En otras palabras, qué comportamiento queríamos ver y cuál no. Nuestro lenguaje se adaptó a su edad: «De acuerdo. Vamos a hacer algo divertido juntos como familia. Todos nos turnaremos y diremos lo que de verdad nos gusta hacer y cómo queremos hacerlo en la familia».

Nos turnamos para decir lo que era importante para nosotros.

Para Mike, era la puntualidad (no podemos olvidar que había sido militar). Les explicó a los niños que no quería «volverse babuino» con ellos porque llegasen tarde a la guardería, que quería llevarlos paseando como el búho sabio, y jugar y divertirse a lo largo del camino. Nuestros hijos asintieron con regocijo, ya que sabían que era mucho más placentero caminar con papá divertido que con papá gruñón. Mike dibujó un reloj en la hoja y los chicos pintaron el contorno de sus manos y escribieron debajo de ellas: «Escuela 09:00 h.».

Mi principal preocupación era el orden y que los niños no pusiesen sus manos pegajosas en las paredes, por lo que pegué algunos botones a la hoja para representar eso.

En el caso de Clemency, se trataba de que Wilbur no podía entrar una y otra vez a su cuarto y dejarlo desordenado. Dibujó un gran garabato con un aspa para ilustrar su idea.

Para Wilbur, implicaba, como era de esperar, *La guerra de las galaxias*. Quería más «batallas» conmigo por las mañanas antes de ir a la guardería, por lo que me dijo que necesitaba un poco más de «tiempo con mamá», por lo que estuve muy contenta de cumplir con eso. También fue una experiencia muy encantadora y divertida como familia.

Tuvimos el contrato pegado en la nevera durante algunos meses, lo que supuso un excelente recordatorio visual, pero también hizo muy fácil que pudiéramos acudir a él, aunque al cabo de poco tiempo todo lo anterior se convirtió en algo automático.

Puede que lleve tiempo y quizás quieras tenerlo guardado en un cajón: lo que mejor funcione para ti y tu familia. Podéis hacer correcciones y añadir cosas al contrato según deseéis: simplemente haced que sea divertido y colaborativo. Esto no consiste en que impongas normas a tus hijos: es un acuerdo FAMILIAR.

Redactar un contrato familiar es una encantadora actividad en familia que llevar a cabo juntos, pero también es una herramienta genial, de modo que si las cosas se vuelven un poco salvajes desde el punto de vista del comportamiento, en lugar de dar rienda suelta a tu babuino interior, tirar la toalla y gritar hacia el piso de arriba de tu casa «¡DEJAD DE CHILLAR!», puedes emplear a tu búho sabio para subir con tranquilidad por las escaleras y recordarles a tu hijos lo que habéis acordado.

El que todos acuerden un contrato y que luego se fije con una chincheta en algún lugar como recordatorio visual se convierte en algo muy importante y establece vínculos con la unidad familiar; y, por supuesto, puedes incluir a los miembros de tu clan familiar, como los abuelos, los tíos y las tías o, ciertamente, cualquier otro cuidador de tus hijos, de modo que cualquier persona implicada en el apoyo a tu familia se encuentre en la misma onda.

Un último comentario sobre los contratos: las comunidades tribales han vivido de esta forma durante miles de años. Por supuesto, sin una hoja de papel ni purpurina, pero sí con una comprensión tácita en la comunidad de lo que es aceptable: en otras palabras, un código verbal de conducta. Podemos hacer que nuestro contrato con nuestra propia familia resulte adecuado para la edad de los niños, pero también se trata de una idea maravillosa de la que disponer a medida que tus hijos crecen.

2. Límites

Los límites son clave en la crianza y educación de los hijos para mostrar que existe un límite con respecto a lo que constituye un comportamiento adecuado y lo que no, y lo que aceptaremos y lo que no en el entorno familiar. Del mismo modo, la sociedad funciona bien cuando acatamos ciertos códigos de conducta, cuando, por así decirlo, disponemos de un código moral. Por lo tanto, podemos ayudar a nuestros hijos a comprender qué esperamos de ellos y modelar su comportamiento nosotros mismos, pero también podemos marcar unos límites y unas fronteras firmes con respecto a lo que aceptaremos y lo que no en nuestra unidad familiar.

Los límites son como un campo de fuerza invisible que podemos erigir alrededor de ti y tu familia que permita un comportamiento divertido pero que también muestre que hay límites.

¿Vaya... no es todo esto un poco propio del Maestro Yoda?

Bueno, sí, algo así.

Pero éstos son los mismos límites que ayudan a nuestros hijos a tenernos respeto y una idea clara sobre lo que constituye o no un comportamiento aceptable. Ese respeto debe ser bidireccional.

Cuanto antes podamos trabajar juntos como familia para marcar unos límites, mejor será el comportamiento que podremos esperar de nuestros hijos. Tus hijos QUIEREN comportarse y complacerte, ya que saben que es mejor, más seguro y mucho más divertido PERTENECER a la tribu que estar fuera de ella.

Hacer que tu familia redacte una lista de las necesidades colectivas importantes para ella también fortalecerá el vínculo entre todos vosotros. Esa idea proporcionará el pegamento que mantendrá a vuestra pequeña comunidad unida. Puede que tus hijos quieran que juegues más tiempo con ellos o pasar más tiempo contigo en el parque, tu pareja puede que la use como oportunidad para hacerte saber algo que le ha estado preocupando, como que quizás siempre llegas tarde a casa o que también quiere pasar más tiempo contigo. Una vez más, todo consiste en abrir una línea segura de comunicación, lo que siempre supone algo positivo.

3. Consecuencias naturales

En esencia, es importante que mostremos a nuestros hijos que las acciones tienen consecuencias.

Por ejemplo:

* Si golpeo a mi hermano podría hacerle daño.
* Si lo empujo cuando está cerca de unas escaleras, podría tener que ir al hospital.
* Si dejo mis juguetes desperdigados, alguien podría tropezar.

Todo ello forma parte del desarrollo del cerebro del búho sabio que fomentará que nuestros hijos PIENSEN en las consecuencias de sus actos. A esta edad, no podemos esperar que nuestros hijos muy pequeños capten plenamente esta idea, pero puedes empezar a asentar las bases con pequeños límites que destaquen las consecuencias naturales potenciales de sus acciones.

Por ejemplo, durante el camino de vuelta a casa desde la escuela, podríamos mantener una conversación sobre:

—De acuerdo. Revisemos lo que va a suceder cuando lleguemos a casa. Wilbur, ¿qué es lo primero?

—¡Nos quitamos los zapatos y los guardamos!

—¡Genial! ¿Y luego, Clemency?

—Guardamos nuestras mochilas y nos preparamos para la hora del baño.

—Maravilloso. Y si hacemos eso, ¿de qué cosa obtenemos más cantidad?

Y ambos contestan:

—¡Tiempo con mamá!

Podemos enseñarles esto a nuestros hijos de una forma adecuada a su edad. Piensa en esto no como en un castigo, sino como que en la vida hay consecuencias como fruto de nuestro comportamiento. Esto potencia el pensamiento propio del búho sabio y, una vez más, con el resto de las bases bien asentadas, es más probable que tengas unos hijos que trabajen contigo en lugar de contra ti si piensan en las consecuencias de sus actos.

* * *

Cuando los contratos se rompen

Ciertamente, nada en la vida en familia es perfecto, por lo que no estoy diciendo que todo se volverá de color de rosa de la noche a la mañana. Así pues, ¿qué hacer si tu(s) hijo(s) no cumple(n) su parte del trato?

Es realmente frustrante que nuestros hijos no nos escuchen. Lo sé porque, de hecho, sigue pasando también en nuestro hogar. Por lo tanto, ¿qué hago cuando mi(s) hijo(s) no me escucha(n) cuando le(s) pido que…?

- Se cepillen los dientes
- Ordenen su cuarto
- Dejen de corretear de un lado a otro

En primer lugar, da un paso atrás y observa el problema desde su punto de vista: los babuinos jóvenes nos encuentran a nosotros, sus progenitores, una mera distracción cuando están centrados en DIVERTIRSE. Cuando ese babuino está desbocado, ningún contrato, límites o crianza y educación brillantes les hará entrar en vereda con rapidez ni los apartará de lo que deben considerar «la cosa más emocionante del mundo».

En esos momentos necesitamos encontrar una forma de CONECTAR, de modo que puedan VERNOS y OÍRNOS de verdad cuando su babuino esté desenfrenado y sea muy difícil hacer que se detengan. Permíteme presentarte la siguiente herramienta:

CONSEJO DE LA CAJA DE HERRAMIENTAS

Situaciones en las que todos ganan

Veamos un escenario bastante típico:

Son las 17:30 h., la hora de la merienda ya ha acabado y nos enfrentamos a ese período hechizante entre ese momento, la cena y la hora de irse a dormir.

Ése es el escenario ideal.

Pero la vida no es, con frecuencia, nada ideal.

Así pues, las cosas pueden transcurrir de la siguiente manera…

Yo estoy exhausta, pero mis hijos no…

De hecho, ellos parecen tener un subidón de energía alrededor de esta hora, especialmente mi hijo. Esto da como resultado que corren por toda la casa, un babuino persigue al otro, y al principio yo les pido que paren y luego acabo gritando: «¡DEJAD DE CO-RRER!», y ellos se sienten mal porque sólo se estaban divirtiendo. Odio gritar, porque soy consciente de que me hace parecer un gran babuino enfadado.

Así pues, me detengo, respiro, me agacho para ponerme a su altura y les explico la situación con tranquilidad y con una sonrisa, de forma que sepan que no estoy enfadada con ellos.

«¡Muchachos, venid y miradme!», les digo canturreando lo mejor que puedo.

Al hacer que tu hijo te mire, tendrá que dejar de hacer lo que estaba haciendo para FIJARSE en ti de verdad.

Me arrodillo, los miro y les pido que me miren a la cara mientras les explico la situación.

¡Ahora estamos conectados!

De repente ya no soy una voz alta, chirriante e incorpórea que les grita desde el piso de abajo, sino mamá, que suele ser bastante divertida y comprensiva.

«De acuerdo. Puedo VER cuánto os estáis divirtiendo. Sin embargo [consecuencia natural], mamá se asusta si corréis cerca de la escalera, ya que podríais caeros y haceros daño. Por lo tanto, os voy a decir algo: ¿por qué no hacemos un trato?».

Esto le sonará intrigante a su babuino, y con un poco de suerte, su búho sabio también empezará a escuchar.

«¿Nos divertimos cinco minutos antes de ir al cuarto de baño?».

Las experiencias pasadas les dicen que se está haciendo un trato y que si disienten quizás no consigan nada…, por lo que asienten. Puede que todavía no lo reconozcan, pero ésta es una SITUACIÓN EN LA QUE TODOS GANAN.

«¿Vamos fuera de casa y gritamos lo más alto que podamos, o corremos alrededor del parque diez veces o vemos quién puede hacer veinte saltos de estrella?» (prácticamente cualquier actividad que sepas que les encanta y que encuentren emocionante llevar a cabo justo antes de irse a la cama servirá en este momento).

Esto no es para hacer que se sobreestimulen y se llenen de energía (debe haber una hora límite). En el pasado he usado un temporizador para cocer huevos para que nos marcara el momento de parar, aunque debes tener la hora límite presente. Ten muy claro que esto no consiste en ir a pasar un buen rato a los columpios, sino de cinco minutos de juego antes de irse a la cama, por lo que, si el parque infantil está lejos, entonces limítalo a veinte saltos de estrella en el jardín o a un paseo alrededor de la manzana. Es este caso, podríamos salir a la calle, corretear y gritar, PERO sólo durante cinco minutos, para luego volver a entrar en casa, darse un baño y cepillarse los dientes.

En esencia, encuentra algo que permita a tus hijos liberar tensión, conectar contigo en el proceso y establecer un contrato verbal que os permita relajaros, sabiendo que tenéis un trato para regresar a casa cuando tú lo pidas.

Y quién sabe, quizás encuentres divertido salir de casa, corretear cinco minutos o gritar (recuerda la respuesta de estrés), que es algo tan bueno para nosotros como para nuestros hijos.

A mis hijos les suele encantar que su mamá haya jugado con ellos, y están dispuestos a regresar a casa para bañarse, ya que saben que habrá más rato de juegos en el baño que se van a dar a continuación.

También es un buen momento para mí, ya que supone una forma de conectar con mis hijos después de haber ido arriba y abajo haciendo la cena, etc., y me obliga a desconectar del resto de los asuntos que han estado circulando por mi mente.

Así pues, ésta es la forma en la que DEBERÍAN transcurrir las cosas.

¿Qué sucede cuando tu hijo pequeño rompe el contrato y quiere seguir jugando pasados los cinco minutos?

Entonces tenemos el derecho de agacharnos para ponernos a su altura y repetirle con claridad que hay un límite.

«De acuerdo. Mira qué hora es. Hemos disfrutado de nuestros cinco minutos y has acordado que entonces te darías un baño».

Un consejo extra podría ser que dijeses, por si acaso: «¿Corremos para ver quién llega a casa antes?». Una pequeña competición divertida puede, con frecuencia, obrar maravillas.

Ésta es otra forma de embaucar a ese pequeño babuino para que sea competitivo y bordee esa sensación de diversión en la que ha estado tan inmerso.

Si la diversión o algo de humor no funcionan, entonces debes ser firme. No grites. No le hables desde las alturas. Simplemente di firme y tranquilamente:

«Tenemos un trato, y si no puedes cumplirlo, entonces no tendremos los juegos y la diversión antes de la hora del baño».

Recuerda que lo que estamos enseñando son los límites y las consecuencias naturales, y también que puede haber negociaciones y situaciones en las que todos ganan en todos los aspectos SI todos escuchan. Una vez que los niños estén de acuerdo con un trato EN EL QUE TODOS GANAN, será más difícil que lo incumplan.

* * *

Mi herramienta final para cuando tu hijo no esté acatando las normas que habéis acordado o para cuando se encuentre superado:

CONSEJO DE LA CAJA DE HERRAMIENTAS

La «escalera que alivia»

Aquí tenemos una herramienta para esas ocasiones en las que estés al límite y tus hijos no estén cooperando. Has intentado todo lo expuesto antes pero no funciona...

¿Te suena familiar?

Emplea la «escalera que alivia».

No dejes a tu hijo castigado sentado solo en un escalón (deshazte de ese castigo).

Al contrario que castigar a tu hijo a quedarse solo sentado en un escalón, la diferencia con la «escalera que alivia» es que si tu hijo simplemente está superado y no hace lo que le pides que haga, TÚ TE SENTARÁS A SU LADO.

Insisto en que DEBES QUEDARTE al lado de tu hijo en ese momento. No le arrastres hacia el escalón, sino que pídele si quiere pasar un rato contigo, sentados el uno al lado del otro. Tenle a tu lado o, si adviertes que está sobrecargado, simplemente dile que te vas a sentar a su lado y que os vais a permitir los dos tranquilizaros.

En este momento no te preocupes por ningún tipo de guion, sino que simplemente recurre a tu cerebro del búho sabio y dile con tranquilidad y un tono cariñoso:

«No pasa nada», repitiéndolo una y otra vez.

«Mamá/papá te entiende» (incluso aunque en ese momento no sea así).

«Mamá/papá puede ayudarte» (incluso aunque en ese momento no estés seguro de cómo).

Y «Está bien, deja que todo salga».

Recuerda que mecer a tu hijo hacia delante y hacia atrás, diciendo lo mismo una y otra vez, puede ser relajante para su cerebro (para el lagarto en particular). Tal y como explicaba el doctor Perry, hay ciencia en el poder curativo de esta técnica, así que confía que en este momento no sólo estás ayudando a tu hijo a «sanar», sino que también estás poniendo el cemento en esos ladrillos de la confianza que tenéis el uno con el otro, asegurándoos una menor necesidad de berrinches y comportamientos no deseables en el futuro.

Debo dejar esta idea muy clara: la «escalera que alivia» NO es un castigo.

Emplea la «escalera que alivia»:

• Cuando vengan amigos a casa para una velada de juegos y tu hijo esté agobiado y no te esté escuchando.
• Cuando tú mismo te encuentres en modo babuino y no sepas qué más hacer.

- Cuando notes que debes alejar a tu hijo de una situación mientras todos se tranquilizan.

Esta técnica lleva tiempo, pero cuando la practiques una y otra vez con cariño, amor, compasión y empatía, tu hijo pronto confiará en que su mamá/papá le comprende de verdad y entiende «por lo que está pasando», y, además, puede confiar en que le harás sentir mejor. Esto servirá para hacerle bajar de ese estado al borde de la rabieta bastante más rápidamente de lo que lo conseguirías por la fuerza, regañándole o con medidas punitivas. También significa que tendrás un hijo que *querrá* complacerte con más ganas y hacer lo que le digas.

 Maniobras masculinas con Mike

«Me educaron para pensar que si "cedemos" con nuestros hijos cuando lloran, no sólo perdías, de manera demostrable, el control y parecías débil como padre, sino que también provocabas que tus hijos tuviesen menos resiliencia ante los retos más adelante en la vida. Cuando era niño y estaba creciendo en el nordeste de Inglaterra en la década de 1970, los dos peores insultos posibles eran que un niño estaba malcriado o era blando, y cediendo, esto es a lo que dabas lugar. Ahora creo que esto no es así en absoluto.

»La fuerza como padre no consiste en imponer tus puntos de vista a tu hijo, sino en comprender los generadores de su comportamiento y en trabajar en colaboración con él. De hecho, veo que lo que antaño se consideraba como que un niño "se salía con la suya" ahora anima a mis hijos a tener la confianza para defender lo que quieren empleando sus "palabras", o su búho sabio, como diría Kate. Esto ayuda a que un niño tenga más confianza y un mejor dominio de sí mismo, lo que, con el tiempo, dará lugar, de manera invariable, a una mejor toma de decisiones».

Dar una bofetada

Una última palabra sobre DAR BOFETADAS como forma de castigo: no creo en los sopapos o los castigos corporales. No creo en el uso de la fuerza con nuestros hijos, ya que provoca tres cosas:

1. Rompe el vínculo con nuestros hijos, fractura nuestra relación.
2. Muestra que NOSOTROS nos hemos vuelto emocionalmente desregulados, lo que significa que no estamos modelando el comportamiento que queremos ver en nuestros hijos.
3. Enseña a nuestros hijos que golpear está bien. Significa que puede que nuestros hijos peguen a otros.

SÉ que puede resultar difícil, que podemos vernos llevados al límite como progenitores, y LO CAPTO. En una ocasión me encontraba en una conferencia sobre la crianza y la educación de los hijos, y un padre se me acercó después de haber pronunciado mi discurso y me dijo: «A mí me dieron bofetones y no me hizo ningún daño».

Le pregunté con amabilidad: «Pero si echa la vista atrás, ¿cómo le hizo sentir?».

Sus palabras le salieron atropelladamente antes de que ni siquiera tuviera la oportunidad de pensar: «Me sentí avergonzado».

Cuando empleamos la fuerza sobre nuestros hijos, no sólo logramos hacerles daño físicamente, sino que también herimos sus sentimientos. Con eso quiero decir que podemos generar esos sentimientos perniciosos de vergüenza y culpabilidad. Si abofeteamos a nuestros hijos de manera regular, esto puede asentar un ciclo de vergüenza que perdurará hasta la edad adulta. Si te encuentras con que pierdes los nervios con mucha frecuencia, valdrá la pena que eches una ojeada al capítulo 14, en el que encontraremos formas de llenar tu propia «copa emocional» y lograr una mejor regulación (también mencionaré muchos más recursos al final del libro). Comprendo que criaremos y educaremos a nuestros hijos de la forma en que nosotros mismos fuimos criados y educados, pero llegados a estas alturas del libro, sería maravilloso ver cómo los conocimientos que hemos compartido te podrían permitir disponer de la capacidad de cambiar en este sentido. Esto no puede sino ser de gran utilidad para ti y para tus hijos.

También entrevisté a la doctora Suzanne Zeedyk, psicóloga infantil, a este respecto, ya que vive en Dundee, y Escocia fue el primer país en el Reino Unido que prohibió los castigos corporales. «Nuestra cultura ha creído, desde hace mucho tiempo, que es aceptable pegar a los niños, Consideramos que eso es una forma de manejar su comportamiento, y pensamos que aprenden debido al dolor temporal procedente del azote; pero la ciencia ha descubierto que los niños aprenden sobre algo más profundo que los meros límites. Aprenden sobre la confianza. Lo que aprenden es que la gente a la que quieren no es digna de confianza. Aprenden que esas personas les harán daño. Aprenden que esas personas no son confiables desde el punto de vista emocional. Esto hace que el mundo parezca un lugar más amedrentador, y esto modifica la biología del niño, ya que lleva más estrés consigo». Puede que a los padres les resulte duro hablar sobre estos conceptos, y suele implicar valentía, en especial cuando las ideas entran en conflicto con lo que nos han enseñado que es normal en nuestra cultura. Lo más valioso que un progenitor puede darle a un hijo es saber que es digno de confianza emocionalmente hablando, incluso en medio de momentos difíciles.

Olvidamos esto con demasiada frecuencia: nuestros hijos *quieren* complacernos, *quieren* hacer cosas con nosotros y rara vez *quieren* entrar en batalla. Cuando comprendemos el estrés y cómo impulsa a nuestros hijos pequeños a «portarse mal», podemos reafirmarnos a nosotros mismos que **no hay niños «malos»**, lo que significa que podemos considerar que su comportamiento no es algo personal. ¿Por qué decidiría un pequeño babuino ir en contra de un babuino adulto furioso?

Perlas de sabiduría del búho sabio

ᴠ ᴠ Nuestros hijos necesitan comprender dónde están los límites.

ᴠ ᴠ Ser creativo al redactar contratos puede ayudar a establecer las normas familiares.

ᴠ ᴠ Cuando los niños comprenden que sus acciones tienen consecuencias, eso hace que su búho sabio se desarrolle.

ᴠ ᴠ La «escalera que alivia» y encontrar situaciones en las que todos ganen ayudará con el comportamiento más que cualquier forma de castigo.

ᴠ ᴠ Trabajando *con* nuestros hijos y sus sentimientos desarrollaremos ese importantísimo cerebro del búho sabio, de modo que en el futuro nuestros hijos aprendan a gestionar sus sentimientos ellos mismos. Y a negociar lo que quieran sin lágrimas.

ᴠ ᴠ Con unos límites amables y trabajando de forma colaborativa nos convertimos en un equipo. Nuestros hijos se sienten vistos y oídos, y sus necesidades se ven satisfechas, pero también comprenden que cuando mamá o papá dicen algo importante, ha llegado el momento de escuchar con atención...

¡Cuando suceda eso, habréis logrado un triunfo familiar total!

CAPÍTULO 9

Por qué las etiquetas son «malas»

«Es más fácil conseguir unos niños fuertes que reparar a unos hombres rotos».

Frederick Douglass, reformador social estadounidense

La comunicación y el «buen comportamiento» son una vía de dos sentidos. No podemos esperar que nuestros hijos QUIERAN trabajar con nosotros y que hagan lo que les decimos si los estamos desautorizando constantemente o diciéndoles de todo.

Diciéndoles de todo… ¡¿Yo?! ¡¿Qué quieres decir?!

Lo que quiero decir es que *a veces* podemos decir cosas a nuestros hijos que nunca les diríamos a nuestros amigos.

«¡Estás loco!».
«¡No seas tan llorica!».
«¡Eres muy difícil!».
«Eres muy raro».
Y, por supuesto… «¡Eres muy MALO!».

Los comentarios que hacemos acerca de o a nuestros hijos permanecen. Pueden provocar vergüenza, humillación y sentimiento de culpabilidad. Esos sentimientos penetran hasta nuestro corazón. Con gran frecuencia ni siquiera nos damos cuenta de que lo estamos haciendo, pero su babuino sí lo sabe y lo almacena en su saco de los recuerdos, que, tal y como hemos comentado, puede acabar suponiendo un peso demasiado grande con el que cargar. Vimos esto en acción con Wilbur y el Papá Noel apestoso. Wilbur había cargado durante TODO el día con el peso de la vergüenza que había sentido por los comentarios de Santa Claus, pero, en definitiva, esos sentimientos, esa emoción y su respuesta de estrés se desparramaron en el suelo del cuarto de baño.

Tenemos lo que los psicólogos llaman un «sesgo de negatividad»: en otras palabras, una tendencia a centrarnos en la información negativa más que en la positiva. Esto explica por qué con frecuencia recordamos y pensamos más en los insultos que en los halagos.

Será bueno que tengamos esto en cuenta para la crianza y la educación de nuestros hijos.

Imagina cómo te haría sentir que tu pareja o tu mejor amigo se pasara todo el día llamándote «loco» o «difícil», o que machacara todo lo que hicieses, diciendo que es una «idea descabellada». Piensa también en lo que más recuerdas de tu propia crianza y educación: ¿puedes recordar las formas más positivas en las que te hablaron tus padres... o las más negativas?

Las etiquetas negativas permanecen y apestan.

Durante mi formación como terapeuta, mi grupo participó en un ejercicio en el que teníamos notas de papel pegadas a nuestro pecho. No podíamos ver lo que estaba escrito en nuestra etiqueta, pero incluían palabras como «abeja reina», «bromista», «payaso de la clase», «hipocondríaco», «acosador», «genio» y «amable».

Mi etiqueta, que no pude ver en ese momento, era la de «hipocondríaca». Se nos dijo que iríamos a una «fiesta» y que reaccionaríamos y nos relacionaríamos con cada persona de acuerdo con su propia descripción escrita en la etiqueta que llevaba en su pecho. Cuando mis colegas se acercaron a mí, cada uno de ellos mostró la misma cara de preocupación, un ligero rostro fruncido, con cada pregunta aderezada con un «¿Cómo estás?» y «¿Va todo bien?».

Cuando decía que estaba bien, añadían un: «¿Estás segura de que te encuentras bien?».

Al principio encontré un poco irritante que todos estuvieran, de algún modo, juzgándome, asumiendo que había algo «malo» en mí. Me sentí un poco confusa y molesta. Quería decir: «¡Dejad de preguntarme si me encuentro bien!». Me vi rebelándome, comportándome de forma impropia en mí, forzándome a ser más alegre y animada, con el volumen de mi voz aumentando mientras decía de manera desafiante: «¡Estoy BIEN!». Entonces intenté cambiar la conversación, pero ellos parecían firmes en cuanto a la forma en la que me veían.

¡Odio que me «etiqueten»!

Sin embargo, al cabo de tan sólo cinco minutos, me vi, en cierto modo, resignada ante la situación, pensando: *¿Qué sentido tiene seguir resistiéndose?* Acepté la preocupación y mis repuestas fueron cada vez más ofensivas, y decía «¿Vaya, me encuentro TAN mal!» casi con regodeo, ya que podía ver que eso encajaba con la visión que tenían de mí. Me comporté, literalmente, de la forma que se esperaba de mí. Todo ello en el transcurso de diez minutos.

Me encontré, también, tratando a otros colegas de forma diferente. Uno de ellos tenía la etiqueta de «acosadora» pegada a su pecho, y durante el transcurso de la «fiesta» se quedó cada vez más aislada. Nos encontramos con que no queríamos acercarnos a ella en absoluto. Quizás parezca raro decirlo ahora, a la luz del día, pero en ese contexto, tras decirme que reaccionara ante ella de acuerdo a cómo la definía su etiqueta… nos comportamos como se esperaba de nosotros, y la pobre mujer dijo que había sentido una sensación similar a la mía, primero de confusión y de querer rebelarse contra la forma en la que estábamos tratándola, pero luego de resignación, tristeza y resentimiento después de haber sido evitada por el grupo.

Para nosotros, que éramos terapeutas en formación, esta experiencia fue un ejercicio muy sencillo y eficaz diseñado para que pensáramos con los niños con los que trabajaríamos y para que no hiciéramos suposiciones. La intención era hacernos reflexionar y replantearnos cómo veíamos a los demás, evitar usar *etiquetas* y pensar en los niños que estaban a nuestro cuidado no como otros podrían haberlos «etiquetado», sino simplemente tal y como eran.

Las palabras negativas conducen a pensamientos negativos, y los pensamientos negativos llevan a un comportamiento negativo. Usa una etiqueta negativa con tu hijo las suficientes veces y quizás acabes con una profecía que, debido a su naturaleza, contribuye a cumplirse... También estás moldeando la conciencia de sí mismo de tu hijo, tal y como la doctora Suzanne Zeedyk explica de nuevo en lo relativo a la vergüenza: «Una de las cosas fascinantes que ahora sabemos gracias a la ciencia del desarrollo infantil es que los niños desarrollan su conciencia de sí mismos a partir de la forma en la que otras personas los tratan. Si otras personas responden a los sentimientos de un niño de modo afirmativo, entonces los niños desarrollarán la creencia de que merecen la pena. Creen que importan porque otras personas los han tratado así. Esa creencia no es simplemente una idea. De hecho, afecta a las vías neuronales de su cerebro y al sistema del estrés en su organismo. Ésa es la razón por la cual la vergüenza «se te mete en las entrañas». Tu valor y tu valía como ser humano están en entredicho, y disponemos de una respuesta fisiológica frente a esa duda. Por lo tanto, si no queremos que los niños crezcan con la vergüenza entretejida en su fisiología, lo mejor que podemos hacer es reconocer sus sentimientos y tratarlos de una forma que les haga saber que importan.

La manera en la que les hablamos a nuestros hijos y en la que nos referimos a ellos TIENE UNA ENORME INFLUENCIA.

Lenguaje positivo

No tratamos a nuestros hijos con condescendencia cuando somos sinceros al alabarlos por su buen comportamiento. Cuantos más elogios reciban por su «BUEN comportamiento», más probable será que lo repitan. Cuando les explicamos qué es lo que hacen BIEN y lo respaldamos, querrán impresionarnos. Recuerda que somos los líderes de la manada y que hay seguridad en ese entorno. Eso se

174

convierte en un bucle de *feedback* positivo, y podemos usarlo para la crianza y educación de nuestros hijos con excelentes resultados.

«¡Vaya, ese comportamiento ha sido muy amable, Clemency! ¡Qué maravilloso es cuando compartes con tu hermano! ¡Caramba, qué comportamiento más maravilloso!».

Llegados a este punto, debo HACER HINCAPIÉ en que:

Etiqueta SIEMPRE el COMPORTAMIENTO, y *no* al niño.

Etiquetamos el comportamiento como, por ejemplo, amable o antipático. No queremos que nuestros hijos se sientan definidos por su comportamiento, sino que deseamos que tengan una gran conciencia de sí mismos. Así pues, una vez más, no puedo hacer suficiente hincapié en esto: etiqueta el *comportamiento* y *no* al niño. Tu *hijo* no es antipático, pero puede que su *comportamiento* sí lo sea.

Aquí emplearíamos la crianza y educación de nuestros hijos DRA (di lo que ves – reconoce – alivia):

- Di lo que ves: «Veo que has pegado a tu hermano. Eso no es un comportamiento amable».
- Reconoce: «Puedo ver que es difícil para ti, en este preciso momento. ¡Estás real y verdaderamente ENFADADA!».
- Alivia: «Comprendo que te resulta difícil cuando tu hermano se lleva tu juguete, pero no debemos pegar. Ese comportamiento no es amable ni aceptable».

O quizás:

- «Ava, eres una niñita encantadora, pero ese comportamiento no lo ha sido».
- Y podrías continuar diciendo: «Pareces muy molesta», y luego dejar que eso permee, de modo que sepa que es la ira la que ha dado lugar al comportamiento.

Recuerda que bajo el comportamiento de nuestros hijos se encuentran sus emociones y toda la respuesta corporal provocada por el estrés. Por lo tanto, sintoniza con lo que pueda estar pasando por debajo antes de poner ninguna etiqueta: tus hijos necesitan tu comprensión por encima de todas las cosas en estos momentos. Si puedes fijarte en tu hijo en estos instantes y mostrar curiosidad por lo que pueda estar sucediendo, eso te explicará muchas más cosas que cualquier etiqueta.

A continuación, quizás puedas formular una pregunta para hacer que su cerebro solucionador de problemas cambie de marcha y se enfoque hacia un comportamiento más positivo y proactivo.

«¿Pensamos en cómo comportarnos de forma distinta con tu hermano?».

Tu compasión permite que el babuino se retire, ya que se sentirá más aliviado, y luego podrás seguir haciendo que tu hijo piense en las cosas con detenimiento: su polluelo de búho entra en acción y obtienes un mayor progreso que si hubieras recurrido a una etiqueta negativa u otra medida punitiva.

Por lo tanto, *nada de etiquetas negativas.*

Apunte sobre el cerebro

«Los progenitores pueden afectar a la química en el interior del cerebro de un niño hasta el punto de que casi en su totalidad su torrente de pensamientos interiores sea alentador para sí mismo en lugar de estar plagado de autocrítica».

Doctora Margot Sunderland (psicoterapeuta),
The science of parenting

Aquí tenemos otro pensamiento sobre las etiquetas: recuerda usar un lenguaje adecuado para la edad de tu hijo. Un buen amigo pegó un aullido debido al dolor cuando pisó una tristemente famosa pieza de Lego (una de las lesiones «laborales» más universales en el campo de la crianza y la educación de los hijos) y le metió un rapapolvo a su hijo de tres años: «¡¿Por qué no tienes más cuidado con tus juguetes?!».

Con una mirada perpleja en su rostro, su hijito le respondió: «¿Qué significa "cuidado", papá?».

¿Qué significa «cuidado»?

Recuerda que nuestros hijos ven las cosas de forma distinta a nosotros, y que su cerebro es diferente. El niñito no veía su habitación de la misma forma en la que la veía su padre, que consideraba que estaba desordenada… y ni siquiera se planteaba por qué eso podía suponer un problema. Para el niño, su habitación era maravillosa tal y como estaba, llena de juguetes y diversión.

Por lo tanto, y a dos niveles, el empleo de la palabra «cuidado» no tenía sentido para él.

Así, sé consciente de emplear un lenguaje adecuado para la edad de tu hijo. Nuestros retoños pequeños, con su cerebro de polluelo de búho recubierto de plumón, no siempre comprenderán conceptos o palabras que tú das por sentados.

Un último comentario sobre las etiquetas y el lenguaje: quizás queramos tirar la palabra «¡NO!» a la papelera de nuestras técnicas de la vieja escuela. Ésta es una idea inspirada por una conferencia a la que asistí y en la que el doctor Dan Siegel, neuropsiquiatra y escritor, me ofreció un ejercicio para que lo probara, y eso me hizo darme cuenta de la diferencia que se siente en el organismo cuando te hablan en un tono de voz agresivo o negativo.

Podrías probar con algo similar. Inténtalo de pie, delante de un espejo y diciéndote la palabra «¡No!» como si estuvieras regañándote. «¡NO! ¡NO! ¡NO!».

¿Cómo le hace eso sentirse a tu cuerpo? (fíjate también en tu rostro: es un buen ejercicio ver la cara de tus hijos cuando te encuentras en modo babuino).

Ahora detente y afirma «¡SÍ!» en tu tono de voz suave y relajante. «Sí». «Sí». «Sí».

Probablemente tú cuerpo sentirá estas dos opciones de forma muy distinta.

Imagina cómo nuestros hijos se sienten cuando gritamos, ¡y ni siquiera tienen nuestra mima estatura!

Esto genera una sensación en nuestro interior que no es agradable. Esto no significa que no tengamos unos límites (por supuesto que los tenemos, tal y como hemos comentado en el capítulo 8), pero vale la pena tener presente que la forma en la que les hablemos a nuestros hijos y hablemos acerca de ellos afectará nuestros retoños.

Si decimos «¡No!» la mayoría de las veces, no les estamos diciendo a nuestros hijos lo que QUEREMOS que hagan, sino que reiteramos, una y otra vez, lo que están haciendo MAL. Tu hijo, a su vez, puede traducir eso como si ÉL fuera, de algún modo, «malo». Es difícil hacer que un niño esté de tu parte si siente que SIEMPRE está haciendo las cosas mal, como si siempre estuviera quedando por debajo de lo que esperamos de él, por decirlo de algún modo.

En lugar de decirle constantemente a tu hijo qué está haciendo mal, *céntrate en lo que está haciendo bien*, o si no, más bien en el comportamiento que QUIERES que tenga. Si es muy pequeño y ha pintarrajeado las paredes, puedes mostrarle dónde PUEDE pintar y colorear. Quizás podrías crear un lugar especial en el que pueda producir sus obras de arte, crear una pequeña caja con todas las cosas que puede usar y ayudarlo a entender que las paredes tienen un aspecto horrible (emplea el sentido del humor) si tienen garabatos. Haz grandes gestos giratorios con los brazos… Cuando tu hijo vea que no eres un gran babuino que le grita, sino un/a papá/mamá que está siendo amable y le está diciendo qué PUEDE hacer… bueno, tu tarea estará prácticamente hecha. En lugar de gritar «¡NO!» a nuestros pequeños, que tienen, ya de por sí, a sus ya miedosos lagarto y babuino, podemos trabajar en el desarrollo de su polluelo de búho sabio implicándoles en procesos de pensamiento sobre el papel y dónde van a guardarlo y qué dibujarán en él. Muéstrales unos folios en blanco y diles, con una sonrisa: «PODEMOS pintar aquí… pero NO PODEMOS pintar en las paredes». Bueno, todo lo que querían era pintar, así que…

Para reiterar mi idea, céntrate en lo que SÍ quieres ver desde el punto de vista del comportamiento, y no grites con respecto a lo que no quieres.

Que empleemos el humor y la amabilidad significa que podemos llevar a nuestros hijos a nuestro terreno con mucha más facilidad. Podemos hacer eso cuando hay una confianza y respeto mutuos, y sí, el respeto empieza desde el nacimiento. Comprende las etiquetas y la mejor forma de hablarles a tus hijos pequeños. Cuando hablamos con amabilidad a nuestros retoños, cuando modelamos el comportamiento que queremos ver, vemos cómo ellos lo reflejan de vuelta.

Perlas de sabiduría del búho sabio

ᴠ ᴠ No etiquetes a tu hijo.

ᴠ ᴠ Etiqueta su comportamiento.

ᴠ ᴠ El lenguaje positivo y adecuado para su edad siempre es un extra.

Cuando nos fijemos en nuestros hijos de forma distinta, veremos a unos retoños diferentes. Cuando modifiquemos la manera en la que tratamos a nuestros hijos, ellos también cambiarán. Si no les estamos criticando constantemente, obtendremos una colaboración muchísimo mayor por su parte, y ellos *querrán* trabajar con nosotros.

CAPÍTULO 10

Recargas de diez minutos y horas de héroes

«Nuestros hijos no necesitan regalos, sino nuestra presencia».

Doctor Gabor Maté, autor y experto en adicciones

Es octubre de 2020. Voy de camino al hospital. Son las seis de la mañana. Mike me está llevando para, mira tú por dónde, una operación de juanetes (lo sé) y lo hemos organizado de modo que un amigo se va a quedar con los niños durante algunas horas hasta que Mike pueda volver a casa.

Sin embargo, al final, la operación llevó bastante más tiempo del esperado, y ya era última hora de la tarde cuando ambos regresamos a casa. Yo todavía estaba atontada por la anestesia general, y después de decirles hola a nuestros hijos y darles un abrazo, me fui a la cama a dormir la mona. Tal y como sucede con la mayoría de las familias en la actualidad, estábamos, como de costumbre, haciendo equilibrios. Mi marido tuvo que irse al trabajo poco después de bañar a los niños y hacer la cena, por lo que le pedimos a una amiga que se pasase por casa para que me ayudara a meter a los niños en la cama. Me dijo que descansara en el piso de abajo mientras ella preparaba a los niños para irse a la cama. Sin embargo, a las 19:30 h., pude oír a Wilbur corriendo a toda pastilla por el rellano, lanzándose hacia la habitación de Clemency y tirando sus almohadas por todo el cuarto.

Me encogí, sintiéndome impotente, incapaz de caminar y sintiéndome frustrada porque mis hijos no hicieran lo que se les pedía. Un extraño habría dicho que mi hijo estaba siendo «malo». Sospeché que mi amiga pensaba, en gran medida, lo mismo. Me acudió a la mente la analogía de una vela ondeando. Cuando navegas, si la persona al timón aparta sus manos de él, si suelta la soga unida a la vela, ésta ondeará salvajemente y la botavara se balanceará de un modo peligroso, amenazando con volcar la embarcación. Yo era la que había «apartado mis manos de la rueda» ese día, por así decirlo. No era culpa mía, ya que todos habíamos quedado en cierto estado de confusión, pero, ciertamente, tampoco era culpa de Wilbur. Pobre Wilbur. Su joven cerebro sigue estando demasiado pendiente de la supervivencia, y tras estar Mike y yo tanto tiempo fuera de casa, para luego llegar yo con un enorme vendaje y un zapato raro en mi pie, incapaz de caminar y claramente dolorida… bueno… imagino que habría sido más amedrentador para él de lo que había pensado. Nuestros hijos están, como ya sabemos, conectados para depender de sus progenitores mientras sigan siendo pequeños. Los sentimientos «amedrentadores» que Wilbur habría acumulado durante el día en nuestra ausencia estaban saliendo ahora. ¡¿Qué mejor forma que desprenderse de ellos que corriendo de un lado a otro o tirando almohadas por doquier?!

En una fracción de segundo, vi a mi hijo pequeño no como un niño «malo» que rehusaba irse a la cama, sino como una vela que ondeaba, desconectado y asustado porque su mamá estaba «enferma».

«Wilbur, necesito que te vayas a dormir ahora a tu habitación, por favor… es la hora de dormir. ¡¿Dónde está tu oído atento?! Toma una buena elección, por favor».

Sin embargo, que gritara desde el piso de abajo no fue suficiente para conectar con el cerebro de mi hijo pequeño cuando su lagarto y su babuino habían estado en alerta roja durante todo el día. Me di cuenta de que usar frases largas y razonamiento no iba a hacer que parase.

Wilbur se dio la vuelta y corrió hacia el cuarto de Clemency. Oí cómo ella chillaba molesta. ¡Genial! ¡Ahora tenía el doble de problemas! Le llamé una segunda vez.

«¡Wilbur!».

Estaba molesta y avergonzada por su comportamiento delante de mi amiga. Le había estado hablando sobre escribir este libro, y ahí estaba yo, con mis propios hijos negándose a irse a la cama. Me sentí vulnerable, ya que no me resultaba fácil caminar. Sabía que no habría ganadores si recurría a los gritos.

Subí las escaleras entre gestos de dolor. Wilbur se fue corriendo a su habitación. Cuando entré renqueando, él estaba en la cama, pero riéndose de manera nerviosa… Lo interpreté como una pequeña liberación de estrés. Sonreí en la oscuridad y le di unas palmaditas a la ropa de cama diciendo:

—Venga, mamá se va a tumbar a tu lado. Creo que necesitas un poco de tiempo con mamá. No me has visto en todo el día.

 Sentí el alivio en su cuerpo mientras se relajaba. No sólo no le estaban regañando, sino que además iba a obtener lo que sospechaba que había estado necesitando todo el día: sentirse cerca de mí. Se acurrucó debajo de mi brazo mientras yo seguía.

—Puedo ver, a partir de tu comportamiento, que puede que te resulte un poco difícil tener a mamá con un pie maltrecho.

Giró con rapidez la cabeza y me miró:

—¿Por qué tienes que tener ese zapato puesto, mamá?

Después llegó otra pregunta a bocajarro:

—¿Qué te han hecho?

Y:

—¿Te hace daño?

En ese momento, recordé, una vez más, cómo el comportamiento «salvaje» de nuestros hijos es, con mucha frecuencia, una mera representación externa de su desazón interna. En ese momento, mostré gratitud por todas las lecciones que había aprendido. Pude darle la vuelta a la tortilla y recordarme que debía fijarme en la situación desde su perspectiva. Mi hijo no disponía del punto de vista de un adulto. No estaba pensando mientras cojeaba por la habitación: «Vaya, a mamá le han operado los juanetes: esto no es nada que deba preocuparme. De hecho, es algo bastante común en las mujeres altas de su edad. Concluyo que el pronóstico es bueno».

No, Wilbur tiene la perspectiva de un niño pequeño que sólo lleva en este mundo apenas seis años. Millones de años de evolución le han enseñado que los adultos son cruciales para su supervivencia. Cuando atravesé la puerta renqueante, vendada y claramente incapacitada, su cerebro vio cómo la mitad de su red de supervivencia se había desvanecido, ya que yo era incapaz de cazar y, de hecho, iba a tener grandes problemas para recolectar.

Recuerda que, para nuestros hijos, las cosas pueden con frecuencia parecer la diferencia entre la vida y la muerte. No tiene que ver con el pensamiento consciente, sino que es algo mucho más profundo que eso. Puede que estemos viviendo en un mundo moderno, pero nuestros hijos, o más en concreto su cerebro, tienen unos mecanismos de supervivencia antiguos.

Le expliqué a Wilbur que un hueso de mi pie había estado creciendo incorrectamente, que eso me había provocado mucho dolor y que los médicos tenían que aliviarlo, por lo que me habían hecho un corte en el pie y necesitaba descansar y no caminar mucho.

Mientras le hablaba, llamé a Clemency, ya que pese a que es mayor y sé que podía entenderlo mejor, siempre creo que es mejor dirigirse a los dos al mismo tiempo, de modo que ninguno de ellos se sintiera que se le ha dejado de lado ni preocupado por su cuenta.

La oí caminando tranquilamente por el rellano y le pedí que acercara una sillita a la cama. Ella también tenía una pregunta:

—¿Qué te han hecho? Explícanos, pero recuerda que soy aprensiva. –Sonrió.

—¿Qué es «aprensiva»? –preguntó Wilbur.

Por lo tanto, los tres mantuvimos una conversación en la oscuridad, conmigo en una cama individual con mi hijo pequeño, que tenía su cabeza apoyada sobre mi hombro, y con mi hija, que me cogía de la mano mientras estaba sentada al lado del lecho. Les expliqué que sentía estar fuera de combate, pero que mejoraría pronto. Pregunté a qué juegos podríamos jugar mientras estuviera convaleciente.

Clemency empezó a cantar una canción y preguntó si yo la podía cantar con ella, para así aprender la letra. Wilbur se unió. Cantamos en la oscuridad, en una armonía dulce (y un tanto sorprendente).

Recordé, con una sonrisa, nuestras raíces ancestrales, con las canciones que se cantarían al final del día, cuando la tribu se reuniese para proporcionar sanación tras la muerte, la enfermedad o las elevadas energías tras la caza, y lo sanador que resultaba reunirnos también aquí, en la oscuridad. Ésa es la razón por la cual muestro una gratitud eterna por haber entrevistado a gente como el doctor Bruce Perry, a Liza Elle y al resto de las personas que han contribuido a la redacción de este libro: me han abierto los ojos con respecto a la crianza y la educación de los hijos empleando mi propia intuición y mis conocimientos atávicos, para tener la capacidad de entender a mis vástagos y su comportamiento, no a través del prisma de una etiqueta o la mirada de un adulo, sino tan sólo a través de mis hijos. Esa noche podría haber terminado de forma muy distinta. Estaba dolorida, pasando dificultades y estresada. Si hubiera considerado que mis hijos eran «malos», podría haber pasado por alto ese momento de muy necesaria conexión, y mis hijos se hubieran ido a la cama en la oscuridad, solos con su angustia.

Tal y como he dicho antes, lleva segundos no preguntar «¿Qué os pasa?», sino más bien «¿Qué os está pasando ahora, en este preciso momento… y cómo puedo ayudaros?». Lleva segundos preguntar, minutos sanar y entonces se produce la magia, que nos proporciona dividendos, una inversión que dura toda la vida, permitiéndonos criar y educar a nuestros hijos en paz y en armonía.

* * *

Todo niño necesita amor para medrar. Ese amor puede sentirse sólo en la conexión que tenemos con nuestros hijos. Esa conexión sólo puede aparecer cuando pasamos TIEMPO con ellos. Cuando nuestras jornadas son atareadas y están llenas de cosas, sé lo difícil que puede resultar incluir tiempo de calidad con nuestros hijos. Por «calidad» me refiero a los ratos durante los cuales nos sentamos a su lado tranquilos, el uno con el otro, mirándonos a la cara, riendo juntos sin reservas, centrados el uno en el otro y en la relación que compartimos.

El tiempo de calidad no es el tiempo que pasamos corriendo para ponerles los zapatos a nuestros hijos, cepillándoles los dientes o preparando su cena. El tiempo de calidad es aquel en el que podemos sentarnos sin teléfonos, pantallas ni otras distracciones... cuando nos sentamos y respiramos, sintiendo la calidez de su cuerpo al lado del nuestro y el olor de su cabello.... y recordamos lo increíble que es ser padre.

El tiempo de calidad con nuestros hijos es algo que debemos priorizar *por encima de todo lo demás*.

Cuando no pasamos tiempo de calidad juntos, obtenemos lo que acabo de mencionar justo después de mi operación de juanetes: el «síndrome de la vela que ondea». Eso sucede cuando mis hijos empiezan a corretear de un lado a otro, agitándose de acá para allá como esa peligrosa vela que ondea en un barco velero, con la botavara balanceándose de un lado a otro, con el peligro de que haga volcar a nuestra pequeña barca familiar. Todo ello porque he apartado mis manos de la caña del timón. Sé cuándo mis hijos no han tenido «suficiente» de mí porque su comportamiento cambiará desde el de unos niños contenidos, tranquilos y compasivos al de unos vástagos que riñen, se desbocan y no escuchan. Todo ello son señales de que mis hijos necesitan sentirse más «anclados», por mantener la analogía de la navegación; y ellos se sentirán más «anclados» o con los pies en la tierra cuando me presten atención, cuando sientan que obtienen suficiente amor de mí.

En el trabajo como terapeuta, hablamos de nosotros mismos como un «contenedor», y que nuestra salud emocional y física llega cuando nos sentimos «llenos». Cuando sentimos una falta de algo (un vacío en nuestro interior) con frecuencia nos vemos impulsados a «llenarlo» con otras cosas: comida, bebida, compras por Internet o lo que sea: cualquier cosa que nos haga sentirnos mejor en nuestro interior, aunque sólo sea durante cierto tiempo.

Cuando estamos llenos, podemos avanzar por la vida sin tener que parar para obtener «recargas» artificiales procedentes de «cosas» o de una «validación externa». Para nuestros hijos pequeños, su sentimiento de estar emocionalmente «llenos» procede de los cuidados que les proporcionamos, de nuestro amor y nuestras atenciones, lo que les permite enfrentarse a cualquier reto que la vida les ponga en su camino.

ME GUSTA LLAMAR A ESTO «LLENAR SU COPA EMOCIONAL».

CONSEJOS DE LA CAJA DE HERRAMIENTAS

Recargas de diez minutos y horas de héroes

Podemos llenar la copa emocional de nuestros hijos comprometiéndonos a dedicar, al principio, sólo DIEZ MINUTOS diarios y UNA HORA semanal de tiempo de calidad con nuestros retoños.

Recargas de diez minutos

Encuentra, cada día, diez minutos *por hijo* para pasar tiempo de calidad y genuino con él o ellos. Diez minutos en los que obtengan lo que más desean de ti: tu atención exclusiva. Comprendo que la vida actual puede inmiscuirse en el camino con mucha facilidad. Hablo todo el tiempo con psicoterapeutas que se muestran exasperados por lo que dicen que ha supuesto «un triunfo de la economía por encima de la vida en familia». Sin embargo, DEBEMOS luchar para alcanzar el equilibrio, ya que nuestros hijos (y nosotros) somos los que acabamos afectados. Cuando nos distraemos con nuestros teléfonos o con nuestro trabajo, cuando no estamos totalmente presentes para nuestros hijos, porque sí, hay millones de otras cosas sucediendo en la vida, esta desconexión se pondrá de manifiesto en su comportamiento.

Cuando estamos presentes en persona, pero no disponibles a nivel emocional, esto puede parecerles un doloroso rechazo a nuestros hijos. Los terapeutas como el doctor Gabor Maté dicen que quizás sea una de las cosas más dañinas, emocionalmente hablando, que podemos hacerles a nuestros retoños: estar ahí pero no estar en realidad. Esto se remonta a esos sentimientos de vergüenza… esa sensación de que, si mis padres no quieren pasar tiempo conmigo, entonces es que debe pasar algo conmigo. Tenemos una obligación para con nuestros hijos y un compromiso como progenitores.

«Ah, pero Kate… sin embargo y en realidad no dispongo del tiempo…».

¿En serio?

¿600 segundos?

¿Diez minutos para contactar y reconectar con tu hijo antes o después de un largo día?

¿Diez minutos para que lo veas, lo escuches y estés a su lado?

¿En serio?

Puedes encontrar diez minutos, porque ésta es, casi con seguridad, una de las cosas más importantes que harás nunca por tu hijo.

Échale un vistazo a tu jornada: ¿qué podrías intercambiar que te lleve diez minutos?

¿Navegar por las redes sociales?… Sé que, desde luego, la mayoría hacemos eso diez minutos diarios… echando un vistazo a una foto tras otra y una página tras otra…

¿O quizás podrías, como alternativa, intercambiar diez minutos de televisión?

Piénsalo. Será algo personal para ti, pero la idea es: si puedes encontrar esos diez minutos, vuestro vínculo mutuo se verá transformado. Te repito que la recompensa que obtendrás como padre más adelante en la vida será inconmensurable.

Diez minutos.

600 segundos.

Eso es.

Recargas de diez minutos, o un rato especial de diez minutos: llámalo como quieras. Tan sólo has de saber que en la magia de esos diez minutos que pases con tu hijo estarás haciendo algo fundamental para vuestra relación: estarás llenando esa pequeña copa hasta el borde: la llenarás con tu amor, tiempo y atención, y eso hará que, sin duda alguna, sepas cómo le ha ido el día a tu hijo o que lo ayudes a regularse tras la jornada. Al invertir en tu hijo con recargas regulares de diez minutos, *superpotenciaréis* todo lo que habéis hecho mediante el empleo de las herramientas que hemos comentado en los anteriores capítulos.

SUPERPOTENCIADOS. Os lo prometo, porque:

* Cuando estamos conectados con nuestros hijos, es más probable que nos miren directamente a los ojos para conectar con nosotros.
* Cuando les hagamos una pregunta será más probable que escuchen.
* Obedecerán con más facilidad las peticiones como el «tiempo de ordenar su cuarto».
* Es más probable que respondan por propia voluntad cuando les pidas que te ayuden con las labores domésticas.
* Su comportamiento mejorará porque *quieren* complacerte, ya que tú eres el que les proporciona el mejor regalo de todos: tu presencia.

Las recargas de diez minutos se vuelven adictivas: no sólo para nuestros hijos, sino también para nosotros, ya que sucede algo mágico cuando me siento al lado de mis hijos sin una agenda, sin un teléfono y sin la señal sonora de entrada de un correo electrónico que nos interrumpa, y esto me recuerda lo afortunada que soy de ser madre.

No adoptarás a un perro si no dispones de tiempo para sacarlo a pasear. Tampoco deberíamos esperar menos en el caso de nuestros hijos. Tienen el mismo cerebro mamífero ávido de explorar, mantenerse ocupado, aprender y divertirse. Los cachorros a los que dejan solos se aburren y se vuelven taciturnos y destructivos. ¿Qué hay de nuestros hijos?

Debemos estar a su lado durante sus primeros cinco años de vida para que aprendan cómo jugar y verse estimulados de forma segura y constructiva. ¿Para qué otra cosa íbamos a tener hijos si no podemos invertir nuestro tiempo en la relación que queremos tener con ellos?

Mis hijos ADORAN que reservemos recargas de diez minutos cada mañana o a última hora de la tarde, para así pasar cierto tiempo extra con mamá.

Puedo oírte pensando: *¿Qué sucede exactamente durante las recargas de diez minutos?*

Respuesta: ¡Cualquier cosa que quieran tus hijos! Ciertamente, cualquier cosa que resulte adecuada para el momento del día: por la mañana puede que consista en sentarse en el suelo con un puzle o un libro; quizás se trate de una batalla en la que Wilbur demuestre sus habilidades luchando con la espada mientras intento, «con valentía» defenderme de él con un sable láser… (no hagas preguntas); practicar la lucha libre con él en su cama; puede que tenga que reptar a cuatro patas imitando a un «cachorrito»; quizás nos tumbemos bocarriba mirando las nubes. Más adelante durante del día puedes, sencillamente, leer un cuento o charlar sobre la jornada.

Tú eres el genio de la lámpara, y los deseos de tu hijo son órdenes: es así de fácil. La **MAGIA** en este caso es nuestra concentración en nuestro hijo en esos momentos.

Sin distracciones.
Sin interrupción.
Sólo nosotros y nuestros hijos durante diez minutos diarios.

 Con una copa llena de amor procedente de ti cada día, tus hijos podrán permanecer estables, incluso aunque su copa pierda un poco de líquido durante el resto del día, ya se encuentren en la guardería o el colegio, o si un hermano pequeño

le quita su juguete favorito o una hermana mayor no quiere jugar con él.

Diez minutos diarios para asegurarse de que la copa de tu hijo se vea constantemente rellenada. Eso significa que la respuesta de estrés, el lagarto y el babuino lograrán enfrentarse al día y podrán resistir cualquier vertido hasta que vuelvan a verte para una recarga. Menos rabietas, berrinches… ¡Caramba!… ¿Todavía no tienes claro lo de pasar más ratos con tus hijos?

Puede que decidas asignar los diez minutos a un momento concreto cada día. En general, encuentro que los mejores momentos son antes de ir a la escuela (entre las 07:45 y las 08:15 h), o a veces más temprano si mi hijo se ha despertado a las 06:00 h. Simplemente averigua qué es lo que funciona en tus circunstancias personales.

Podrías encontrar un buen sonido de alarma que marque el inicio de este tiempo especial, programándolo a la misma hora cada día con una canción que le encante a tu hijo o que encuentre relajante. Sin embargo, no sientas que tienes que programar una alarma: se trata de un simple consejo para poner en marcha la rutina. Tiendo a no usar ya el sistema de alarma y ni somos demasiado estrictos en cuanto al momento del día y la duración. Simplemente digo: «¿Pasamos un poco de tiempo especial con mamá?», y así empieza todo.

Además, intento no medir la cantidad de juego, ya que puede distraernos (y resultar un poco insultante para tu hijo si estás mirando el reloj una y otra vez). De hecho, puede que te encuentres con que tú también pierdes la noción del tiempo mientras juegas (es muy probable que, durante estos momentos, tu propia copa emocional también se rellene o recargue). Usa tu instinto, tu crianza y educación intuitiva de tus hijos, y déjate llevar. Cuando notes que el tiempo casi ha llegado a su fin, puedes decir suavemente: «De acuerdo, cariño, nos quedan algunos minutos más». Cuando la copa de tu hijo esté llena, te encontrarás con que aceptarán esto sin reparos y, además, saben que lo volverán a obtener mañana.

Está bien marcar unos límites si tienes una agenda apretada o si tienes que llevar a tus hijos al colegio, PERO DEBEN SER DIEZ

MINUTOS. Simplemente sigue las indicaciones de tu retoño: él te mostrará lo que quiere que hagas.

Si te encuentras con que tu hijo se resiste a parar, o si se enfada cuando pasan los diez minutos, eso te dirá que su copa emocional está bastante vacía y que considera difícil «desprenderse» de ti. Si percibes esto, entonces intenta, si puedes, jugar durante tanto tiempo como sea posible para así ayudarlo con el importante trabajo de llenar su copa emocional hasta el borde.

Horas de héroes

Trabajando en conjunto con nuestras recargas de diez minutos, tenemos nuestras HORAS DE HÉROES. Además de tus 600 segundos diarios con tu hijo, lo *ideal* sería que también pasáramos UNA HORA ENTERA CON ÉL POR LO MENOS UNA VEZ A LA SEMANA.

Se trata de una hora en la que tu hijo te tendrá sólo para él. Una vez más, él decidirá lo que quiere hacer: puede consistir en ir a la bolera, ir a dar un paseo, subirse a los árboles, colorear algo, un juego…: él elige. Los únicos límites al respecto son los obvios: que no te cueste un riñón y que resulte apropiado para tu hijo (así pues, nada de ir al casino).

Poniéndonos serios: dado el poco tiempo libre del que solemos disponer como progenitores, por no hablar de si somos padres solteros y tenemos a más de un hijo a nuestro cuidado, puede que todos carezcamos de la calidad de la conexión que desearíamos tener una semana cualquiera. Reservando unas horas de héroes con cada uno de nuestros hijos siempre que sea posible, podremos, por lo menos, comprometernos a pasar cierto tiempo el uno con el otro, que con frecuencia es lo único que necesitamos para reparar el desafecto y los retos de una semana atareada.

En este caso es importante decir que siempre debemos hacer sólo lo que podamos. Quizás puedas rotar los momentos, organizando citas de juegos para tus otros hijos o cuando tengan un deporte o una actividad organizada. Una vez más, deberás ser ingenioso: la clave consiste en encontrar tiempo para tu hijo *para que te tenga sólo para él*.

Tus hijos escogerán lo que quieren hacer. En el caso de mis hijos siempre me sorprenden sus sencillos deseos: jugar a las cartas, cocinar, colorear algo... lo que sea. No tiene por qué ser algo caro ni complicado.

Sin embargo, aquí tenemos una regla de oro: nada de PANTALLAS. Ampliaría, con vacilación y en condiciones ideales, eso a la televisión y las películas, porque si estás viendo un filme, no estáis *involucrándoos* de verdad sin distracciones (no obstante, ver una película es algo maravilloso que hacer con tu hijo, y ése puede ser un momento especial para toda la familia que puedes añadir a tu hora de héroes).

Tiempo frente a pantallas para tus hijos y tiempo frente a pantallas para ti

Nuestros mundos han cambiado en gran medida en términos de nuestro acceso a la tecnología y de lo que tenemos disponible ahora *online*, incluso en comparación con lo que la mayoría de los progenitores habrían tenido a su alcance cuando eran jóvenes. Se han producido muchos llamamientos para disponer de consejos más definitivos sobre lo que resulta o no adecuado para los niños de menos de cinco años. En una entrevista que le hice al doctor Dickon Bevington, psiquiatra infantil (del Anna Freud National Centre for Children and Families), me dijo que, durante los primeros años de vida, cuando el cerebro se está desarrollando a un ritmo más rápido, «lo que no usamos, lo perdemos». Esto es algo que se conoce con el nombre de poda. Empleó el ejemplo, bastante encantador, de que como nacemos con atención por *tantos* pequeños detalles, los bebés son, de hecho, capaces de distinguir las caras de distintas cobayas. Claramente, dado que es bastante improbable que nos encontremos con muchas cobayas por la calle, perdemos esa capacidad con bastante rapidez. Sin embargo, los bebés y los niños pequeños necesitan ser capaces de distinguir los rostros humanos si quieren interactuar con otras personas más adelante, y la vida nos ayuda a practicar de forma natural cuando vemos, en el caso de nuestros padres y otras personas que tenemos a nuestro alrededor, sus distintas expresiones faciales, una ceja levantada en señal de sorpresa, arrugar la nariz indicando repulsión, un cambio de postura para ponerse más a la defensiva o cómo todo el cuerpo puede temblar de alegría cuando reímos (¿o sólo me pasa a mí?).

Todas estas cosas ayudan a que el cerebro de nuestros hijos se desarrolle con las futuras relaciones humanas en mente. Por lo tanto, esto exige una pregunta: ¿qué sucede si nuestros hijos NO practican tanto como deberían?

El doctor Aric Sigman, psicólogo y experto infantil, ha expresado desde hace mucho tiempo *su* preocupación por el tiempo que se pasa frente a pantallas y el impacto que eso tiene en el desarrollo del cerebro de nuestros hijos. Sus investigaciones han identificado una mayor prevalencia de conductas adictivas relacionadas con las pantallas que reflejan un procesamiento de las recompensas (lo que nos hace sentir bien) y de control de los impulsos en el cerebro afectado.

En esencia, cuando el cerebro de nuestros hijos se está desarrollando durante estos primeros cinco años, puede moldearse (y no para cambiar a mejor) si se ve expuesto a ciertas actividades frente a una pantalla. Teniendo esto presente, la pregunta obvia es: ¿qué se considera «intensivo» y de qué actividades estamos hablando?

Ciertamente, ha habido advertencias, algunas procedentes de organizaciones como la American Academy of Pediatrics, para limitar el tiempo frente al televisor y las pantallas en los niños de menos de cinco años, pero se requieren más investigaciones para que las conclusiones sean definitivas.

Comparto la preocupación por el aumento del uso de teléfonos inteligentes, tabletas electrónicas y ordenadores portátiles por parte de los niños pequeños, dado el impacto potencial sobre el sueño, su estado físico (si son sedentarios durante largos períodos) y también su futura capacidad para socializar e implicarse con otras personas.

Sin embargo, también sé que, para todos nosotros, en especial cuando estamos más agotados, las pantallas del televisor o de un dispositivo móvil pueden ofrecernos un respiro (una «hora de respiro, una niñera gratis») cuando sabemos que nuestros hijos están «a salvo» (y en silencio), y así podemos seguir con lo que fuera que necesitásemos hacer en casa.

Por lo tanto, quizás todo se reduzca al equilibrio. Puede que se reduzca a tomar lo que ahora conocemos sobre el cerebro en desarrollo de nuestros hijos y a sentirnos más informados para decidir lo que puede resultar adecuado y lo que no. Todos «sabemos», instintivamente, cuándo nuestros hijos han pasado «demasiado» tiempo frente a una pantalla y no han jugado lo suficiente fuera de casa ni han pasado tiempo interactuando con nosotros. Creo que, si tienes un hijo de menos de cinco años, quizás tan sólo quieras pensar en lo que resulta adecuado en tu opinión, ahora que dispones del conocimiento sobre su cerebro en desarrollo y lo crucial que son estos primeros años para su bienestar mental.

Dada la investigación que he llevado a cabo, mi marido y yo tomamos la decisión de que nuestros hijos no tuviesen acceso a nuestros celulares o pantallas cuando fuesen pequeños. A ese respecto, decidimos que también debíamos asumir la responsabilidad por NUESTRO tiempo frente a pantallas en casa. Recuerda que los pequeños babuinos se sienten intranquilos si estamos físicamente cerca de ellos pero no captamos sus señales. Esto es así tanto si tenemos un bebé, un niño pequeño o un hijo de cinco años. Piensa en cómo *nos* sentimos si/cuando nuestra pareja o un amigo toma su teléfono y empieza a navegar por él en medio de una conversación con él o ella. Si a nosotros nos parece un rechazo, podemos pensar en lo que puede parecerles eso a nuestros hijos cuando se lo hacemos a ellos. No queremos, nunca, que nuestros hijos lleguen a la conclusión de que preferimos la compañía de nuestros móviles a la de ellos.

Al igual que nuestros retoños ansían nuestros abrazos físicos, también anhelan nuestra presencia física. No podemos darles eso cuando estamos con la mirada perdida en nuestros celulares.

Disponemos de *todo* lo que necesitamos para asegurar el bienestar mental futuro de nuestros hijos. Con nuestros abrazos, nuestro amor y nuestra atención, podemos, como progenitores, proporcionarles a nuestros vástagos los mejores regalos que podemos darles en la vida.

Puede que necesitemos trabajar desde casa, y quizás, y ciertamente, necesitemos sentirnos conectados a nuestras comunidades  *online*, pero sabemos (y, desde luego, mi marido y yo no somos inmunes) lo adictivos que pueden ser los teléfonos móviles y las redes sociales. Cuando somos conscientes de nuestros propios hábitos, podemos modificarlos con más facilidad. Nunca es demasiado tarde para hacerlo: ni en nuestro caso ni, ciertamente, en el de nuestros hijos.

Entre los cambios que podrías querer tener en cuenta tenemos:

- Acordar con tu pareja o con cualquier persona que cuide de tus hijos qué consideras correcto en términos de un tiempo adecuado frente a pantallas.
- Quizás podrías usar el contrato familiar para discutir esto (en términos adecuados para la edad de tus hijos) y explicarles por qué has tomado esa decisión. Quizás, en el caso de los niños pequeños, podrías decirles que el babuino y el búho sabio preferirían estar fuera de casa y corriendo de un lado a otro que estar sentados mirando una pantalla durante demasiado tiempo.
- Decide si quieres que haya pantallas/móviles en las habitaciones o limitarlos a sólo una estancia.
- Marca tus propios límites con respecto a dónde y durante cuánto tiempo usarás tus propios dispositivos. Ahora intentamos apagar nuestros celulares a las 19:00 h y mostrar así a nuestros hijos que «hacemos lo que predicamos» en lo tocante a no ser esclavos de las pantallas.
- Si tienes que trabajar o echar un vistazo a tu móvil, hazlo, si es posible, cuando tus hijos no estén cerca.

- Cuando jugamos, dejo mi celular en otra habitación, de modo que no me distraiga el zumbido de los correos electrónicos o mensajes entrantes. Sé que cuando lo hago, eso me convierte en una madre más «divertida» durante mis recargas de diez minutos y mis horas de héroes.

Por lo tanto, regresemos a nuestras recargas de diez minutos y horas de héroes: cuanto más las lleves a cabo, más mágicas se volverán y más pronto empezarás a percibir una conexión entre la cantidad de tiempo que tus hijos han pasado contigo cualquier semana dada y su comportamiento. Por lo tanto, en cuanto veo que mis hijos se muestran malhumorados entre sí (ya sabes, esos pequeños comentarios y empujones producto de la irritación entre ellos), tomo la nota mental de que parece que necesitan más de mí para asegurarme de que están en paz el uno con el otro.

Con diez minutos diarios y sesenta minutos semanales te encontrarás con que, en el transcurso de semanas o meses, verás un claro cambio en el comportamiento de tu hijo, y quizás un cambio en ti también.

Perlas de sabiduría del búho sabio

ⱷ ⱷ Cuanto más tiempo inviertas en tus hijos, mejor será su comportamiento.

ⱷ ⱷ Las **recargas de diez minutos** diarias y una **hora de héroes** semanal te ayudarán a asegurar que sus copas emocionales están llenas.

ⱷ ⱷ Es mejor para nuestros hijos que pasen tiempo con nosotros en lugar de frente a pantallas planas.

En el siguiente capítulo, conoceremos ideas y más sugerencias sobre qué hacer con y durante las recargas de diez minutos y las horas de héroes. Por el momento, simplemente reconoce y piensa en la absoluta y vital importancia de pasar este tiempo con tus pequeños. Disponer de estos momentos regulares para estar en contacto con ellos será la mayor y mejor inversión que podrás hacer con tus hijos.

Está todo ahí para disfrutar de la magia y el caos.

CAPÍTULO 11

Por qué debemos decir siempre «¡Sí!» a los juegos

«No dejamos de jugar porque nos hagamos mayores, sino que nos hacemos mayores porque dejamos de jugar».

George Bernard Shaw, dramaturgo
galardonado con el premio Nobel

No tenemos por qué esperar a que nuestros bebés sean niños pequeños para jugar. Durante los primeros años de vida de tu vástago, su cerebro establece un millón de conexiones neuronales cada segundo. La NSPCC (Asociación Nacional para la Prevención de la Crueldad contra los Niños) afirma: «Las investigaciones han mostrado que cuando un niño pequeño balbucea, hace gestos o llora, y un adulto responde de forma positiva con contacto ocular, unas palabras o un abrazo, se desarrollan y fortalecen conexiones neuronales en el cerebro del niño. Estas interacciones pueden ser tan sencillas como jugar al "cucú", o los casos en los que el niño le ofrece a su progenitor una palabra o sonido y su padre lo reconoce y le "sirve un resto" con otro sonido u otra palabra». Me gusta pensar en esto como en millones de pequeñas bombillas que se encienden con cada interacción. El mejor «juguete» para nuestros bebés debe ser, con toda seguridad, el rostro humano: es suave, blando, se «ilumina», chilla, ríe y, ciertamente, aporta alegría, y nuestras expresiones faciales le muestran a nuestro bebé las emociones de la alegría, la repulsión, la tristeza, el enfado, la sorpresa y el miedo, que son cruciales para un desarrollo saludable del cerebro.

La NSPCC está tan convencida del poder del juego y de pasar tiempo con tu hijo que en 2020 lanzó una campaña llamada «Mira, di, canta, juega», enfocada a generar conciencia sobre los enormes beneficios de este enfoque. La NSPCC afirma: «No consiste sólo en cantar o hablarle a tu bebé. El desarrollo del cerebro se da cuanto tú y tu pequeño estáis interactuando el uno con el otro. Consiste en tomar una señal procedente de él y en reaccionar a lo que hace. Podrías pensar en ello como en un partido de tenis, con la pelota yendo de un lado a otro de la pista entre vosotros dos».

Apunte sobre el cerebro

 «No tienes que modificar tu rutina para disponer de momentos con tu bebé que desarrollen su cerebro. Tanto si se trata de la hora del baño, la de acostarse, como si sales a la compra, siempre hay momentos en los que puedes mirar, hablar, cantar y jugar con tu bebé… Existe una verdadera oportunidad de que lo hagan de forma más consciente y proporcionarles el mejor inicio en la vida».

Chris Cloke, Director de Concienciación
de Protección a la Infancia de la NSPCC

(Hay muchos buenos recursos y sugerencias en la página web de la NSPCC, *véase* la sección de Recursos).

Nunca somos demasiado jóvenes y, ciertamente, demasiado mayores para jugar.

Pero me pregunto…

¿Cuándo fue la última vez que le preguntaste a tu hijo si quería jugar?

Ésta es una cuestión que probablemente hará que la mayoría de nosotros nos quedemos parados y sin saber qué decir.

Esta noche, después de estar escribiendo todo el día, cocinando, limpiando, de ir a recoger a los niños al colegio, de veinte minutos de ejercicio y de todo lo que hay entre tanto, estoy cansada y muerta de hambre. Por lo tanto, cuando mi hija ha pedido leer por su cuenta en la cama, me he visto muy tentada de decir: «¡Sí!». Sin embargo, me he detenido… al verse mi memoria refrescada por la pregunta que me hago la mayoría de los días:

¿Hemos pasado suficiente tiempo de calidad juntos hoy?

Conocía la respuesta incluso antes de haber tenido tiempo de pensarla, así que, en lugar de eso, he dicho: «Sí, puedes leer, por supuesto, pero hoy he tenido un día atareado y te he echado de menos. Me apetecía que tú y yo pasáramos algo de tiempo juntas: ¿te gustaría eso o estarás bien leyendo por tu cuenta?».

Rápida como el rayo, mi hija contestó: «¿Podemos jugar?».

Ahora tiene ocho años.

Y sí, a veces mi corazón se *desploma* cuando es tarde y estoy agotada y con un millón de otras cosas que hacer.

Pero siempre digo que sí a jugar.

Sé que es demasiado importante para mí como para negarme a hacerlo.

El juego tiene un papel clave en la vida de nuestros hijos por una buena razón. Los ayuda en su crecimiento emocional y a su buena salud mental general. Hay un sistema de juego muy poderoso e importante en lo más profundo de todos nosotros, en esa parte del babuino de nuestro cerebro.

Cuando jugamos con nuestros hijos (en especial a juegos bruscos o físicos en los cuales nuestros cuerpos entran en contacto), fomentamos el desarrollo de su cerebro del búho sabio, que los ayuda a autorregular sus impulsos y a mantenerse tranquilos y mesurados, a estar en armonía cuando están solos, a sentarse quietos: todas las cosas que valoramos como adultos y todas las cosas que podemos enseñarles a nuestros hijos mediante el juego.

He mencionado en el capítulo anterior lo dañino que es estar físicamente presente pero ausente de tu hijo a nivel emocional. Una forma de mitigar esto es mediante el juego.

Un hijo percibe la hipocresía de un progenitor que dice que se preocupa por él pero que no pasa suficiente tiempo con él.

Lo asumo: tal y he comentado, en nuestro mundo actual parece, con frecuencia, que los días tienen muy pocas horas, y los progenitores trabajadores parecen recibir palos de todos los lados. Una madre de la escuela a la que conozco, me dijo: «Estoy muy cansada de sentirme culpable todo el tiempo. Tengo tres hijos, un marido que está de viaje en el extranjero gran parte del tiempo y yo trabajo a jornada completa. ODIO tener que despacharlos cuando quieren jugar, pero simplemente no tengo la capacidad para hacerlo todo. Sigo cuestionándome si de verdad soy una buena madre. Si soy honesta, creo que apesto como madre. Estoy estresada, bebo demasiado y grito demasiado».

Oigo eso tantas veces. Lo siento tanto. Así pues, ¿qué podemos hacer al respecto?

La respuesta es muy sencilla: JUGAR.

Y conozco la resistencia, el cansancio, querer ver algo en Netflix en lugar de sentarme y jugar a las «tiendecitas»; pero cuando somos capaces de superar esa resistencia inicial nos encontramos, de verdad, con una oportunidad para la sanación: para ti, y no sólo para tu hijo. Tal y como estoy a punto de explicar, en realidad no tenemos que hacer gran cosa: simplemente consiste en estar ahí con y para nuestros hijos. Algo muy meditativo tiene lugar mientras sintonizamos con ellos, mirando cómo tienen la lengua fuera por la concentración o cómo se fruncen sus cejas, y su calidez mientras se inclinan hacia ti pero siguen por completo absortos en sus juegos.

Esa hora de héroes semanal y las recargas de diez minutos cada día pasando tiempo con tu hijo llegarán muy lejos para reabastecer la relación paternofilial, que podría haber tenido el depósito vacío debido a nuestra vida actual, con bastante frecuencia conflictiva.

Así pues, mi siguiente herramienta es la más sencilla de este libro, pero tal vez también una de las más poderosas.

CONSEJO DE LA CAJA DE HERRAMIENTAS

Pregúntale a tu hijo si quiere jugar

Te prometo que tomar la iniciativa y pedirle a tu hijo que juegue será una de las decisiones más revitalizantes, gratificantes y beneficiosas que tomarás nunca como progenitor.

Por lo tanto, la siguiente pregunta es probable que sea: «¿Qué quieres decir con "jugar"?».

En primer lugar y, sobre todo, la respuesta a eso es: «Lo que sea que quiera tu hijo». Ésta es la oportunidad más maravillosa para que tu hijo esté al mando, tome las riendas y de tener algo del control que los niños anhelan en un mundo en el que cada vez obtienen menos.

Hay, obviamente, algunos límites que debes tener en cuenta: ningún juego que haga subir mucho los niveles de adrenalina cinco minutos antes de que esperes que se queden dormidos: quizás no sea buena idea subirse a caballito de su abuela para ascender una cuesta corriendo. Bromas aparte, jugar no significa que podamos lanzar pintura a las paredes, no quiere decir que podamos pegarnos mientras rodamos por el suelo, y no implica que el desorden no se recoja después. Si quieres asegurarte de que estos límites se acatarán, entonces un contrato de juegos puede ser muy útil (tal y como sucedía con el contrato familiar en el capítulo 8).

Sin embargo, y dentro de unos límites razonables, tu hijo decidirá a qué vais a jugar (eso alimenta esa necesidad del babuino de disponer de cierta independencia, además de proporcionarle algo más de control sobre su vida).
Por ejemplo, anoche Clemency me pidió montar un jardín de hadas con figuritas, setas, figuras de hadas y erizos. Wilbur pide con frecuencia jugar con sus espadas láser o con piezas de Lego.

La decisión es suya.

Aquí tenemos una advertencia rápida: puede que ya hayas programado recargas de diez minutos o incluso una hora de héroes, o tal vez ésta sea la primera vez que lo traigas a colación, pero cuando les preguntes a tus hijos si quieren jugar, puede que te digan que no, en cuyo caso hay una pregunta a la que tendrás que contestar: «¿Por qué no?». Quizás estén enfadados contigo por estar en el trabajo todo el día y quieran «castigarte». Puede que sea la primera vez que les hayas hecho esa pregunta y que estén tan sorprendidos que no estén del todo seguros de qué quieres decir. E interpreta siempre a tu hijo: ¿estaba implicado en alguna otra cosa cuando le hiciste la pregunta? Si es así, deja que procese la idea durante un rato hasta que esté preparado.

Puede que haya muchas razones, pero no te preocupes.

Una vez hayas formulado la pregunta, déjalo estar. Tus hijos habrán recibido el mensaje de que estás dispuesto para un rato de juegos, y regresarán a ti, créeme. Sigue adelante: en lo más profundo de tu corazón, todo niño quiere jugar con su padre o madre, así que estate atento a esa luminosísima sonrisa mientras gritan con alegría: «¡Sí!».

Si dicen (y cuando digan) «SÍ», entonces habrás triunfado.

Regresando a lo que significa «jugar» exactamente, no estoy seguro de lo que implica en tu caso, pero yo no recuerdo que mis padres fueran en especial juguetones. No estoy segura de que fuera una «generación juguetona» y, de hecho, nuestros progenitores, que trabajaron duro, no sentían necesariamente que dispusiesen de mucho tiempo para jugar. Por lo tanto, no te hagas pasar un mal rato si, ya para empezar, «jugar» te parece algo ajeno. La clave aquí consiste en la conexión contigo. No te estoy pidiendo que te quedes sentado durante horas: una vez que tu hijo esté implicado en su juego, por lo general la mecha mágica se habrá encendido y el juego asumirá el mando. Sólo te necesitará durante un breve período de tiempo.

Me di cuenta de que si dedicaba mi energía al inicio del juego, cuando mi hija me estaba contando lo que quería que hiciera (quizás ser un «cachorro» o hablar como una «muñeca»), al poco tiempo ella misma tomaba el mando y empezaba a hacerse cargo de esas cosas. Con mi hijo pasa lo mismo, y he pensado que a veces puede que necesitemos ayudar a nuestros pequeños a iniciar el juego, y luego, cuando estén del todo absortos y no nos necesiten tanto, eso nos permitirá apartarnos un poco, sentarnos y observar (lo que, con sinceridad, es más mágico que llenar el lavavajillas) o llevar a cabo otras pequeñas tareas, ya sea en la misma habitación que ellos o en la mía… pasando poco a poco al piso de abajo cuando o si lo necesitamos. He perdido la cuenta de las veces que mis hijos me han pedido jugar y en mi cabeza pienso en todas las cosas que DE VERDAD NECESITO terminar de hacer, pero cuando me piden «tiempo con mamá», la respuesta siempre será «sí». Inevitablemente, es durante un breve período de tiempo, ya que mis hijos obtienen su «dosis» con nuestro juego y luego podemos proseguir, ya sea leyendo un libro juntos, o puedo escabullirme a mi cuarto a «hacer limpieza» o bajar al piso de abajo para trabajar un poco o empezar a hacer la cena mientras ellos siguen jugando con alegría. Así que, por lo tanto y *por favor*, has de saber que el tiempo que inviertas ahora valdrá la pena para la enorme recompensa que se desarrollará en vuestra relación más adelante.

Si nunca te enseñaron a jugar, entonces quizás te sientas incómodo ya para empezar, o tal vez incluso perdido con respecto a, en esencia, QUÉ y CÓMO puedes jugar. Es un estribillo constante, y sé que mi esposo estaría de acuerdo con esto. Él prefería sacar a nuestros hijos al parque, subirse a los árboles o remar en el riachuelo en nuestro parque, porque eso es lo que su padre había hecho con él; pero con frecuencia nuestros hijos también preguntaban: «Papá, ¿puedes sentarte con nosotros?»; y Mike encontró eso difícil al principio, hasta que le expliqué: «No tienes por qué jugar poniendo voz de bebé, no es necesario que juegues a ser un monstruo si no lo deseas: tan sólo tienes que estar presente, mostrar interés y dejarte ver».

Todos los adultos pueden jugar. Encuentra aquello con lo que te sientas cómodo, pero del mismo modo, cuando sigas la iniciativa de tu hijo, quizás te sorprendas de encontrarte con que puedes entrar en cualquier mundo al que te invite. El simple hecho de sentarte y estar con él supone un inicio genial.

«Creo que los padres (especialmente los que son como yo, que no tuvieron unos progenitores juguetones) encuentran difícil jugar. Pensaba que sólo se trataba de mí y que quizás yo fuese un poco cochambroso, sobre todo porque Kate es brillante en este aspecto y en realidad yo no sabía cómo hacerlo. Tal y como ha dicho ella, sabía cómo llevar a los niños al parque y hacer dominadas en los árboles o ir a correr o jugar al fútbol (que son, todas ellas, cosas excelentes que hacer, ya que a mis hijos les encanta estar al aire libre), pero sentarme y jugar no era algo que sintiese que podía (o quería) hacer. Un día me senté con Wilbur y le pregunté: "¿Quieres jugar?", y su gratitud hizo que se me derritiera el corazón. Entonces tuve que resistir el impulso de organizar y sugerir cosas, en lugar de, sencillamente, quedarme sentado y dejarme llevar. Mis hijos son grandes guías: me dicen, literalmente, qué hacer. Kate tiene razón: de hecho, es bastante relajante poder estar tan sólo sentado a su lado, sin preocuparte por si lo estás haciendo bien. Si permitimos que ellos tomen las riendas, nos lo mostrarán al poco tiempo, y también es muy relajante simplemente verlos mientras juegan».

No pasa nada si todavía no eres un Maestro Jedi del juego: aquí tenemos algunos consejos sobre cómo alcanzar el camino más llano y fácil hacia la Gran Galaxia del Juego.

- Mantén una voz suave y divertida.
- ¡SONRÍE!
- Estate preparado para que tu hijo asuma el mando...

Dado que nosotros, los adultos, controlamos la mayoría del resto de los aspectos de la vida de nuestros hijos, puede resultar increíblemente molesto que, además, también intentemos determinar cómo y dónde JUEGAN nuestros hijos: «¡No juegues en la arena: es demasiado sucio!», o «No uses la pintura. No, no, hagámoslo aquí. ¿Por qué no jugamos con los coches en lugar de eso?», etc.

Si te ves u oyes haciendo esto, intenta DETENERTE y transforma la situación:

- Cuando jugamos con nuestros hijos, debemos permitir que ELLOS estén al mando.
- Cuando jugamos con nuestros hijos, eso es MÁS FÁCIL de lo que creemos.
- Jugar puede ser enormemente terapéutico tanto para nosotros como para nuestros hijos.
- Tan sólo tenemos que estar con ellos, ver lo que están haciendo y, tan sólo en algunas ocasiones, «reflexionar» o decir en voz alta lo que vemos.

Quieres tener unos hijos que puedan aceptar plenamente jugar contigo, sin miedo a que puedas gritarlos o reñirlos por alguna razón que tal vez todavía no puedan ni siquiera comprender. Jugar está genéticamente arraigado en todos nosotros, pero necesita un entorno adecuado: tu hijo debe sentirse seguro contigo a nivel psicológico para poder «dejarse ir».

Organiza tu tiempo de juego para triunfar en lugar de hacerlo en un momento en el que es más posible que sea un fracaso. Si, por ejemplo, tienes una agenda atareada y sabes que tienes trabajo que hacer, encuentra tiempo un día que sepas que los dos no estaréis cansados. Si tienes más de un hijo, sería genial que otro adulto pudiera prestar atención al otro niño, de modo que estén separados. Nada estropea más este tiempo especial de juegos que tener unos hermanos que se pelean por la atención de su progenitor.

Tan sólo diez minutos pueden ser mágicos, ¿recuerdas?

Así pues, allá vamos…

Permíteme mostrarte un ejemplo del tipo de juego que les encanta a mis hijos. Consigue un poco de agua con detergente para hacer pompas de jabón, algunas ceras, folios, algo de arena en una bandeja, quizás algunas figuras de plástico de animales, algunas pinturas para manos (los baldes grandes son geniales, porque podemos meter las manos en ellos... ¡Sí, esto va a ser sucio!), una enorme lámina de plástico o un mantel que sea fácil de limpiar pasándole un trapo. Si puedes salir fuera de casa, mucho mejor, ya que entonces podrás dejarte llevar... ya que necesitamos dejarnos llevar.

Hay muchas probabilidades de que tu hijo se lance de cabeza y empiece a jugar, ya que estará muy emocionado con tu presencia. Si es más reticente, hazle algunas amables sugerencias, pero no intentes dirigirlo demasiado. Sólo muéstrale los baldes con pintura, los folios, las ceras, los animales y la bandeja con arena... Incluso puedes pasar la mano por la arena y reflexionar en voz alta pero amigable:

«Humm. Me pregunto qué podemos hacer juntos. Tenemos la arena, tenemos las ceras...».

No sobrecargues ni agobies a tu hijo. Permítele considerarlo. Luego sigue con...

«Wilbur está al mando, así que puedes decirle a mamá qué es lo que PREFIERES hacer».

Y así os pondréis en marcha.

Una vez que su babuino (su sistema de juegos) esté activado, lo empujará a asumir el mando y decirte exactamente qué es lo que quiere.

Ahora, todo lo que tienes que hacer es ESCUCHAR. Mantén las preguntas al mínimo indispensable, ya que ello podría interrumpir los procesos de pensamiento de tu hijo.

Sólo quédate quieto y sé consciente de lo que está haciendo; y sencillamente reflexiona al respecto. Eso es todo.

Eso es lo más difícil que puede suceder.

- «¡Así que quieres jugar a Batman y Robin!».
- «Ah, así que vas a sacar a la muñeca de su cuna y la vas a poner en el cochecito».
- «Ah, veo que los dinosaurios se están peleando».

Esto es, más o menos, lo que VERÁS.

Esto, traducido al mundo de tu hijo, le está diciendo que **TE ESTÁS FIJANDO EN ÉL**.

Esto genera un ambiente bastante especial en el que el niño se siente poco a poco a salvo para expresarse. A su vez, el juego ayudará a su cerebro en desarrollo a empezar a autorregularse y a resolver emociones y pensamientos más complejos, todo ello de forma segura y divertida.

El juego es muy potente para el bienestar y la resiliencia mental futuros de tu hijo.

 Reflexiones de los progenitores: Alpa, madre de un niño de dos años

«Jugar con mi hijo, que tiene dos años, es un momento muy especial. Es mi primer hijo, así que admito que es complicado saber cómo implicarle en los juegos y también en si hacer que sean educativos o no. Con mucha frecuencia me dirige hacia lo que él quiere hacer. Por ejemplo, cuando está divirtiéndose con su juego de trenes, le gusta que yo lo monte y que ayude a que el tren pase por un puente; pero luego, y con frecuencia, quiere conducir el tren por las vías por su cuenta: parece muy independiente así. Si le dejo solo, suele pedirme que vuelva a su lado y me siente con él. Diría que la parte más complicada del juego consiste, a veces, en encontrar la paciencia o en escucharlo cuando estoy cansada. Me he dado cuenta de que, si intento obligarle a jugar a un juego, no responde de forma positiva. Frecuentemente quiere hacerlo a su manera, así que dejo que lo haga. Con independencia de lo que estemos haciendo, me encanta el tiempo que pasamos juntos y, a medida que crece, es genial ver cómo se desarrolla y cambia».

Alpa explica lo que muchos de nosotros hemos visto en nuestros propios hijos. Bastante a menudo, nuestros pequeños sólo quieren que estemos presentes. No nos *necesitan* necesariamente, para, de hecho, jugar, pero observarlos y formularles preguntas amables para hacerles ver que estás muy implicado suele ser suficiente. Está claro lo poco que necesitamos hacer en estos momentos, pero la gran diferencia que supone nuestra presencia.

Alpa también preguntó si debería estar dirigiendo a su hijo de alguna forma: «Intento, de verdad, practicar los colores con él, y los números, pero él no parece muy interesado».

Como he dicho al principio de este libro, en el caso de nuestros hijos de menos de nueve años, en realidad no tenemos que preocuparnos por «educarlos» durante esos momentos, ya que sus juegos son lo bastante educativos. Cuando permitimos que nuestros hijos «asuman el mando», que nos dirijan hacia donde ellos quieren, y que nos quedemos de brazos cruzados cuando no lo hagan, aparece la magia de verdad: le damos a nuestros hijos un elemento importante de autonomía mientras también les proporcionamos la seguridad del espacio que necesitan. Eso resulta muy empoderador. También es positivo para tus hijos que te preocupes suficientemente por ellos para, tan sólo, querer estar ahí para ellos en esos momentos.

Al involucrarnos con nuestros hijos, al decirles sí a jugar, estamos diciéndoles que nos IMPORTAN, que QUEREMOS pasar tiempo con ellos, no evocando los sentimientos de que es demasiado aburrido o que no es lo bastante emocionante jugar con ellos. Éstos no son mensajes que queramos transmitir *nunca* a nuestros hijos, por lo que, con la simple inversión de un poco de tiempo al principio, todos saldremos ganando.

También hay un poder sanador que hacer entrar en acción. A veces, la mente inconsciente de tu hijo orientará el juego. Puede que te encuentres con que tu hijo tiene dos figuritas que se están peleando, o que una esté «acosando» a la otra; es posible que se trate de animales, que sean personas, que sean bloques. Sean lo que sean, tu hijo estará «hablando» en forma de metáforas; es decir, estará explicando el relato a través de los juguetes.

No te preocupes. No tienes por qué ser terapeuta. No se espera de ti que analices a tu hijo en estos momentos. Lo que diré es que cuanto más juegues con él, más patrones podrás ser capaz de ver representándose. Einstein dijo: «El juego es la forma más elevada de investigación», y tenía razón. Es también la mejor forma posible de conectar con tus hijos y de que ellos conecten contigo.

Evita, en general, hacer demasiadas preguntas: el simple hecho de que tu hijo te tenga a su lado mientras está absorto en su juego es suficiente. Si deseas hacer preguntas, intenta que no sean cerradas (es decir, que no requieran, simplemente, contestar «sí» o «no») o lo bastante específicas, como «¿Es ese juguete en realidad Susan, que has dicho que te ha intimidado hoy?». Esto hace que te arriesgues a que tu hijo abandone con brusquedad la belleza de su juego.

Como preguntas que podrías probar con un tono de voz suave y sólo por preguntar amablemente, tenemos:

«¿Y quién es éste?».

«¿Qué está sucediendo aquí?».

«Me estoy preguntando qué le parece esto al perro/oso/coche que hay ahí...».

Si percibes que a tu hijo le está pasando algo, quizás podrías decir:

«Estos dos están peleándose mucho, ¿no?».

O

«Ah, veo que el elefante acaba de derribar al león».

Puede que tu hijo te explique, o no, que el elefante es un abusón despreciable y que ha hecho llorar al león.

No lo fuerces. Deja que sea él el que hable a su propio ritmo.

Intenta formular preguntas abiertas:

«¿Que está haciendo ése por allá?».

«¿Qué ha pasado ahí?».

«¿Qué ha sucedido aquí?».

«¿Qué está haciendo éste?».

Si quieren interpretar a un personaje, podrías preguntar...

«De acuerdo. Háblame de ésta. ¿Cómo suena su voz?».

Tu hijo podría decir: «Oh, es encantadora. Tiene una voz dulce», o quizás diga: «Oh, es malvada y tiene una voz airada».

Y, con amabilidad, síguele el juego a lo que te diga tu hijo. Deja que te oriente durante el juego, de modo que, si el personaje que tú estás interpretando está enfadado, puedes ser arisco más que agresivo.

Si un personaje parece un poco triste o solo, en lugar de decirlo explícitamente, podrías afirmar algo como:

«Eso suena a como si estuviera enfrentándose a algo».

Quizás podrías preguntar:

«¿Cómo le va la vida?».

«¿Qué es lo que más le gusta hacer en el mundo?».

«¿Qué es lo que menos le gusta hacer en el mundo?».

«Háblame de eso…».

«¿Qué está sucediendo ahora?».

Tu hijo puede muy bien interpretar lo que está acaeciendo a su alrededor, como, por ejemplo, si está ansioso por algo, o quizás si tú y tu pareja habéis estado discutiendo, o si se ha producido una pérdida o un gran trastorno emocional en casa. Sea lo que sea, no pasa nada. En primer lugar, es bueno que seas consciente de que tu hijo ha captado eso; en segundo lugar, eso debería tranquilizarte con respecto a que se siente lo bastante seguro a tu lado y empoderado para expresar cualquier ansiedad. Si hay asuntos con los que estés preocupado que puedan estar afectando a tu hijo o a ti, siempre haría hincapié en hablar con la escuela de tu pequeño o con una organización benéfica como las que enumero al final de este libro. Hay organizaciones benéficas maravillosas dedicadas a la salud mental de los niños, y todas ellas disponen, además, de excelentes recursos *online*, de modo que pueden suponer una excelente orientación para ti y tus hijos.

Por lo tanto, no te preocupes. Piensa en ello de la siguiente forma: con independencia de lo que haga tu hijo mientras juega, será algo bueno si significa que el estrés (si lo hay) está saliendo, lo que es mucho mejor que el hecho de que las ansiedades permanezcan en su interior.

Sobre todo, no te agobies. No estás ahí para ser un terapeuta para tu hijo. El mero hecho de estar sentado a su lado y en silencio durante diez minutos de juego es suficiente para que él se sienta afianzado contigo y para desarrollar la importantísima conexión que siente con tu persona. Hay muchas pruebas que muestran que la sanación puede tener lugar incluso en estos brevísimos períodos, ya que cuando realmente estás presente para tu retoño, se da una magia en estos juegos.

Recuerda, además, que las relaciones son clave para ayudar en la respuesta de estrés de nuestros hijos. Cuando nos tienen a su lado, nuestros vástagos son más resilientes de lo que creemos.

Aquí tenemos algunos consejos más sobre los juegos que están inspirados en mi formación para convertirme en terapeuta en la organización benéfica para la salud mental infantil Place2Be (*véase* la sección de Recursos):

Preparándote para jugar

Siéntate cómodamente, tal vez en el suelo, e imita el lenguaje corporal de tu hijo si es posible, de modo que si él está sentado con las piernas cruzadas tú también lo estés.

Imita su tono de voz. Si parece emocionado, tú también puedes estarlo. Si habla entre susurros, hazlo tú también. Cuanto más en sintonía estés con tu hijo durante su juego, cuanto más lo observes, cuanto más llegues a conocerlo, entonces más captará que de verdad está siendo «visto» por ti.

Emplea muchos reflejos. Lo que quiero decir con esto es que con el simple hecho de reflejar lo que tu hijo te está diciendo (por ejemplo, tan sólo repite los sonidos que emita, como un zumbido o un «¡yupi!», o di: «¡Vaya!, ¿así que éste es el que está alegre/enfadado en este preciso momento?»). Reflejarás verbalmente hacia tu hijo lo que estás viendo sin emitir juicios ni comentarios, así que puedes decir: «Veo que has escogido el caballo y el coche para jugar». Al hacer esto, tu hijo se sentirá conectado a ti, porque estás viendo lo que él está viendo. Di, literalmente, lo que ves: no tiene mayor complicación.

No pienses que tienes que encontrar el sentido a las cosas. Tu hijo está resolviéndolo todo para sí mismo, o más bien lo está haciendo su subconsciente.

Evita hacer preguntas con «¿Por qué...?», ya que eso implica que tu hijo tendrá que apartarse del sentir y tendrá que empezar a pensar. Esto hace que se detenga su flujo y, francamente, a veces quizás no sepa hacerlo.

Permanece en la metáfora. Con esto quiero decir que tu hijo te explicará con frecuencia historias durante su juego, pero puede que el relato no parezca algo obvio porque se explica a través de figuras, imágenes y simbolismo.

El juego es muy sencillo y beneficioso y en gran medida gratificante. EL MERO HECHO DE ESTAR AHÍ con tu hijo le proporcionará el consuelo de tu presencia y la seguridad de que estás ahí para él. A su vez, esto le permitirá relajarse en el juego de una forma que es, de hecho, sanadora y tranquilizadora para su cerebro de lagarto y de babuino.

Permíteme aportarte un último ejemplo, que es uno de los favoritos de mi esposo: las batallas con pistolas de agua. Un día veraniego, Wilbur me pidió hacer, durante su «tiempo con mamá», una batalla de pistolas de agua, y admito que al principio me mostré reticente. No estaba de humor para acabar empapada.

A pesar de mi renuencia, accedí, siempre impulsada por la idea de que tengo que DECIR SÍ A JUGAR, y salimos corriendo al aire libre con unas pistolas de agua que hay que bombear para cargar (y que, por sorpresa, tenían un gran, y me atrevo a decir, satisfactorio alcance). ¡Pasamos unos 20 MINUTOS GENIALES! Yo chillaba mientras Wilbur, que jugaba en modo babuino del todo activado, me mojaba y yo le devolvía el fuego. Me hizo sentir bien tener esa pistola de agua en la mano, y de repente comprendí el atractivo de por qué estaba apuntando con ella a todo lo que había en el jardín. Al mismo tiempo, también me sentí fatal por haber gritado antes: «¡No, por favor, no mojes las ventanas, que quedarán marcas!». «¡No, por favor, no mojes el césped, porque hará que el suelo, que acabo de fregar, quede embarrado cuando entres en casa...».

¡Vaya, por amor de Dios, qué divertida esponja ha sido mamá!

Una vez que acabamos de jugar con las pistolas de agua, Wilbur me pidió de inmediato que le leyera un libro sobre coches. Se sentó entre mis piernas y pasamos las páginas, con coloridos coches de alta gama y vehículos veloces; olí su cabello y le besé en las mejillas mientras avanzábamos por el libro, con él señalando los distintos tipos de coches que aparecían en las páginas y preguntándome: «¿Te has subido alguna vez en alguno de estos, mamá?». Luego, como si fuera un cachorrito agotado pero satisfecho, mi pequeño compañero de juegos trepó hasta mi regazo y me dio el abrazo más largo en mucho tiempo.

Fue mágico.

Es en esos momentos cuando la sanación se da de verdad. Es en esos momentos cuando recordamos por qué nos convertimos en padres y por qué nuestros hijos tienen nuestro corazón.

 Perlas de sabiduría del búho sabio

〜 〜 El juego tiene poder.

〜 〜 Sigue las indicaciones de tu hijo.

〜 〜 Jugar nos reconecta con nuestros hijos y puede ayudar a reparar cualquier ruptura emocional que pueda surgir a lo largo de cualquier día concreto.

Somos seres sociales, amamos a nuestros hijos y queremos ser buenos padres. ¡De hecho, queremos ser unos progenitores *geniales*! Puede que la vida moderna nos haga tener que transigir, pero no debemos permitir que tengamos que ceder con respecto a nuestros hijos. Simplemente tenemos que hallar distintas formas de sacar tiempo para estar con ellos.

Y debemos sacar ese tiempo.

Si no estamos presentes para nuestros hijos, ellos sólo obtendrán alrededor de un 10 por 100 de nosotros, si es que se llega a esa cifra.

Y eso no es suficiente.

Así pues, sigue adelante… ¿A qué estás esperando?… Sigue adelante y alégrale el día: ¡pregúntale a tu hijo si quiere jugar!

CAPÍTULO 12

Hermanos: cómo ser un eliminador de riñas

«Hermanos: hijos con los mismos padres, cada uno de los cuales es perfectamente normal hasta que se reúnen».

Sam Levenson, humorista, escritor y el menor de diez hermanos

Hace muy poco, oí cómo la llave entraba en la cerradura y giraba mientras estaba preparando la cena, el ruido sordo mientras la puerta se abría y luego la voz de mi marido. Estaba en casa después de pasar dos noches trabajando fuera, pero en lugar de gritar un alegre «¡Hola!», hablaba en un tono susurrante. Estaba ligeramente en ascuas y me pregunté si había traído a un invitado inesperado para cenar. Agotada, porque había estado ocupándome sola de los niños, había estado esperando verle con ilusión y no me apetecía tener visita esa noche.

Antes de llegar al vestíbulo oí la voz de una mujer. Me resultaba desconocida. Su coqueta risa surgió como respuesta a algo que él había dicho. Me dio un vuelco el estómago.

Me detuve en seco, sorprendida, mientras Mike hacía una pausa y luego dijo: «¡Mira a quién he traído a casa!».

Los niños bajaron por las escaleras a toda velocidad mientras yo entraba en el recibidor. Frente a nosotros estaba una hermosa mujer al lado de mi esposo, que estaba de pie, con el brazo alrededor de su cintura, acercándola a él mientras ella lo miraba con adoración.

Con una sonrisa atontada en su rostro, se giró hacia mí y dijo:

—¿Verdad que es guapa?

¡¿Qué narices…?!

Sus manos bajaron para sostener las suyas y se acercaron a mí.

—Cariño, esta es Dahlia: ven a saludarla. ¿Verdad que es hermosa?

Pensé que iba a vomitar.

Entonces razoné: «De acuerdo, esto no es más que un chiste realmente estúpido, uno muy malo… ¿pero seguro que es un chiste?».

—¿Qué estás diciendo? –Mi tono de voz era bajo. Ni siquiera podía mirarla–. ¿Qué pasa con todas esas maletas?

—¡Te dije que iba a traer a alguien especial a casa! ¡Se viene a vivir con nosotros!

Las dos semanas siguientes pasaron muy rápido y me quedé anonadada mientras pasaban amigos para felicitar a mi esposo (y a mí) por la nueva adición a nuestra familia. Dahlia recibió unos regalos preciosos y todo el mundo no dejó de decirle lo hermosa que era. Me sentí invisible. Me fui a la cocina y me quedé ahí. No podía soportarlo. Odiaba a mi esposo y la odiaba a ella.

Y respiiiiraaa…

Madre mía. He aborrecido escribir esta historia. La mismísima idea hace que se me hiele la sangre. (Mike dice que incluso él se siente culpable al leerla). Me vi inspirada a escribir eso por las autoras Adele Faber y Elaine Mazlishque. En su libro sobre la crianza y educación de los hijos, *¡Jo, siempre él!: soluciones a los celos infantiles*, explican una historia que se repite con frecuencia, un chiste sobre un hombre que trae a casa a una segunda esposa. Creo que nos ayuda a considerar *qué tal sería para nuestros hijos muy pequeños traer a un hermanito o hermanita del hospital. Puede, realmente, ser un SHOCK para ellos.*

No importa lo mucho que les preparemos para ello. NADA podrá competir nunca con el hecho de ser conscientes de que esta nueva adición a la familia significa que ahora tendrán que compartir el amor de sus padres.

No querríamos tener que compartir el amor en nuestras relaciones, así que, ¿por qué podríamos pensar que iba a resultar fácil para nuestros hijos hacer lo mismo?

Claramente, este escenario nunca se materializó para mí en la vida real (gracias a Dios), pero, por supuesto, *está* materializándose para muchos niños y niñas pequeños que hoy son el centro del universo de sus progenitores y que ahora se ven obligados a dar la bienvenida a un desconocido en forma de un bebé recién nacido que pone en peligro todo lo que ellos valoran muchísimo.

Ahora pregúntame por qué existe la rivalidad entre hermanos.

¿Por qué se pelean mis hijos?

La rivalidad entre hermanos tiene sus raíces en la evolución.

Lo vemos en muchas especies del reino animal: desde los polluelos de águila hasta los cachorros de hiena, muchos de los cuales morirán en sus primeros meses de vida, siendo matados por sus hermanos (por lo general mayores) en la competición de la supervivencia.

Nuestros hijos siguen dependiendo, en gran medida, de nosotros, sus padres, para sobrevivir. Cuando llega un hermano, hay, de inmediato, menos espacio para ellos en el «nido». No importa lo mucho que intentemos arreglar las cosas: nuestros primogénitos *tienen* que compartir nuestro afecto cuando llega un nuevo bebé a casa. Naturalmente, estamos en jaque por tener un bebé recién nacido al que cuidar y todo lo que ello conlleva. Si tenemos en cuenta a nuestro babuino y pensamos en él dentro de su tropa, podemos ver con rapidez cómo puede hacerle sentir verse desplazado. A un babuino joven eso puede parecerle verdaderamente peligroso. De repente aparece competencia, porque «si mamá te quiere más que a mí, puede que sea yo al que dejen atrás».

En otras palabras, *«Si pasa algo malo, ¿a quién rescatará Mamá primero?»*.

Ése es el subconsciente de un niño pequeño, un niño con un cerebro antiguo programado a lo largo de miles de años.

El miedo de nuestros hijos cuando traemos a otro hijo a casa es REAL, el resentimiento es real y la competencia resultante puede ser feroz.

Vuelve a pensar en el escenario de mi espantosa pesadilla en la que traían a una mujer a casa, una competidora inmediata del afecto de mi marido:

- ¿No *querrías* ponerla de patitas en la calle?
- ¿Preferirías darle un suave codazo cuando pudieras o ignorarla?
- Ciertamente, no vas a compartir nada con ella ni (que Dios no lo permita) andar con juegos con ella.
- ¿No querrías hacerla sentir tan poco bienvenida de modo que quisiera irse pronto?
- ¿Y si no se marchase? ¿Podrías verte forzada a competir con ella para recuperar el cariño de tu marido o quizás a «comportarte mal»? Lo que sea con tal de recuperar su afecto.

El amor es una emoción muy poderosa. Nos conecta y nos hace sentirnos seguros. Cuando somos amados, sentimos que encajamos, que importamos.

Lo mismo pasa con lo contrario: los celos, o ese dolor negativo emocional, que *también* siente un niño cuando ve que su madre besa y acurruca al nuevo bebé. El resentimiento puede ser *muy* real.

Intentamos *preparar* a nuestros hijos tanto como podemos, hablándoles del bebé, haciendo que acaricien a su hermanito, que le hablen, llevando a nuestros hijos a las revisiones médicas, e incluso dándoles regalos de parte del bebé; pero dado que nada puede prepararnos a ninguno de nosotros para el agobio de traer a otro hijo a casa, no podemos esperar, con seguridad, que nuestros retoños aprecien la idea de verdad y, ciertamente, tampoco la realidad. Añadir un nuevo bebé a la familia puede hacer que nuestro mundo (y no sólo el de nuestros hijos) se ponga patas arriba. No es por nada que éste sea el tema de miles de encendidos debates en páginas web sobre la crianza y la educación de los hijos por todo el mundo.

No podemos esperar que acepten sin reparos la llegada de un bebé recién nacido a casa. Por lo tanto, tomémonos un momento para aceptar que:

1. La rivalidad entre hermanos es *normal*. Procede del *concepto evolutivo de la «supervivencia de los más aptos»*.
2. Casi todas las familias con más de un hijo la experimentarán en algún momento.
3. Haremos bien en abordar esto si queremos generar un ambiente familiar pacífico ahora, y ayudar, en el futuro, a nuestros hijos a convertirse en buenos amigos para toda la vida.

Así pues, veamos cómo podemos convertirnos en ELIMINADORES DE RIÑAS con superpoderes. En primer lugar, echemos un vistazo a algunos de los factores subyacentes de POR QUÉ algunos niños pueden pelearse más que otros.

Puede que alguna vez te hayas preguntado… ¿por qué mis hijos se pelean más que otros niños?

La diferencia de edad

Las investigaciones sugieren que una diferencia de edad de por lo menos tres años entre los hijos puede hacer que veamos una menor rivalidad directa, ya que el hermano mayor no sólo habrá disfrutado de todas las atenciones de su progenitor o progenitores durante tres años enteros, sino que además se encontrará en un momento de su desarrollo en el que podría, de hecho, *disfrutar* de una mayor independencia. Por lo tanto, puede que asuma, alegremente, tareas como ayudar a cambiar un pañal o prepararle la comida a su nuevo hermano, ya que eso le ayuda a volverse más independiente como resultado de ello. Compara eso con el caso de un niño de uno o dos años que sigue necesitando ayuda para hacer sus necesidades o para alimentarse y que no acaba de estar preparado para ser más independiente. A este niño puede, como es natural, molestarle disponer menos de su progenitor o progenitores en una época en la que más los necesita.

Las primeras investigaciones de Weston A. Price (un dentista que viajó mucho a principios del siglo XX, visitando comunidades por todo el mundo y fijándose en la salud y nutrición óptimas) descubrieron que, en muchas culturas tradicionales, tendía a haber una diferencia natural de tres años entre el nacimiento de un hijo y el siguiente. En las culturas tradicionales, las mujeres podían amamantar durante más tiempo, y la diferencia de edad entre los hijos permitía que su cuerpo se recuperase y recargase de energía después de los rigores del parto y la crianza de su hijo.

La vida actual suele implicar que no disponemos del lujo de esperar (por supuesto, en ocasiones, simplemente sucede así). Tuve a mis hijos a los cuarenta y uno y los cuarenta y tres años, ambos concebidos de forma natural y espontánea. Lo cierto es que nunca tuve del lujo de escoger cuándo tenerlos y de cuánto tiempo iba a disponer entre los dos. Dicho esto, ahora puedo ver, por supuesto, cómo disponer de un poco más de tiempo entre mis hijos habría sido de *gran* ayuda.

Doraré un poco la píldora con respecto a que las investigaciones también sugieren que los hermanos con poca diferencia de edad es probable que estén muy unidos de mayores, pero, sin duda, confiar y educar a hermanos que se lleven poco tiempo puede muy bien ponerte a prueba.

El sexo

El sexo también puede considerarse un factor en cuanto a la forma en la que se llevan los hermanos. Los hermanos del mismo sexo, especialmente los chicos, es más probable que se peleen o compitan entre sí. Ya metidos en harina, unas palabras sobre este asunto y los niños. Como es evidente, queremos criar y educar a nuestros hijos según su personalidad, y no según su sexo, pero es importante ser conscientes de lo que la ciencia nos dice. Steve Biddulph, psicólogo y autor de *Educar niños: por qué los niños son diferentes y cómo ayudarlos a ser personas felices y equilibradas*, explica cómo «los niños de unos cuatro años suelen estar especialmente llenos de energía. Alrededor de esa época, su organismo segrega la hormona luteinizante, que estimula a unas células especiales en sus testículos que sintetizan testosterona, preparándose para la pubertad. Aunque la ciencia relacionada con esto todavía no se comprende en su totalidad, los progenitores tienden a percibir un aumento de actividad a esta edad». Hay estudios que se han fijado en el comportamiento de los niños de entre cuatro y cinco años, y ha visto que los chicos y las chicas tienen formas distintas de jugar y comunicarse.

Steve Biddulph capta estas diferencias en el desarrollo del lenguaje y explica que a los cuatro años los niños inician su verdadera mocedad, y para muchos de ellos eso incluye una gran necesidad de movimiento y acción. Tal y como dice en su libro *Educar niños: por qué los niños son diferentes y cómo ayudarlos a ser personas felices y equilibradas,* «supone todo un reto para los padres encontrar formas de que nuestros hijos (e hijas) expresen su energía física de forma segura y sociable y que, pese a ello, permanezcan conectados a ellos y a sus sentimientos, de forma que sepan que son queridos. De hecho, todo el reto de ser varón, durante toda la vida, consiste en aprender que es posible estar lleno de energía y mantenerse a salvo, ser escandaloso y reflexivo, intrépido y responsable».

 Reflexiones de los progenitores: Ali, madre de mellizos de cinco años.

«Creo que nos ayuda, como padres, ser conscientes y comprender las diferencias entre los niños y las niñas, y darnos cuenta, una vez más, de que se trata de algo normal. Creo que queremos, con tanto ahínco, que nuestros hijos no se vean limitados por las etiquetas de género, que negamos las diferencias en cuanto a energía, las formas de aprender, las habilidades, etc. Así pues, mi hija se sienta en silencio,

dibuja, lee y escribe, mientras que mi hijo (su hermano mellizo) se resiste a todo eso y quiere pelear y moverse. Los estudios someten a tanta presión y tan pronto que, como progenitora, quiero que a mi hijo le vaya bien y temo que todo esto pueda ser demasiado. Durante el confinamiento y la educación en casa, esa presión salió a la superficie de verdad: desde la escuela, desde mí ya través de él. Así pues, le estaba obligando a sentarse, gritándole para que hiciera sus deberes, suplicándole que lo intentara... lo que nos llevó a ambos a las lágrimas y la ira. Como madre y como creyente en la crianza y educación y la disciplina positiva de los hijos, sabía que esto no estaba bien y que era contraproducente, y, pese a ello, se convirtió en un ciclo cotidiano. Cuando hablé con Kate, me llevó de vuelta a lo que sabía: que mi hijo no estaba preparado, que era un chico, que era un babuino, que aprendería a su propio ritmo más adelante, cuando se volviera curioso. Él era NORMAL. ¡Podía volver a respirar!».

Los hermanos de una edad similar pero de distinto sexo también pueden enfrentarse, especialmente si el niño es el pequeño de los dos. Tengo experiencia personal. Mi hijo (que es el pequeño) es casi tan alto como su hermana, a pesar de los dos años que se llevan, y buscaba, una y otra vez, reemplazarla en el «orden jerárquico». No queremos tener un hijo que esté intentando reivindicar su control sobre otro de manera constante. Esto puede asentar una dinámica dañina para ambos, tanto para su relación fraternal como con otros niños y también en sus relaciones como adultos, más adelante en la vida.

El temperamento

El temperamento es otro factor. Puede que un hijo sea un extrovertido al que le guste jugar a juegos que sean escandalosos y vigorosos, mientras que puede que su hermano prefiera estar sentado y jugar solo. Sabemos que ciertos tipos de personalidad se llevan bien o son como el agua y el aceite. Un buen amigo, que es psicoterapeuta desde hace muchos años, me aconsejó, cuando tuve a mi segundo hijo, que no debía intentar obligar mis pequeños a convertirse en otra cosa que no fueran ellos mismos y que les ayudara a encontrar puntos en común mientras jugaban. Para un niño extrovertido, esto puede consistir en ayudarle a *contener* su energía cuando juegue, de modo que aprenda a controlar sus impulsos y sus emociones. En el caso de un niño más introvertido, la confianza en el juego llega cuando le ayudamos a encontrar y usar su voz. Harás esto dedicando tiempo a tus hijos, proporcionándoles el espacio para jugar, animándoles a sentir sus sentimientos y disponiendo de una línea abierta de comunicación entre ellos y tú. De esta forma podrás llevar su conciencia de ellos mismos a alcanzar todo su potencial y no intentarás cambiarla.

El truco consiste en trabajar con el carácter de *cada* hijo y respetarlos tal y como son.

Seamos honestos en este punto: te encontrarás con que tus hijos se pelearán por los juguetes, la comida, por quién pulsa el botón del ascensor y lo que sea. Pero ¿por qué? No es porque sean «malos», ya que no hay niños «malos».

Se trata, simplemente, de que el babuino vuelve a estar al volante. Echemos un vistazo.

Focos de tensión entre hermanos

1. Compartir

He oído decir que «compartir es amar», pero en realidad no es así, o por lo menos no lo es para un niño de menos de tres años.

Para un niño muy pequeño, verse obligado a compartir puede ser bastante estresante.

Heather Shumaker, escritora del campo de la crianza y a educación de los hijos y autora de *It's OK not to share,* lo expone de la siguiente manera: «Compartir de forma tradicional espera que los niños pequeños renuncien a algo en el momento en el que otra persona se lo pida. Pese a ello, nosotros no hacemos esto. Imagina estar al teléfono y que alguien se acerque de repente a ti y te pida el celular o te lo quite de las manos. "Necesito hacer una llamada", te dice. ¿Te enfadarías? Como adultos, esperamos que la gente espere su turno. Podemos cederle el móvil con gusto a un amigo o incluso a un desconocido, pero querremos que esperen hasta que hayamos acabado. Lo mismo se debería aplicar en el caso de los niños: permitir que el pequeño se quede con el juguete "hasta que haya acabado". Hay que respetar los turnos. Hay que compartir. No obstante, la clave es un respeto por los turnos dirigida a los niños».

En el mundo del eliminador de riñas, un progenitor ayudaría a su retoño a decidir cuándo compartir. Por lo tanto, en lugar de decirle al niño que tiene el juguete: «Cinco minutos más y entonces será el turno de Arabella», usaremos a nuestro ELIMINADOR DE RIÑAS interior y ayudaremos a nuestros hijos a emplear unos límites amables, pero también a tener empatía, comprendiendo que el juguete también es importante para su hermana, de modo que él le pueda decir a ella: «Arabela, podrás tenerlo cuando haya acabado».

Nos fijaremos en esto en mayor detalle, pero tan sólo recordémonos POR QUÉ puede, de hecho, parecerle ESTRESANTE a nuestros hijos muy pequeños tener que verse obligados a renunciar a algo con lo que están disfrutando o que puede que incluso necesiten en ese momento. Tal y como sabemos ahora, su cerebro, especialmente cuando tienen menos de tres años, está dominado por el principio evolutivo de que tener suficiente comida o posesiones podría suponer la diferencia entre la vida y la muerte, ¿así que por qué iban a renunciar de manera voluntaria a ellas?

Toma el ejemplo de los problemas cotidianos entre hermanos que puedan provocar un dolor innecesario como éste, como qué niño va a tener el plato azul hoy o quién tendrá la pelota amarilla para jugar. Eso hizo que mi marido se volviera loco en casa hasta que le pedí que mirase las cosas desde la perspectiva de dos babuinos jóvenes impulsados por el instinto de supervivencia. Para estos hermanos, estas cosas parece que les importan mucho de verdad. Mike me miró y dijo: «De acuerdo. La solución sencilla es comprar dos de lo mismo y evitarnos los problemas».

Hazlo fácil: elimina el estrés y apuesta por lo mismo.

Si tus hijos pequeños se están peleando por las pequeñas cosas, no te agobies: ELIMINA LA RIÑA y simplemente compra dos objetos iguales, uno para cada uno: dos platos azules, dos pelotas amarillas, los mismos pijamas… lo que sea que les esté haciendo discutir. No te desesperes por las cosas pequeñas.

«Controlar el entorno», tal y como dice mi amigo Steve Mann en su brillante libro para la educación básica de los cachorros, *Easy peasy puppy squeezy*, es lo que necesitamos para evitar el comportamiento no deseado. Bueno, odio decirlo, pero esto también se aplica en el caso de nuestros hijos. A veces, en el caso de los hermanos, todo consiste, en realidad, en «controlar el entorno». Al igual que alejamos nuestros mejores zapatos del alcance de un cachorro, también retiraremos el objeto o cosa por la que nuestros hijos se estén peleando (con frecuencia recursos), y así eliminaremos la causa de la riña: ¡es fácil!

A medida que tus hijos crezcan, alrededor de los cuatro o los cinco años, *querrán* tener más independencia y sus propias cosas para ellos solos. Puedes, entonces, darles la opción de tener lo mismo o de escoger sus propios objetos con un color distinto. Proporcionar opciones a los niños también es algo bueno. Los anima a desarrollar la conciencia de sí mismos: la sensación de que pueden convertirse en ellos mismos y hacer elecciones sanas y marcar sus propios límites. **El contrato familiar** (*véase* el capítulo 8) también puede ser muy útil para establecer y mantener principios básicos para esto. Las elecciones o las decisiones que hagan pueden incluirse en el contrato, ya sea en forma de un dibujo o con palabras, de modo que puedan recordarse más adelante o durante cualquier riña potencial futura. «Clemency tiene la taza azul y Wilbur la roja».

Podemos aceptar que los niños pueden volverse increíblemente apegados a los juguetes o las posesiones e invertir mucho en ellos a nivel emocional. Para cualquier fan de la serie de películas de *Toy Story*, vimos esto en el caso de Bonnie, de cuatro años, y Forky el tenedor en *Toy Story 4*, donde ella sentía verdadero amor y tenía verdadera necesidad de la compañía de un tenedor que se había convertido en su juguete cuando iba a la guardería. Había invertido su capital emocional en ese tenedor, ya que se había sentido nerviosa con respecto a tener que ir a la guardería. Los juguetes tendrán, con frecuencia, un valor emocional para nuestros hijos pequeños, y vale la pena que reconozcamos y mostremos respeto por eso.

Si tu hijo está jugando con un juguete y otro niño (un hermano o un amigo) se lo pide, no te sientas forzado a obligarlo a que lo ceda, porque:

1. Puede hacer que se resienta la relación que tienes con tu hijo, ya que te considerará el enemigo porque no «le cubriste las espaldas» cuando necesitaba que lo hicieras.
2. Percibirá esto como que estás favoreciendo al otro niño, confirmando así sus peores miedos de que quieres a su hermano/a más que a él/ella (y harás que esté todavía más molesto con su hermano).
3. Implica, para ellos, que sus necesidades no importan tanto como las de otro.

Queremos que nuestros hijos se conviertan en personas con un espíritu generoso y amable. Queremos que reconozcan y sean conscientes de las necesidades de los demás y que empaticen con ellos.

Lo que *no queremos* es que nuestros hijos piensen que deberían renunciar a lo que tienen por el simple hecho de que otro niño lo pida. *No queremos* que los niños que pasan a ser adultos se hayan visto condicionados a poner las necesidades de los demás por delante de las suyas, y esta última idea es importante. Si obligamos a nuestros hijos a renunciar a sus apreciadas posesiones tan sólo porque otra persona quiera jugar con ellas, les estaremos diciendo de manera implícita que sus necesidades importan menos que las del otro niño.

Por lo tanto, ¿qué queremos conseguir? Queremos hijos con:

- **Empatía**, por la cual un niño reconozca y se dé cuenta de si a otro niño le gustaría disponer de un turno para jugar con su juguete.
- **Control de sus impulsos**, por el cual un niño pueda usar sus palabras en lugar de arrebatar un objeto.
- **Habilidades de equipo**. Que tu hijo comprenda que puede compartir de una forma en la que todos ganen.
- **Habilidades de negociación**. Que el niño pueda encontrar una situación en la que todos salgan ganando, pero que no renuncie a lo que es suyo.

Estas habilidades harán que tu hijo se convierta en un adulto empático, de espíritu generoso y seguro de sí mismo; pero *no todos los niños de menos de cinco años son capaces de hacer todo esto por sí mismos* (todavía).

Así pues, ¿cómo avanzamos por esta complicada cuerda floja? Recurramos a un ejemplo de la vida real.

Clemency, que tiene cuatro años, está jugando con su muñeca.

Wilbur, que tiene dos años, se acerca gateando y se la arrebata.

Ella llora:

—¡Mamá, se ha llevado mi juguete!

Entonces ella le grita enfadada:

—¡ES MÍO! –Y se lo arranca de las manos.

Hay lloros por doquier.

Dispones de varias herramientas cuando surja una situación así. Yo me pongo en modo DRA (di lo que ves – reconoce – alivia). Me agacho para no encontrarme por encima de mis hijos y desencadenar otra respuesta de babuino. Miro a Clemency directamente a los ojos para captar su atención al tiempo que uso tan pocas palabras como me sea posible:

DIGO LO QUE VEO

—Clemency, veo que estás molesta. ¿Estás enfadada porque Wilbur te ha quitado tu juguete?

Asiente con la cabeza y se calma con rapidez porque se siente reconocida y comprendida.

Wilbur está llorando.

RECONOZCO

—Wilbur, ¿querías el juguete?

Ahora él también se siente visto y escuchado. Me muestro compasiva con él, ya que, en su mente, simplemente quería jugar... pero aquí llega el límite: le digo, con tan pocas palabras como puedo y con amabilidad, que no le puede quitar el juguete a su hermana.

—Tú lo querías, pero no puedes quitárselo. Lo tenía Clemency.

Se queja en voz alta. ¡Puede resultar duro aprender lecciones! Está molesto, pero sé que puedo quedarme a su lado y ayudarlo a superarlo. Ésta es una oportunidad que tengo para que pueda comprender una lección importante.

—Wilbur, no se arrancan las cosas de las manos de la gente.

No empleamos el castigo porque Wilbur ha hecho lo que es normal para un babuino joven.

ALIVIO

Ahora le alivio, porque es una lección dura para un niño de dos años.

—Sé que es duro, corazón. ¡Querías el juguete de verdad!

Además, ahora Wilbur se siente comprendido. Se tranquiliza y me mira expectante.

—Clemency, no pasa nada, cariño. ¡Te lo estabas pasando muy bien con tu juguete!

Pongo a Wilbur sobre mi regazo, de modo que se sienta seguro, y luego le pido a Clemency que vea las cosas desde el punto de vista de Wilbur.

—Wilbur, ¿puedes usar tus palabras? ¿Puedes explicarle a Clemency qué querías?

El diminuto cerebro de polluelo de búho de Wilbur (esa parte de su cerebro que sigue desarrollándose) se pone en marcha. Señala el juguete y mira a su hermana.

—Quiero juguete.

—Wilbur también quería divertirse, ¿puedes verlo?

Clemency asiente con la cabeza.

Ya no considera a su hermano una amenaza, sino tan sólo un niño pequeño que se siente molesto. Aquí estamos enseñando compasión, de modo que su enfado con su hermano se disipe, ya que puede comprender que él simplemente quería jugar.

De acuerdo, y ahora la **resolución**:

—Clemency, cuando hayas acabado, ¿puedes dejarle el juguete a Wilbur?

No la estoy *obligando* a compartirlo ya mismo. Ciertamente, la estoy animando a compartir, pero LE doy la opción de cuándo hacerlo.

—Wilbur, mientras esperas, ¡¿encontramos algo divertido que hacer?!

Para un niño pequeño puede resultar muy difícil tener que esperar su turno, pero si lo ayudamos con la transición, podemos hacer que experimente la gratificación aplazada. Además, le enseñamos que nuestro mundo no se acaba cuando no nos salimos con la nuestra.

Wilbur estuvo muy contento de poder jugar con mamá, y encontró con rapidez otra cosa fabulosa con la que jugar. También pudo tener por seguro que podría conseguir el juguete más tarde, cuando Clemency estuviese dispuesta a cedérselo. Quince minutos más tarde, cuando Clemency se aburrió del juguete (y mamá estaba jugando con Wilbur), le dio el juguete. De hecho, se sintió bien por cederle a su hermano algo que ella comprendía que él quería.

El doctor Markham y Nancy Eisenberg son figuras destacadas en el campo de los hermanos, y dicen que los niños se vuelven más generosos si cuentan con la experiencia de dar a los demás y de aprender lo bien que les hace sentir eso. Si los obligamos, sentirán resentimiento y lo contrario a lo que hemos descrito, ¿y sabes qué? Además, será MENOS probable que compartan después de eso.

Por lo tanto, en este sencillo pero muy común escenario, ¿qué podemos enseñarles a nuestros hijos? Wilbur aprende:

- Puedo llorar por cosas, pero no siempre me saldré con la mía.
- Puedo quedarme sentado y esperar mi turno sin que mi mundo se desmorone (esto supone el inicio de la autorregulación).
- No pasa nada por sentirse molesto, porque mamá estará ahí para ayudar.
- Me hace sentir muy bien que, al final, Clemency me ceda el juguete. Puede que incluso haya encontrado algo mejor con lo que jugar, pero mi hermana ha sido amable conmigo y me ha dejado disfrutar de mi turno, y eso me hace sentir bien. He experimentado la gratificación aplazada. (De acuerdo, puede que Wilbur no emplee esas palabras exactas).

Con el tiempo, Wilbur aprenderá a usar sus propias palabras para pedir su turno. Puede que a veces su hermana lo complazca con alegría, pero en otras ocasiones quizás tenga que esperarse. Ambas opciones están bien.

Clemency también aprenderá todo lo que hemos comentado, ya que, sin duda, las tornas se invertirán en otra ocasión, cuando Wilbur tenga algo con lo que *ella* quiera jugar. Se aplicarán las mismas normas básicas y ahora tendrá que esperar su turno. Además, Clemency aprende que:

- Mamá le cubre las espaldas y comprende cómo se siente.
- Puede recurrir a mamá si surge un conflicto en el futuro (en lugar de recurrir a golpear).
- Que dar a los demás le hace sentir bien.

Y es en ese último apartado donde empezamos a ver las raíces de una generosidad de espíritu nacida de un bucle de *feedback* natural positivo que empieza cuando ayudamos a nuestros hijos a darse cuenta de los sentimientos de otros niños y quieren ayudar, en lugar de sentirse obligados a hacerlo. ¡Todo esto tiene que suponer una maravillosa situación en la que todos salen ganando en las relaciones entre hermanos!

A medida que tus hijos crezcan se les puede animar a usar sus propias palabras cada vez más, de modo que mejoren en cuanto a resolver ellos mismos este tipo de conflictos.

El contrato familiar (*véase* el capítulo 8) es también un plan B en estas situaciones.

Por ejemplo, en nuestro contrato familiar tenemos:

- Cuando más de una persona quiere algo, esperamos nuestro turno.
- La persona que está usando algo decide cuánto tiempo dura su turno.
- Ningún turno durará más de un día.
- Si vienen visitas, retiramos los juguetes realmente especiales que nos resultan difíciles de compartir.

Etcétera.

Cuando se ha llegado a un acuerdo sobre los «asuntos menores» y dispones de un conjunto claro de normas familiares sobre las que todo el mundo está de acuerdo, se vuelve más fácil afrontar los asuntos mayores, como, por ejemplo, los regalos de cumpleaños: ¿son exclusivos o puede el otro niño jugar con ellos si lo pide de antemano? Hacer que nuestros hijos piensen en las implicaciones y las consecuencias de sus acciones supone una excelente forma de desarrollar ese búho sabio interior. Clemency se mantuvo firme en una ocasión con respecto a los regalos de cumpleaños diciendo que eran única y exclusivamente suyos. Wilbur estuvo de acuerdo porque dijo que lo mismo sucedería con sus regalos de cumpleaños. En realidad, cuando mi amigo Martin le regaló una brillante espada láser, de repente Clemency no estuvo tan segura de que esta norma familiar concreta *fuese* una idea tan genial. Revisaron el contrato y acordaron modificarlo cuando Wilbur acordó que podría jugar con el nuevo cachorro de juguete de Clemency: una situación en la que ambos salían ganando y a la que llegaron juntos. Mis hijos dibujaron un regalo con un lazo en el contrato, y allí donde antes aparecía «Los regalos de cumpleaños *no* se comparten», Clemency cambió el «no» por un «ahora».

No esperes que todo esto suceda de forma mágica. Ya sabrás cuántos trastornos se dan cualquier día concreto si tienes más de un hijo. Simplemente aprovecha, si puedes, una oportunidad cada día para intentar ayudar a tu hijo a resolver las cosas, con tu ayuda, para dar con una solución en la que todos salgan ganando con la que ambos puedan vivir. Tal vez pasarás por esto innumerables veces antes de ver resultados, pero un día te encontrarás escuchando cómo tus hijos discuten de un modo animado sobre un asunto que antes había provocado múltiples berrinches, y verás cómo redactan un contrato entre ellos sin ni siquiera pronunciar una mala palabra. ¡Sí, de verdad que sucede!

2. Agresividad y golpes entre hermanos

Si nuestros hijos pequeños se sienten amenazados por un hermano, su instinto inmediato puede ser el de atacar. La agresividad tiene sus raíces en el miedo. Sin embargo, pese a que la ira es una emoción válida, queremos que nuestros hijos expresen cómo se sienten de forma controlada, en lugar de tener que recurrir a la violencia. Lleva práctica, así que no esperes que suceda de la noche a la mañana. No obstante, con el uso de un contrato familiar, las recargas de diez minutos y la crianza y la educación de los hijos DRA (di lo que ves – reconoce – alivia), ayudarás a tus hijos a dar el paso hacia una forma más sofisticada de comunicación, empleando las palabras en lugar de los puños. ¿Pero qué sucede cuando tu pequeño babuino sigue reaccionado con demasiada rapidez y facilidad?

Echemos un vistazo a otro escenario típico: Clemency destroza la torre de piezas Lego de Wilbur después de que éste se haya pasado toda la mañana construyéndola. Él la golpea debido a la frustración. Ambos acuden corriendo hacia mí en medio de las lágrimas.

Una vez más, disponemos del principio **DRA** (di lo que ves – reconoce – alivia), pero puede que queramos añadir la idea de no sólo reconocer la ira de Wilbur, sino también de ayudarlo a encauzarla de forma más adecuada.

«¡Oigo gritos y veo que los dos estáis enfadados! ¿Qué ha pasado?».

No querrás descender a la ratonera de los reproches y de quién hizo qué a quién, pero si en realidad quieres poder dar reconocimiento a tus dos hijos y comprender el trastorno, querrás hacerte una idea de lo que ha sucedido. Permite que empiece un hijo, y en otra ocasión podrá ser el otro el que hable primero.

—De acuerdo, Wilbur, ¿qué ha pasado?

—Clemency ha destrozado mi torre de piezas Lego.

—Clemency ha destrozado tu torre de piezas Lego y te has enfadado muchísimo. Puedo ver que las piezas de Lego están esparcidas por el suelo. Es muy frustrante, después de que la construyeras tan alta. Clemency, ¿me puedes explicar qué ha pasado?

—¡Me estaba molestando, así que se la he destrozado, y luego me ha pegado!

—¿Así que Wilbur te estaba molestando y has destrozado su torre de piezas Lego y luego te ha pegado? Siento que te haya hecho daño. ¿Puedes mostrármelo?

No me pongo de parte de ninguno de los dos. Sigo diciendo lo que veo y lo que estoy oyendo. No estoy haciendo nada más que comprender un poco lo que ha sucedido.

Alivia los sentimientos. Mi prioridad será para con el niño que haya recibido el daño físico:

—De acuerdo. Puedo ver que ambos estáis enfadados. Wilbur, necesito examinar a Clemency para ver si está bien, y luego volveré contigo.

Mientras hablamos en detalle sobre lo que ha sucedido, cada niño podrá reflexionar sobre lo que ha hecho para llegar a esta situación. Cada niño se ha sentido escuchado y cada uno, a medida que se tranquiliza, está implicado conmigo para encontrar alguna solución. Les estoy ayudando a ambos a controlarse y a comprender las emociones que les han llevado hasta esta situación.

Llegar a un acuerdo. Entonces puedo pedirle a cada uno de ellos que comprenda las cosas desde la perspectiva del otro, y también puedo sugerir cómo pueden hacerse las cosas de otra forma la próxima vez.

Por ejemplo, cuando Wilbur era muy pequeño (menos de tres años), podría haber hablado en su nombre:

—Clemency, ¿puedes ver por qué Wilbur estaba enfadado?

La animo a mirar a Wilbur, a leer su rostro, sus expresiones, para así comprender su enojo.

Puedo pedirle a Wilbur que lo exprese en sus propias palabras, si puede hacerlo.

—Wilbur, ¿puedes decirle a Clemency, con tus propias palabras, por qué estás enfadado?

Entonces…

—Wilbur, sabes que tenemos la norma de no pegar. En esta casa no se golpea. No puedes pegar a Clemency. Si no puedes expresarte con tus propias palabras, ven a buscar a mamá, ¿de acuerdo?

Estoy seguro de que, tal y como me pasa a mí, no querrás ver cómo uno de tus hijos hace daño al otro, pero cuando las ansias físicas están muy presentes, ¿cuál es la mejor forma en la que podemos hacer que nuestros pequeños babuinos empleen sus propias palabras y no recurran a pegarse el uno al otro en el futuro? Podemos pensar en cómo podemos ayudarlos a quemar esa «energía» de forma segura.

CONSEJO DE LA CAJA DE HERRAMIENTAS

El poder de la almohada

Podemos comprender, entonces, que nuestros hijos muy pequeños puede que se sientan obligados a actuar ahora y pensar después porque tienen un cerebro de lagarto y de babuino que está al mando, impulsados por la supervivencia, y cuando se encuentran frente a algo que perciben como un peligro, puede que «ataquen». Creo que les haremos un mejor servicio a nuestros retoños trabajando con ellos para ayudarlos a liberar su ira de forma segura y adecuada, en lugar de castigarlos y dejar que tengan unos sentimientos intensos acumulados y una tendencia a seguir pegando, aunque sea cuando no estés cerca la próxima vez. Si no abordamos la causa subyacente del comportamiento de nuestros hijos, no les ayudaremos a ellos, a sus hermanos ni a nosotros mismos.

En el caso de mis hijos, le *damos un nombre* a la emoción (*véase* el capítulo 4), reconociendo que la ira o el enfado son una emoción válida si un niño cree que se ha visto agraviado. Sn embargo, queremos animarle a empezar a pensar en cómo podría expresarse más adelante, de forma más adecuada y segura. Quiero ser muy clara acerca de los límites con respecto a golpear, por lo que les pedí a los dos si había una alternativa, alguna otra cosa que creyeran que podían hacer para expresar su enfado sin pegarse el uno al otro. Wilbur dijo: «¡Podría golpear una almohada!». Pensé que se trataba de una forma bastante inteligente de darse cuenta de que necesitaba liberar el estrés, por lo que tomé una almohada con entusiasmo para que la golpeara. La situación cambió con mucha rapidez, pasando de ser intensa a graciosa, mientras sostenía la almohada diciéndole que la golpeara con todas sus fuerzas. En ese momento me di cuenta de que Wilbur había encontrado su propia forma de liberarse de los sentimientos que tenía en su interior, ya que se le había dado permiso para hacerlo y comprendía que no es la ira lo que es algo malo, sino cómo la expresamos. (Más adelante mencionaré esta idea con algunos de mis colegas del ámbito de la psicoterapia, para así verificar su legitimidad). Con el tiempo, la necesidad de Wilbur de golpear una almohada se redujo, ya que progresó para pasar a usar sus palabras.

Cuando nuestros hijos sienten que son vistos y escuchados y que sus emociones han sido validadas, todos podemos avanzar juntos para dar lugar a la resolución. En este caso, me aseguro de que el brazo de Clemency esté bien, y luego fomento cierto trabajo en equipo: «De acuerdo, venid. Vamos a ayudar a construir otra torre. ¡Podemos hacerla todavía más alta!».

Lo importante de captar de este intercambio es que:

* Todos se sienten escuchados.
* Se reconocen y validan los sentimientos de todos, lo que ayuda a calmar la situación y, en último término, a regular las emociones.
* Podemos comprender que podemos solucionar los problemas (podemos reconstruir la torre).
* Pueden acudir a mí en busca de ayuda si esto vuelve a suceder.
* En lugar de golpear, pueden usar sus palabras para decir: «¡Estoy enfadado!».

Después de un incidente como éste, puedes reforzar el progreso pidiéndoles que añadan una línea al contrato familiar en lo tocante a pegar. En el caso de nuestra familia, Clemency se pintó las palmas de sus manos de rojo y presionó ambas palmas húmedas sobre el papel. Clemency escribió: «¡Nada de pegar!» debajo. También hicimos un dibujo de una torre atravesada por un aspa para enfatizar que no debemos «dañar» las cosas de otras personas, independientemente de lo enfadados que estemos.

En lugar de juzgar a nuestros hijos por sus arrebatos explosivos, deberíamos intentar ayudarlos a encontrar una salida alternativa para expresar los sentimientos intensos que tienen en su interior; por ejemplo, escoger el poder de la almohada, los saltos de estrella o un contoneo de salsa en lugar de dichos arrebatos. De esta forma, los estamos ayudando a desarrollar a ese búho sabio que al final verá cómo expresan con palabras el modo en que se sienten, lo que más adelante en la vida constituirá una habilidad muy buena de la que disponer como adultos.

Es improbable que los arrebatos o los golpes se acaben de la noche a la mañana. Cuando nuestros hijos son tan pequeños, son como un músculo que necesita ejercitarse; pero cada vez que esto suceda supondrá una oportunidad para ayudar a reiterar la idea.

Tal y como digo, es de esperar que esto lleve tiempo y una buena cantidad de energía, pero confío en que este tiempo y energía habrán sido una buena inversión. A mí me llevó un tiempo con Wilbur, pero supe que había dado en el clavo la noche que llamé a casa desde la sala de prensa de la BBC para que Wilbur me informara: «Mamá, papá se está enfadando porque Clemency no le está escuchando», seguido con rapidez de: «¡Necesita golpear una almohada!».

3. Hermanos excesivamente asertivos

Mi amigo Matthew escribe: «Mis hijos tienen edades parecidas. Mi hijo ha empezado a reivindicar su autoridad sobre su hermana mayor y, como consecuencia de ello, han empezado a meterse mucho el uno con el otro, tanto si se trata de competir entre ellos en el parque, quién pulsa el botón en el ascensor o quién se sienta a mi lado en el sofá. Con independencia de cuál sea el elemento de la competición, puede transformarse con rapidez en algo físico, cosa que encuentro difícil de ver y resolver (en especial si no he sido testigo de toda la discusión)».

Los hermanos siempre intentarán encontrar su lugar en la manada, por así decirlo. Tal y como hemos comentado, el sexo, el temperamento y la diferencia de edad supondrán un factor en la rivalidad entre hermanos y en cómo de competitivos es posible que sean los niños. En el caso de los chicos varones que se lleven pocos años, es normal que el menor intente reivindicarse, tanteando el terreno, por así decirlo, para ver quién se encuentra en el puesto superior en la manada.

El comportamiento que describe Matthew es comprensible en ese contexto, pero es, con claridad, algo no deseable si conduce a peleas y trastornos. Así pues, ¿qué hacer?

En primer lugar, puede que queramos considerar si las riñas tienen que ver realmente con el botón del ascensor o con quién corre más rápido en el parque, o si están relacionadas con que un niño necesita pasar algo más de tiempo con mamá o papá.

Si vemos que uno de nuestros hijos tiene constantemente el papel «dominante» o si es con frecuencia el que ejerce el control sobre su hermano/a, querremos abordar eso. No queremos que nuestros hijos adopten un papel y generen una dinámica familiar que pueda, con mucha frecuencia, acabar desarrollándose a lo largo de toda su vida. Si un hijo se acostumbra a ganar siempre, puede que quiera seguir ejerciendo su control y autoridad sobre el otro o los otros, mientras que el otro hermano puede que se acostumbre a ceder siempre y que más adelante en su vida desempeñe un papel más de «víctima».

Si un hijo parece tener la *necesidad* de controlar, lo más frecuente es que esto se base en la inseguridad, con la que se siente menos en control de las situaciones. En estos casos, podemos ayudar a nuestros hijos permitiéndoles sentir el control de otras formas. Podemos hacerlo mediante el juego (*véase* el capítulo 11) y nuestras horas de héroes especiales (capítulo 10), que suponen una excelente oportunidad para cederles el control: para permitirles sentirse «muy poderosos» y capaces de darnos órdenes a voluntad. Puedes ayudar a tu hijo a comprender dónde están los límites con respecto al control y, en último término, una vez que se sienta más seguro será capaz de «dar y recibir».

En el caso del hermano que se haya acostumbrado más a ceder, podemos ayudarlo a decir lo que piense. Podemos animar a nuestros hijos a usar su voz potente y a hacerle saber a su hermano qué es aceptable y qué no (ayudándolos así, a su vez, a marcar sus propios límites personales).

Resolución de problemas
El trabajo en equipo es genial para reducir la rivalidad entre hermanos y desarrollar unos búhos sabios. Le enseña a nuestros hijos una valiosa lección de vida: que siempre se pueden arreglar las cosas y que siempre se puede encontrar una solución para cualquier problema. En cualquier momento en el que te encuentres con un problema, pídele a tu hijo que halle una solución en la que todos salgan ganando. Cuando de verdad estén enfadados el uno con el otro, en primer lugar, tendrás que calmar los ánimos.

Cuando nuestros hijos estén tranquilos, podremos hacer hincapié en la lección, ya que mientras todos estén muy agitados, la lección no se captará. Cuando tus hijos estén calmados, entonces verás cómo su polluelo de búho está implicado e incluso al mando del inquieto babuino. Cuando las aguas hayan vuelto a su cauce, tan sólo pregúntales: «¿Qué podemos hacer para resolver la situación?».

Después del incidente con la torre de piezas de Lego, les pregunté a mis hijos qué les ayudaría a avanzar.

Rápida como el rayo, Clemency dijo:

—¡Desterrar a Wilbur de casa!

Seguíamos sentados en el suelo, los tres solos, por lo que sonreí y dije:

—De acuerdo, ésa es una solución.

Tomé un juguete de la caja de juguetes y dije:

—Imaginemos que Wilbur es este juguete y pongámosle ahí, lejos de estos otros tres juguetes (que nos representaban a nosotros tres).

Entonces le pregunté a Wilbur:

—¿Cuál sería tu solución?

—¡Desterrar a Clemency de casa!

Así pues, puse otro juguete en el otro extremo del lugar donde estábamos sentados.

—De acuerdo, así pues, ahora tenemos que vosotros dos estáis fuera de «casa». ¿Alguna otra solución?

Wilbur dijo:

—Bueno… podríamos no pelearnos.

—Ésa parece una muy buena solución, y así los dos podríais quedaros en casa –y añadí, con una sonrisa–: ¿Pero cómo podríais no pelearos?

—Acudiríamos a ti –repuso Wilbur.

—O… ya lo sé –afirmó Clemency–. Podríamos emplear nuestras palabras y solucionarlo juntos.

—Humm –intervine sonriente –. Eso parece un buen plan.

Puede que quieras fijarte en guiones que podrías tener guardados, pero al alcance de la mano, que estén adaptados a tu propia situación. Puedes hacer que resulten sencillos, sin complicar las cosas, con preguntas como:

- «De acuerdo, ¿qué ha pasado?».
- «Puedo ver a dos personitas enfadadas. ¿Podéis turnaros para explicarle a mamá/papá qué ha sucedido?».
- «¿Qué puedo hacer para ayudar?».
- «¿Cuál es la solución en este caso?».
- «¿Qué otras cosas podríamos hacer?».

Recuerda la crianza y educación de los hijos **DRA**: di lo que ves, reconoce el enfado (si existe) y luego alivia a quien haya sido «herido» o agraviado. Si dispones de esto redactado con antelación al próximo altercado, estarás preparado con cierta sabiduría del búho sabio y podrás ver lo que recibes de tus hijos: puede que te sorprendan.

Disculpas

Obligar a un niño de menos de tres o incluso cuatro años a decir «Lo siento» no va a resolver el problema de verdad. Recuerda que el cerebro del búho sabio sólo «se conecta a la red» (tal y como lo expresa el doctor Bruce Perry) a alrededor de los tres años de vida, e incluso entonces sigue siendo, en gran medida, un proyecto en construcción. Es el cerebro del búho sabio el que está al cargo de comprender lo que es correcto e incorrecto y de tener un elevado sentido de la moralidad. Por supuesto, esto es lo que queremos inculcar a nuestros hijos, y podemos empezar a hacer esto y a hacer que su polluelo de búho emplumado se desarrolle, pero obligarlos a pedir disculpas no conseguirá eso. Sólo funcionará si tu hijo SIENTE de verdad lo que ha hecho y, por lo tanto, siente una necesidad natural de querer decir que lo siente. Cuando eso suceda, verás la empatía en sus ojos cuando miren a la persona y le digan «Lo siento». Deben *sentirlo*, ya que, si no, esto tendrá poco sentido.

Queremos que nuestros hijos sean genuinos y auténticos en sus compromisos con los demás, así que es aquí donde debemos sacar a actuar al «búho sabio» y confiar en que nuestros hijos QUERRÁN disculparse si han herido los sentimientos de alguien. Lo mismo sucede en nuestro caso como adultos. Sólo podemos sentir de verdad nuestras acciones si podemos reconocer que hemos hecho algo que ha dañado o molestado a otras personas. Para hacer eso debemos *sentir* el dolor de la otra persona: sentir empatía por ella. Piensa en lo fácil que encuentras pedir disculpas sinceramente, y así también sabrás que a veces hace falta verdadera valentía para hacerlo. Ésta es la razón por la cual queremos ayudar a nuestros hijos a tener un concepto elevado de sí mismos para que, al pedir disculpas, no se sientan mal consigo mismos. Pueden, simplemente, asumir su responsabilidad, de forma honesta y auténtica, sabiendo que el mundo no se va a acabar si lo hacen.

Si castigamos a nuestros hijos pequeños y los obligamos a pedir disculpas (o enviamos, más tarde, notas a los otros niños, como hacen algunos padres), no estoy segura de que estemos ayudando de verdad con eso.

Criando a nuestros hijos con empatía y compasión, se convertirán en adultos empáticos y compasivos de forma natural. Entonces, si pueden sentir lo que es estar en la piel de alguien, querrán, de manera automática, pedir disculpas. Es lo mismo que si nosotros, como padres, pidiéramos perdón, de modo que ellos mismos nos moldearán, todo ello a su debido tiempo.

Así que, por ahora, en el caso de los hijos de menos de cinco años, en lugar de esto les diría a mis hijos:

—Mira la cara de tu hermano. ¿Qué aspecto crees que tiene?

—Triste.

—¿Y comprendes por qué está triste?

—Porque le he hecho daño.

Una vez más, no esperes que esto vaya siempre como estaba planeado, y recuerda que, con un cerebro de babuino al mando, tu hijo puede que esté sometido a una carga excesiva para detenerse de verdad y reflexionar.

Mientras lo hayas intentado (y lo sigas intentando) y mientras el hermano dañado o herido sienta que has comprendido su dolor y lo hayas reconocido, entonces podrás alcanzar cierta solución.

* * *

La pregunta más frecuente que se formula sobre la rivalidad entre hermanos es: ¿cómo podemos detener las riñas y criar a unos hermanos que sean amigos de por vida?

La respuesta más sencilla es: TÚ.

Con el tiempo, la dinámica cambiará con tu apoyo y tus hijos trabajarán como un equipo. Las palabras clave son: «TU APOYO».

Cuanto más llenes la copa emocional de tu hijo, más remitirán esos sentimientos de ansiedad y sus miedos sobre a quién quieres más y a quién salvarías el primero si se produjese un incendio en casa, ya que cada uno de tus hijos se sentirá «lo bastante querido».

Cuando comprendamos que el *miedo* de nuestros hijos (y cualquier comportamiento no deseable resultante) procede de la necesidad de sentirse cerca de ti, podremos ver por qué somos tan cruciales a la hora de resolver la rivalidad entre hermanos.

Tal y como he subrayado a lo largo de este libro, *el tiempo que inviertas en estos primeros cinco años será tiempo muy bien invertido.*

Perlas de sabiduría del búho sabio

ψ ψ La rivalidad entre hermanos es una consecuencia natural de la evolución.

ψ ψ Reconoce y comprende que puede generar sentimientos reales de inquietud, a veces incluso de forma inconsciente.

ψ ψ Cuando tus hijos se sientan «lo bastante queridos» y tengan suficiente amor procedente de ti, la rivalidad debería reducirse.

∨ ∨ Con tu apoyo, puedes criar a unos hermanos que se conviertan en amigos de por vida.

∨ ∨ Sé siempre el eliminador de riñas para tus hijos.

La rivalidad entre hermanos puede parecer, muchas veces, una danza compleja que tus hijos practicarán día sí y día también. Dispondrás de muchas oportunidades para ayudarlos a abrirse camino y para confiar en que, dejando a un lado la edad, el sexo y el temperamento, y con tu ayuda como eliminador de riñas, puedes hacer que tus hijos se conviertan en buenos amigos de por vida.

CAPÍTULO 13

Grandes cambios vitales, los cuidados infantiles y empezar a ir al colegio

«Los abrazos pueden cambiar el mundo».

Doctora Guddi Singh, miembro de Child Health Quality
Improvement y Jefa de Pediatría

Un frío mes de septiembre estaba sentada en un banco de madera amamantando a mi hijo, que tenía tres meses. Estaba rodeada de impermeables y botas de agua en miniatura de vivos colores que estaban cubiertos del barro del campo por el que los niños habían chapoteado en su camino hacia la escuela. Me hice una bola en mi cálida chaqueta y sostuve a mi hijo cerca de mí mientras mamaba, con el sonido de su respiración ruidosa procedente de debajo de la tela.

«Mamá, ¿sigues aquí?», gimió una niñita con trenzas mientras llegaba corriendo desde la habitación de al lado. Llevaba una sobrecamisa azul y blanca a cuadros que le llegaba por debajo de las rodillas. Todavía no tenía tres años. Mi corazón se hinchió.

«Hola, cariño, mamá está justo aquí».

Clemency se dio la vuelta y corrió de regreso hacia el grupo de niños pequeños de la clase que estaban sentados encima de piezas de construcción, erigiendo una torre y leyendo libros. Al cabo de diez minutos regresó, con su cabello rubio a media melena moviéndose de un lado a otro antes de llegar. «¡Hola de nuevo, mamá!», canturreó. Me sonrió, se acercó para darle una palmadita a Wilbur en la cabeza y se alejó corriendo de nuevo. Era el quinto día del inicio (en el mes de septiembre) de la guardería para mi hija. Ya había pasado tres largas y frías mañanas en ese cuarto para las botas. A veces me sentía ridícula: debería haber estado en casa, calentita, con mi hijo pequeño. Sin embargo, después de la primera mañana terrible con Clemency chillando para que no la dejara, me quedé destrozada. Mi marido y yo nos habíamos tranquilizado el uno al otro diciéndonos que era el momento adecuado de enviar a nuestra hija a la guardería, ya que ya tenía casi tres años, pero echando la vista atrás me di cuenta de que la llegada de un nuevo hermanito hizo que distara mucho de ser el momento ideal.

Tradicionalmente, en nuestra sociedad, tres años se considera un momento adecuado para que nuestros retoños vayan a la guardería. La experiencia nos muestra que alrededor de este momento, el babuino está ansioso por fomentar la independencia física y ser mucho más sociable. Sin embargo, con un nuevo bebé en casa, ese babuino de Clemency quedó dividido entre divertirse con una libertad recién descubierta y sufrir un MAQA (miedo a quedar apartada) grave, dado que había llegado un hermanito bebé, que era un usurpador y que amenazaba con quedarse con las atenciones de mamá.

El personal de la guardería intentó tranquilizarme diciéndome: «Estará bien. Dejará de llorar después de que te hayas ido», pero que tomaran a mi hija de mis manos mientras estaba llorando me rompió el corazón, y después del primer día, fui incapaz de hacerlo de nuevo. Pregunté si me podía quedar con mi hija hasta que estuviera más tranquila. Me preocupaba que pudieran considerarme una madre un tanto difícil o hipersensible, y encontré difícil saber qué era lo mejor, por lo que busqué el consejo de la psicoterapeuta Liza Elle:

«¿Por qué querría alguien llevarse a tu hija cuando está angustiada?», me preguntó Liza amablemente. «¿Y por qué no iba a estar ella angustiada? [En este caso] acaba de perderte por culpa de un herma- nito bebé y ahora quieres dejarla en un lugar desconocido para ella. Piensa, además, que todavía no tiene una idea real del tiempo, lo que significa que se siente insegura porque no sabe cuándo o ni si- quiera *si* volverás». Liza me recompuso con una mirada que era, al mismo tiempo, amable pero firme.

Me senté en silencio. Finalmente lo comprendí. Si nosotros, como adultos, encontraríamos esa situación difícil de abordar, ¿cómo debe parecerles a nuestros hijos?

* * *

La pérdida y el cambio son conceptos destacados y universales, por lo que es de gran importancia para nosotros que comprendamos el impacto que tienen en nuestros hijos, en especial cuando son muy pequeños.

Para empezar, la ciencia nos dice que el estrés por la separación entre un progenitor y un niño pequeño se experimenta en el cerebro de forma muy parecida al dolor físico. Ésta es la emoción de la PÉR- DIDA que ahora sabemos que puede desencadenar una respuesta de estrés en todo el cuerpo. Ciertamente, nuestros hijos experimen- tarán algunos grandes sucesos en la vida que incluirán la pérdida y el cambio, a veces a diario a lo largo de estos primeros años: puede tratarse de un divorcio, la muerte o que su mejor amigo se mude, y, de hecho, algo tan importante como empezar a ir a la guardería o el colegio. Incluso lo que puede parecer un suceso positivo mientras nos emocionamos porque nuestros hijitos adquieran cierto grado de independencia, puede parecerles a ellos una ENORME EXPE- RIENCIA EMOCIONAL. La forma en la que marquemos esa oca- sión con ellos afectará de manera directa a cuán positivamente expe- rimente nuestro hijo ese suceso y moldeará su respuesta ante sucesos similares en el futuro.

Ahora vamos a fijarnos en cómo podemos AYUDAR a nuestros hijos a lo largo de estas inevitables transiciones con su cerebro de lagarto y de babuino en mente para permitirles adaptarse, ser flexibles y, en último término, volverse resilientes, incluso si al principio las cosas parecen un poco difíciles. Descartemos cualquier miedo de que nuestros hijos pequeños puedan ser «dependientes» o «pegajosos» si expresan la necesidad de estar cerca de nosotros. Ser dependiente tiene una connotación muy negativa, pero, de hecho, simplemente significa que nuestros hijos puede que se sientan inseguros en ese momento y tengan la necesidad de *mantenerse cerca* de nosotros, tal y como la naturaleza tenía pensado: tan sólo fíjate en el mundo animal en busca de pruebas.

Por lo tanto, con independencia de si te alejas un instante de tu bebé, al que dejas en la cocina o, en el otro extremo del espectro, llevas a tu hijo a la guardería o la escuela por primera vez, quédate tranquilo si tu hijo encuentra difícil soportar separarse de ti, ya que tan sólo te estará diciendo: «No me siento seguro» ni capaz de «hacerlo solo» en este preciso momento. No pasa nada: simplemente necesita un poco más de apoyo. Con tu ayuda, estando ahí para él en estos momentos de ansiedad, es más probable que veas cómo tu hijo gana confianza y es capaz de hacer eso solo una vez que el lagarto y el babuino se sientan más tranquilos. En todas estas variadas transiciones en su infancia, si dejamos solos y angustiados a nuestros hijos, con el cortisol y la adrenalina inundando su organismo, y sin nosotros para ayudarlos a que estas hormonas vuelvan a su equilibrio, eso no será nada bueno en absoluto, tal y como hemos visto en el capítulo 2. A pocos nos gusta el cambio, ya se trate de mudarse de casa, cambiar de trabajo o perder a alguien a quien queremos. Sin embargo, SOMOS capaces de racionalizar que el estrés debido a mudarse de casa no durará para siempre, que pronto nos asentaremos en nuestro nuevo empleo, que podremos encontrar amigos con los que hablar sobre nuestra pérdida y hallar consuelo en nuestro duelo, sabiendo que «esto también acabará por pasar». No obstante, nuestros hijos, y, en especial, los bebés y los niños muy pequeños, NO SON CAPACES. Si dejamos que «lidien con ello» solos y angustiados durante los momentos de grandes cambios o transiciones, lo cierto es que no lo superarán.

Teniendo todo esto presente, echemos un vistazo a algunas de las principales transiciones a las que podría enfrentarse tu hijo de menos de cinco años y cómo tu conocimiento de su lagarto, su babuino y su polluelo de búho sabio te permitirá ayudarlos a superar estas experiencias con compasión y comprensión, lo que, a su vez, los ayudará a desarrollar resiliencia y, con el tiempo, su propio búho sabio maduro y equilibrado.

Separación temprana

Un bebé todavía no puede hablar ni expresar cómo se siente con palabras, por lo que es del todo vital que los padres comprendan que la forma en la que ayudemos a los bebés a lo largo de las transiciones es crucial para su futuro bienestar emocional. Puede que una de las frustraciones comunes de cualquier progenitor de un recién nacido sea: «¡Ni siquiera puedo salir de la habitación sin que el bebé llore reclamando mi presencia!».

Incluso las separaciones breves de nosotros pueden resultar estresantes para nuestros hijos pequeños. El lagarto y el babuino no piensan más que en la supervivencia, y en ciertas etapas del desarrollo, una separación de la persona de la que dependen para su seguridad puede desencadenar una respuesta de estrés incluso durante una ausencia muy breve. Recuerda que nuestros bebés e hijos pequeños no tienen un sentido del tiempo plenamente desarrollado, por lo que incluso brevísimas separaciones pueden desencadenar ansiedad, ya que ¿cómo van a saber ellos cuánto tiempo va a pasar hasta que regresemos? Nuestros bebés e hijos pequeños pueden percibir y *sentir* nuestra ausencia. Si comprendemos eso, podremos responder a la angustia de nuestros bebés en esos momentos y quizás llevarlos con nosotros.

Esto no tiene que ver con que tu hijo sea «débil» o «dependiente», sino que más bien se encuentra en un período de su desarrollo en el que se siente inseguro si no estás con él. Una vez más, todo esto es parte de que tengan ese cerebro antiguo y se comporten tal y como la naturaleza ha dispuesto. Recuerda que el lagarto necesita que le aseguren que puede confiar en que estarás ahí y que regresarás. En otras palabras, que no lo abandonarás; pero si tenemos que estar separados durante períodos más largos, como, por ejemplo, cuando regresemos al trabajo, Liza Elle aconsejaba prepararse para la separación, lo que me llevó a emplear lo que llamo el adiós bumerán.

CONSEJO DE LA CAJA DE HERRAMIENTAS

Adiós bumerán

Cuando mis hijos eran muy pequeños, Liza me aconsejó: «Incluso *antes* de que regreses al trabajo, empieza a desarrollar un ritual para permitir que tus hijos sepan que vas a «volver». Cuando salgas de la habitación un rato, aunque sea para ir al lavabo, diles: «Mamá va a volver», incluso aunque creas que son demasiado pequeños para entenderte. Simplemente di: «Mamá va a volver» cada vez que te vayas. Luego, cuando vuelvas a entrar en la habitación, empezando con una separación de sólo un minuto, más o menos, diles con alegría: «¡Mamá ha vuelto!».

Liza expone que esto asienta un patrón de seguridad, un pequeño ritual, algo en lo que pueden confiar, porque los niños no pueden saber la hora ni tienen una idea clara de durante «cuánto tiempo» podrías irte. Con el tiempo, cuando oigan: «Mamá va a volver», empezarán a tranquilizarse, comprendiendo, gracias a esos primeros días después de su nacimiento, que eso significa que VOLVERÁS.

Esta idea se extiende a cuando empiezas a salir de casa sin tu hijito y quizás lo dejas al cuidado de una canguro, un familiar o amigo: esos muy primeros pasos tentativos fuera de casa sin tu queridísimo hijo, incluso aunque sólo sea durante un ratito. La crianza y educación tradicional de los hijos solía aconsejar que dejaras solos a tus hijos sin decirles adiós, ya que se creía que, si les decíamos a nuestros hijos que nos marchábamos, esto «los alteraría». Aquí es donde digo, una vez más, que la crianza y educación tradicional de los hijos estaba equivocada. Si dejamos solos a nuestros hijos sin decirles que nos marchamos, esto no sólo los alterará a ellos, sino que también desestabilizará a su lagarto y su babuino, llevándoles al límite, ya que la persona en la que creían que podían confiar simplemente se levanta y se va. Generando pequeños rituales, siendo constante con nuestros «adioses», nuestros hijos desarrollarán la flexibilidad y la capacidad suficiente para sobrellevarlo. Sin embargo, si salimos de casa (y luego de la guardería) a hurtadillas sin despedirnos, se puede conseguir todo lo contrario.

Niños de entre uno y tres años

Una vez que tu hijo haya superado la etapa de neonato, nuestra vida adulta empezará, de manera inevitable, a tener un impacto sobre cuándo y cómo necesitamos estar alejados de nuestros pequeños, ya sea dejándolos con canguros, familiares o, naturalmente, en la guardería o el colegio. Me ocuparé de los últimos hacia el final de este capítulo, pero, por ahora, has de saber que existen técnicas muy útiles que podemos emplear que pueden ayudarnos a aliviar el estrés de la transición y/o las separaciones que nuestros hijos puede que tengan que soportar.

CONSEJO DE LA CAJA DE HERRAMIENTAS

Tener como referencia

Cuando comprendamos que el apego natural que nuestros hijos sienten hacia NOSOTROS hará que les resulte difícil verse separados de nosotros, podremos sentirnos con la confianza para aliviar su incertidumbre y saber que harán su transición de un modo más fluido con nuestra ayuda y nuestro apoyo que sin ellos. No deberíamos dejar, simplemente, que nuestros hijos «naden o se ahoguen»: necesitan nuestra ayuda con las transiciones para no tener que pasar solos por ellas. Volviendo a la guardería, hablé con la directora y le expliqué que, con un bebé recién nacido en la ecuación, sentía que quizás mi hija necesitara un poco de ayuda extra para hacer la transición hacia pasar tiempo fuera de casa y, más importante todavía en ese momento, lejos de mí. Le pregunté si me podía quedar durante algunos días para ayudarla a asentarse. Estuvo de acuerdo, pero me dijo que el único espacio disponible era ese frío y húmedo cuarto para las botas. Lo acepté. Lo hice porque sentía, de verdad, que era importante que Clemency me tuviera allí con ella y para que ella pudiera encontrar la seguridad a través de lo que se conoce con el nombre de «tener como referencia», por la cual se da a conocer a un niño una situación junto con su madre, su padre o su cuidador principal en su presencia. Se le anima a «ir a jugar», pero con su figura de referencia cerca, de modo que pueda ir y venir (y tenerla como referencia) y sepa que estará ahí si la necesita. Esto puede hacer que la confianza de un niño crezca de manera acelerada, ya que determinará con mucha rapidez que este nuevo territorio es seguro. Su babuino asume entonces el mando, ya que está ansioso de la independencia y los juegos del niño, y una vez que la criatura confíe en que las personas que se encuentran en este nuevo territorio lo mantendrán a salvo, entonces (¡bingo!) no será tan necesario que su madre esté allí con ella.

Cuando hablamos sobre «tener como referencia», podemos pensar, una vez más, en las comunidades tradicionales. Los niños con un vínculo firme con sus progenitores desde su nacimiento buscarán poco a poco cada vez más independencia de forma natural. Siguen esa ansia atávica del babuino de ser curiosos, hacer amigos y explorar. Forma parte de su desarrollo emocional y físico. En culturas más tradicionales, los niños tenían acceso a más de una docena de adultos y a otros niños en el transcurso del día, y seguían regresando al lado de sus padres a intervalos durante toda la jornada. *Nuestros hijos puede que vivan en el mundo actual, pero siguen teniendo un cerebro antiguo.* ÉSA ES la razón por la cual nuestros hijos en edad preescolar necesitan el tiempo de transición para que puedan sentirse seguros en un nuevo terreno alejado de su padre y su madre. Necesitan confiar en que este nuevo «terreno» (la guardería) es seguro y que tienen a alguien cerca (su nuevo maestro) en quien pueden confiar para que los apoye. Ésta es la razón por la cual ahora tenemos a una persona clave en los entornos de las guarderías. Hasta que nuestros hijos encuentren esa seguridad con un maestro/figura clave por la cual puedan sentir apego, querrán poder saber que su madre o su padre están cerca.

Cada mañana le explicaba a Clemency que mamá estaría en el pequeño cuarto hasta que (y a no ser que) se sintiera bien cuando me fuera. Le aseguré que me quedaría en el cuarto de las botas, que la puerta estaría abierta y que podría venir a verme cuando lo necesitara. Cada mañana, durante el transcurso de la primera semana, iba y venía entre las dos habitaciones, comprobando que yo estuviera ahí. Emocionada y absorta en la actividad que se estaba desarrollando en la otra sala, entonces regresaba corriendo con alegría una vez que había visto que yo estaba en el cuarto. Este ir y venir prosiguió durante algunos días más antes de decirle que iba a salir para tomar un café y que iba a regresar en un ratito.

—¿Vas a volver? –preguntó con vacilación.

—Sí, cariño, mamá va a volver.

Se quedó inmóvil, de pie, durante un poco más de lo normal, y dijo:

—¡De acuerdo. Te veo en un rato, mamá! –y volvió a irse.

El alivio que sentí fue enorme. Descendí por las escaleras de madera de la guardería hacia lo que imaginé que sería la última vez que me iba para tomar un café (juro que también pude ver el alivio en el rostro de los maestros mientras me veían irme) y regresé media hora más tarde para recoger a mi hija. Clemency estaba muy emocionada de verme y charló durante todo el camino de vuelta a casa sobre las cosas que había hecho mientras yo me había «ido».

Ése fue el último día que Clemency me pidió que me quedara. Había hecho la transición. Ella estaba contenta. Yo estaba encantada. Todo estaba bien.

Niños de más de tres años

A medida que los niños empiezan a adquirir más independencia y que el babuino los anima a experimentar cosas nuevas, puede seguir siendo de ayuda disponer de un objeto para la transición que te mantenga conectado en espíritu, incluso aunque no estés ahí en persona.

CONSEJO DE LA CAJA DE HERRAMIENTAS

La piedrecita en el bolsillo

Puede que tu hijo ya tenga un juguete especial que lleve consigo de un lado a otro como forma de consuelo. Si está empezando a ir al colegio o a una nueva escuela y dice que quiere llevarlo consigo, quizás podrías hablar con el centro educativo para ver si es posible que tu hijo se lo lleve durante la primera semana en su mochila, simplemente para que lo ayude con su transición. No te preocupes por si lo va a necesitar siempre: es mejor tener en cuenta la necesidad e intentar comprender de dónde procede. Si tu hijo tiene la necesidad de una mayor seguridad emocional, entonces ésta será una señal para que TÚ lo ayudes con tu apoyo a lo largo de este período de cambios.

Tu inversión en tu hijo será ahora mucho más valiosa para él que cualquier otra cosa. Quizás también podrías pedir trabajar con la escuela para hallar otras formas de ayudar a tu hijo con este período de cambios en lugar de considerar que se trata de algo que está «mal». Tal vez puedan asignarle un profesor, de modo que mientras tú eres la «roca» y el apoyo de tu pequeño en casa, este maestro concreto se convierta en la «roca» de tu hijo en el colegio. Una vez más, esto no tendrá que ser para siempre, ya que una vez que tu hijo se sienta más seguro y haya hecho buenos amigos, la necesidad del profesor disminuirá, pero es mejor hacerlo así que esperar que tu hijo tenga que lidiar solo con esto.

Si tu hijo no dispone todavía de un juguete especial, entonces, en el período previo a que empiece a ir al colegio, podríais ver qué encontráis juntos durante vuestra hora de tiempo especial: quizás una piedrecita u otro objeto con el que hayáis estado jugando. La sencilla idea es que cuando se convierta en algo que asocien a ti, puede que encuentren tranquilizador llevárselo consigo a la escuela en su mochila durante el primer día. Se convertirá, entonces y prácticamente, en como si estuvieran llevándose algo de ti con ellos para que les aporte seguridad. Mi amiga Rosie dibujó un pequeño corazón en la muñeca de su hijo cuando empezó a ir al colegio, y luego pintó otro corazón en su muñeca. Siguen haciendo esto mientras él va creciendo, y ella me cuenta que le proporciona tanto consuelo a ella como el que le proporcionó a él durante sus primeros días en la escuela.

Ésta es una idea encantadora para ayudar a tus hijos a lo largo de cualquier separación de ti, ya se trate de quedarse con su abuela por primera vez como si sales para una cita una noche durante algunas horas. Disponer de un objeto, un juguete o incluso una prenda puede ayudar a tu hijo a seguir sintiéndose conectado a ti.

Todos los niños

Asegurarnos de que nuestros hijos (con independencia de su edad) se sientan conectados a nosotros ayudará a modo de amortiguador frente a cualquier titubeo que puedan experimentar en tu ausencia.

CONSEJO DE LA CAJA DE HERRAMIENTAS

Rituales

Los rituales, tal y como hemos comentado con el **ADIÓS BUMERÁN**, pueden ser una maravillosa manera de desarrollar confianza, a medida que proporcionan certidumbre a ese pequeño babuino en una época en la que quizás se sientan MENOS certidumbres. Disponer de un ritual que compartáis puede ser de verdadera ayuda: algo especial que los dos podáis compartir para ayudar a tu hijo a pasar el día sin ti, sabiendo que hay algo que os une.

Apunte sobre el cerebro

 «El factor más importante en la experiencia del niño [en una guardería/jardín de infancia] es un vínculo positivo y cariñoso [con una persona clave]. Comprender la idiosincrasia del niño, recordar a las personas que lo consuelan y comprender sus pequeños rituales de separación es esencial para unas relaciones armoniosas. Mi hija necesitaba saludarme con la mano por la ventana de la guardería antes de darse la vuelta y disfrutar del día con sus amigos. Esto fue algo nuevo para la guardería, pero encontraron un escalón para que pudiera llegar a la ventana y se quedaban a su lado hasta que yo atravesaba la verja. Introdujimos esto en algunas de nuestras guarderías, ya que ella no está sola con respecto a la necesidad de un ritual de despedida. A mi hijo se le tenía que leer el libro *¡Un día una señora se tragó una mosca!* entero cada día. Las guarderías que no son flexibles ni empáticas a las necesidades de un progenitor y un niño quizás no sean las mejores».

June O'Sullivan, Miembro de la Orden del Imperio Británico y directora ejecutiva de la London Early Years Foundation

En el caso de Wilbur, cuando empezó a ir a la escuela, hallamos una pequeña canción: «*I love you, you love me, I'll come back for you at three*» («Te quiero, me quieres. Regresaré a por ti a las tres»). La cantábamos camino del colegio, y era su forma de saber que yo regresaría, y él podría comprender que las tres de la tarde era el momento de volver a casa. Las canciones y cualquier cosa rítmica son buenas, tal y como hemos aprendido con el doctor Bruce Perry en la pág. 118, para aliviar al nervio vago dorsal: el lagarto. El ritmo de las cosas puede, literalmente, mimar las asperezas de las preocupaciones en su mente (y la nuestra).

Empezar a ir a la guardería y/o el colegio

Digamos que una amiga te invita a una fiesta. Te lleva en coche hasta ese sitio, ya que se encuentra en un lugar de la ciudad que no conoces. Tu amiga está emocionada, parece conocer a TODO EL MUNDO, pero tú no conoces a nadie. Le dices que estás nerviosa y que no estás segura de que vayas a pasártelo bien, pero ella te hace callar y te dice que todo irá bien. Cuando llegas, el lugar está LLENO y la música está tan ALTA que no puedes oír lo que dice la gente. Tu adrenalina se dispara y no estás segura de querer quedarte. Tu amiga te da un abrazo y te dice que se va. Te da un empujoncito hacia alguien que te arrastra hacia la multitud. Miras hacia atrás, pero tu amiga se ha ido… y notas cierta sensación de pánico. No sabes cuándo o si tu amiga va a regresar, y no sabes cómo volver a casa.

Ahora imagina cómo se sentiría tu hijo pequeño en su primer día en la guardería y/o el colegio.

Empezar a ir a la escuela representa un enorme rito de paso para nosotros como progenitores, además de para nuestros hijos. Podemos experimentar una combinación de nerviosismo, además de emoción en nombre de nuestros babuinos en crecimiento, y muy probablemente eso se parece mucho a cómo se sentirán ellos también. Puede que te encuentres con que tu hijo está más ansioso de lo que habías imaginado. Recuerda que mostrarse «dependiente» o ansioso no tiene nada de malo, ya que puede que tu hijo empezase con mal pie en la guardería y que ese recuerdo esté ahora almacenado en el saco de recuerdos de su babuino. Con independencia de la razón, es importante reconocer y mostrar respeto por tu hijo con respecto a su malestar y no intentar desestimarlo con un: «¡Bueno, vas a estar bien!» o «¡Venga, sé un niño/a grande ahora!».

La respuesta de estrés de todo el cuerpo en el entorno de las guarderías y la educación primaria ha sido grabada por algunos estudios, que han llegado a la conclusión de que los niños en estos entornos tienen unos niveles más elevados de cortisol que los niños que están en casa. Puede que esto no sea agradable de leer, pero es un hecho que todos tenemos la capacidad de entender, en especial si nos vemos forzados a «dejarlos e irnos», porque no queremos (es comprensible) ver a nuestros hijos angustiados, pero nosotros (y, de hecho, cualquiera que cuide de niños) haremos bien en ser conscientes de las consecuencias potenciales de eso.

Georgia Robinson, directora clínica en el Kent Wellbeing Hub, me dijo que «comprender nuestra propia angustia al dejar a nuestros hijos es importante. La tentación de evitar nuestro disgusto se disfraza en forma de un "no querer angustiar a nuestro hijo". He sido testigo de esto una y otra vez en las escuelas cuando los profesores van a dejar su trabajo y consideran que es mejor no decírselo a los niños, ya que no quieren molestarlos. Lo que están haciendo en realidad es *evitar* ver el dolor y la angustia del niño, porque él o ella no estará ahí para verlo cuando los chiquillos regresen. Pero entonces, por supuesto, el niño va a tener que afrontar no sólo la pérdida de su maestro, sino también los sentimientos añadidos de no ser suficientemente digno para despedirse, y eso puede traer consigo sentimientos de abandono».

Ésta es una idea importante que expone Georgia Robinson. Pocos de nosotros encontramos fácil compartir el dolor de alguien, y en particular el de nuestros hijos; pero nos haremos a nosotros y a nuestros hijos un mejor servicio si podemos sentarnos con ellos en esos momentos para reconocer que puede parecerles «doloroso» y para asegurarles que vamos a regresar. Tal y como he explicado, los bebés y los niños muy pequeños encuentran difícil alcanzar la «magia emocional» de la regulación emocional por sí mismos. Se *sentirán* angustiados cuando los dejemos al cuidado de otras personas, ya que la Madre Naturaleza los diseñó para ser así, y necesitarán ayuda para regresar al equilibrio emocional si se desencadena su «respuesta de estrés» natural.

He hablado con muchos padres que dicen que se sienten fatal cuando dejan a sus hijos muy angustiados en la puerta del colegio. Algunos dicen que se sienten forzados a anular sus propios instintos naturales porque encuentran eso demasiado doloroso de ver (como destaca Georgia) o se sienten avergonzados y sufren ese antiguo sentimiento de culpabilidad del «¿Pasa algo conmigo o con mi hijo?» torturándoles. No... No voy a aceptar eso para ti. Y si dudas de mí, déjame enviarte a Mike para que te eche una mano militar.

«Sentirme tranquilo bajo presión cuando se está rodeado de otros padres (y profesores) puede suponer un reto. He visto que es de enorme ayuda aprender a aislarte totalmente de tu entorno y de cualquier juicio que creas que se esté emitiendo sobre ti. ¿Qué importa lo que piensen los demás? Concéntrate del todo en tu hijo y en lo que pueda estar provocándole esta angustia, y no te preocupes por las molestias que les puedas estar provocando a otros. Lo he experimentado, así que sé qué se siente, ya se trate de la fila para entrar en el colegio, en el supermercado o en un avión: puedo decir, por el aspecto del rostro de alguien, si tiene o no hijos. Si no los tienen, su mirada es más bien una irritada de "¿No puede usted controlar a su hijo?" (ante lo cual la respuesta podría haber sido que no). Difiere del semblante de alguien que es padre o madre y que tiene esa empatía, principalmente ("¡Pobre desgraciado!"), y el alivio de que no se encuentren en tu situación.

»Sin embargo, y en último término, para cualquier situación estresante en la que estés involucrado, inspirar y espirar hondo tres veces es de verdadera ayuda, porque si tú no estás TRANQUILO, no tendrás la más mínima oportunidad de calmar a tu hijo. Una vez más, y como dice Kate, y como, de hecho, digo yo cuando estoy entrenando: "Si te hace sentir mal, ESTÁ mal". Confía en tu instinto, ya que está ahí por algo: para mantenerte a ti y a tu hijo a salvo».

Estamos diseñados para consolar a nuestros hijos si lloran y no a que nos los quiten de los brazos (como he visto muchas veces) mientras nuestros hijos lloran por volver a nuestro lado. Este tipo de práctica sirve para minar la confianza entre tu hijo y tú, e inquieta al lagarto y al babuino, dejando a tu hijo emocionalmente descentrado. Creo que esta práctica de dejar con rapidez a nuestros hijos en la puerta del colegio se ha visto influida por una preocupación de la vieja guardia de que, si se «consiente» al niño, se volverá más «dependiente» y nunca querrá apartarse del lado de sus padres; pero lo cierto es más bien todo lo contrario. Cuando nos tomamos un poco más de tiempo para consolar y tranquilizar a nuestros hijos, más capaces y emocionalmente competentes se volverán. Como sabemos ahora gracias a la ciencia, cuando podamos construir los cimientos más fuertes para nuestros hijos al principio de su vida, más seguro será su vínculo con nosotros y más tranquilos se volverán el lagarto y el babuino. Esto es lo que desarrolla la resiliencia y la capacidad para estar separados de sus progenitores en lugar de lo contrario.

Por lo tanto, y POR FAVOR, nunca permitas que nadie te *diga* que tu hijo es «demasiado dependiente» o que es aceptable apartar a tus hijos de ti cuando estén llorando. ¡¿Por qué querrían ir en contra de lo que diseñó la naturaleza?!

Los entornos de cuidados infantiles de calidad dirigidos por muchos excelentes especialistas en los primeros años de la vida de los niños, serán muy conscientes de todo esto y harán grandes esfuerzos para aliviar y mitigar la «angustia por separación» de nuestros hijos. El tema de escoger la guardería y el colegio adecuados para ti y tu hijo es ENORME y, obviamente, justifica un debate distinto que se encuentra fuera del alcance de mi libro: por algo existen cientos de tomos dedicados a este tema, algunos de los cuales destaco en la sección de Recursos al final del libro. Una buena fuente de información sobre este tema es el libro *The A to Z of early years: Politics, pedagogy and plainspeaking*, de June O'Sullivan (*véase* la pág. 304).

Dicho esto, y dejando a un lado realidades concretas de tu vida y tus circunstancias, las herramientas anteriores te aportarán (eso espero) unas cuantas opciones para ayudarte a lo largo de cualquier período que te suponga un reto mientras tus hijos entran en el mundo de las guarderías y la educación.

CONSEJO DE LA CAJA DE HERRAMIENTAS

¡Sé tú, sé humano!

Ayuda a tu hijo a saber que tú también te pones nervioso con los grandes eventos. Saber que, con independencia de lo que estén sintiendo en relación con el cambio o el evento, eso es normal los ayudará a «superarlo». Si saben que INCLUSO papá y mamá se ponen nerviosos, esto les permitirá normalizar su sentimiento todavía más. No tienes, por ejemplo, por qué ser invencible en esos momentos diciendo algo como: «Bueno, yo NUNCA me pongo nervioso, así que vosotros tampoco deberíais». Tú ya eres invencible a ojos de tu hijo, pero si puedes mostrar vulnerabilidad y pese a ello seguir permaneciendo fuerte, le enseñarás a tu hijo una lección de un precio incalculable. No pasa nada por ser vulnerable: hay fuerza en ello, ya que siempre podemos superarlo.

Tu hijo pensará: «*¡Vaya! ¡Si papá se pone nervioso o comete un error, no pasa nada si a mí también me pasa lo mismo!*». Añadir una anécdota divertida en esa situación también puede ser de utilidad, ya que el amor ayudará a disipar cualquier grado de ansiedad. Por lo general explico una historia en la que me pongo nerviosa y doy un traspiés delante de todo el mundo, o incluso me tiro una ventosidad (obviamente, yo nunca me tiro pedos: siempre lo hace el cachorro), o algo tonto que haga que mis hijos se rían y fomente esa maravillosa hormona que nos hace sentirnos bien (la oxitocina) y esos increíbles opioides naturales.

* * *

El duelo

Si hay una pérdida en la familia o cerca de ella, puede que a tu hijo le lleve un tiempo procesarla. Puede que siga repitiendo: «Así que papá ya no estará con nosotros nunca más» o «¿Por qué ha tenido que morir la abuela?». Puede que te parezca que es la vigésima vez que habéis mantenido la misma conversación, pero eso significa que tu hijo está, simplemente, teniendo dificultades para procesarlo, y esto le está ayudando a hacerlo. No te exasperes ni te vuelvas irritable. Comprendo que, si alguien ha fallecido, entonces las preguntas pueden parecerte bastante intensas desde el punto de vista emocional, y puede que respondas con un menor factor de búho sabio y un mayor componente de babuino, en cuyo caso puedes, simplemente, explicarle a tu hijo: «Siento irritarme, pero mamá también está triste y creo que necesito llorar».

Reflexiones de los progenitores: Tony, padre de dos muchachos jóvenes

«Perdí a mi padre debido a una forma muy rara de demencia cuando todavía era joven. Mis dos hijos disfrutaron de muy pocos años en los que su abuelo estuvo lo bastante bien para jugar con ellos. Cuando al final falleció, después de quince años de, en ocasiones, cuidados muy traumáticos, regresé de su casa y tuve que comunicárselo a mis dos hijos. Sabía que sentirían malestar, así que me prepare para mostrar mis sentimientos también y no parecer "fuerte" y estar callado. Les dije que el organismo del abuelo había dejado de funcionar bien y que había fallecido.

»Ambos se echaron a llorar.

»Yo también me sentí mal.

»Simplemente me senté a su lado y los abracé, lloramos juntos, me hicieron preguntas y lo hice lo mejor que pude para responderles. Al

final, el pequeño se quedó dormido y el mayor me cogió de la mano durante mucho rato.

»Los ayudé, inmediatamente, a aceptar la pérdida de su querido abuelo lo mejor que pude. Les enseñé fotografías y les conté historias divertidas sobre la época en la que jugaba al fútbol, de cuando solía tener coches antiguos que reparaba y que siempre se reía y daba golpes con llaves de mecánico cuando las cosas le salían mal. No podían parar de reír. Me senté a su lado y les sostuve las manos en silencio.

»Ahora son mayores y siguen echando de menos a su abuelo, por supuesto que sí, y siempre lo harán; pero pueden reír o llorar cuando sienten que es adecuado para ellos. Comprenden que la vida tiene ciclos y saben que los recuerdos de su abuelo nunca desaparecerán. Comprender las transiciones en la vida de tu hijo es muy importante, porque habrá muchas. El consejo de Kate es del todo transformador para esos momentos desafiantes».

Recuerda poner nombre a las emociones que tu hijo pueda estar experimentando para que así no las tema. Las asociaciones benéficas que se dedican al duelo infantil son lugares excelentes en los que empezar a buscar apoyo para ayudar a tu hijo si pasa por una época muy complicada. La clave es que los niños sientan que cuentan contigo, incluso aunque no puedan expresar con facilidad cómo se están sintiendo, sabiendo que estás ahí y que puedes consolarlos y aliviarlos lo suficiente, siempre y cuando permanezcas atento y les muestres que lo ves en su angustia.

Quizás quieras preparar una caja con cosas que contengan recuerdos de la persona que ha fallecido, o de amigos o memorias que hayan tenido cuando todos estabais juntos. Puedes emplear estos rituales para poder despedirte de un ser querido o un lugar. Podríais componer una canción o diseñar una tarjeta. Pregúntales a tus hijos cómo quieren ELLOS recordar a alguien o qué quieren hacer ELLOS para marcar la experiencia.

Recuerda no infravalorar las emociones de tu hijo y reconoce que quizás tengas que trabajar más duro si éste es un período de dolor y angustia para ti también. Si hemos pasado un duelo hace poco, tendremos nuestras propias necesidades, pero recuerda que tu hijo no dispone todavía de un búho sabio completamente desarrollado y que tú tendrás que ser un búho sabio para él y colocar esas maravillosas alas cálidas a su alrededor durante los períodos de cambio. (En la sección de Recursos he incluido una lista de organizaciones de utilidad, incluyendo a Place2Be).

La pérdida

La pérdida no sólo se produce cuando alguien fallece. La pérdida es un sentimiento intenso para nuestros hijos, y unirá muchas de las experiencias que tendrán durante este período de su vida. Se trata de otra área en la que nuestros hijos puede que necesiten nuestra ayuda para desarrollar resiliencia y regulación emocional. Si un familiar se encuentra muy enfermo, si estás pasando por un divorcio, si cambias de guardería o de trabajo, o incluso si estás planeando mudarte, deberás pensar en cómo preparar a tu hijo para las inevitables molestias que conllevará la «pérdida».

Por desgracia, no podemos evitarles el dolor a nuestros hijos. Las adversidades forman parte inevitable de la vida. La forma en la que los ayudes en este período definirá lo bien que lidiarán con el dolor durante el resto de su vida, por lo que es REALMENTE importante que no intentes hacer nada artificial para ahorrarles las lágrimas... o aparecerán más adelante a lo largo del camino, o verás a tus hijos metiendo sus inquietudes en esa mochila de las emociones, y ésta les supondrá una carga.

Apunte sobre el cerebro

«No te preocupes por tener que ocultar sus sentimientos si estás preocupado o afectado por algo: compartir la forma en la que te sientes ayudará a tu hijo a sentirse seguro y le permitirá compartir cómo se siente. Asegúrale que está bien que se sienta de la forma en la que se siente. Puede que sea de ayuda que llevéis a cabo alguna actividad mientras él habla, o que dispongáis de un frasco de los sentimientos en el que pueda anotar sus sentimientos».

Merle Davies, NSPCC (Director del Centre for Early Child Development)

CONSEJO DE LA CAJA DE HERRAMIENTAS

«¡Necesito hacer P...!»

No, no es ese tipo de P... (pipí): estoy hablando de la PREPARACIÓN. A mi marido, Mike, le inculcaron esta idea cuando estuvo en el cuerpo de Infantería de Marina del Reino Unido. Los militares lo llaman «la preparación previa evita un desempeño j*did*mente malo», pero puede que quieras evitar esta frase cuando hables con la directora de la guardería.

Al contrario que algunas transiciones, como el duelo o una enfermedad, muchos grandes cambios están programados y tienen una ventana de tiempo: SABEMOS que van a suceder. Cuando sea el caso, **NECESITARÁS UNA PREPARACIÓN**. Implica y prepara a tus hijos con suficiente antelación para una transición que sepas que esté acercándose. En primer lugar, tener la importantísima con-

268

versación de que, por ejemplo, estás pensando en que os vais a mudar o cambiar de escuela, o que uno de los progenitores se va a ir de casa. Intenta tener estas conversaciones lo antes posible, una vez que estés seguro de lo que es probable que suceda.

Puedes suministrar la información a cuentagotas en las conversaciones empleando cuestiones adecuadas para su edad. Empleemos el GRAN CAMBIO que supone mudarse de casa como ejemplo: «Bueno, hemos estado buscando un nuevo lugar donde vivir. Estamos pensando en X».

Puedes sentarte y mostrarles fotografías a tus hijos. Inclúyelos en la conversación sobre el área en la que se encuentra la nueva vivienda. Quizás también podrías sugerir una escapada de un día para verla.

Comprende que esto puede parecerles difícil, y emplea la crianza y educación de los hijos DRA (*véase* la pág. 99), de modo que puedas reconocerlo y ayudar a aliviar cualquier miedo.

No desestimes las preocupaciones o los miedos. Reconoce que puede que tu hijo esté preocupado por hacer nuevos amigos o por dejar a los viejos atrás.

Explícale tus razones para hacerlo, de modo que tu hijo sepa que hay una RAZÓN para la mudanza y que has tenido que pensártelo muy detenida y cuidadosamente.

Normaliza esto tanto como puedas, para así hacer que forme parte de las conversaciones cotidianas, y anima a tu hijo a hacer preguntas con tanta frecuencia como sea posible.

Implica a tus hijos en tantas tomas de decisiones como puedas: de qué color pintar sus habitaciones, dónde se ubicará la nueva cama del perro o dónde colocar sus juguetes favoritos. Lo que sea que haga las cosas más sencillas en el inicio en la nueva escuela (¿quizás más citas para jugar?).

Hazles preguntas a ELLOS para implicar a su cerebro de polluelo de búho recubierto de plumón, de modo que puedan racionalizar y aliviar a su propio lagarto y babuino en el proceso, pensando en los aspectos positivos del gran «cambio» en lugar de preocuparse por «cuáles puedan ser los aspectos negativos».

Emplea períodos de tiempo si tu hijo tiene un buen conocimiento del concepto. De no ser así, intenta dar con una forma en la que puedan hacerse una idea de cuándo puede suceder. ¿Va a acaecer alrededor de las Navidades, cuando acaben el curso escolar o después de unas vacaciones, por ejemplo?

Halla una forma positiva de marcar el evento de modo que lo esperen con ilusión o se preparen para él. Quizás puedas colocar un calendario en la pared para ir tachando los días.

Emplea válvulas de escape creativas: haz una foto de todas las veces que habéis pasado en vuestra vieja casa, incluyendo las vacaciones familiares y con amigos del colegio. Anima a tu hijo a ser creativo cuando se sienta inseguro, llevando a cabo muchos juegos para ayudarle a expresar sobre el papel cómo se siente. También podrías usar un poco del «poder de la almohada» (pág. 236) en caso necesario.

Quizás quieras emplear el arte para dibujar o pintar el aspecto que podría tener una casa nueva (o la casa de tu pareja, si se van a mudar a ella). Puedes debatir qué aspecto podría tener, emplear colores y descripciones para que de verdad se hagan a la idea de que este cambio va a suceder, que «cobre vida», por así decirlo. Si te estás divorciando o separando, puede que tu hijo quiera sentarse con tu pareja y dibujar el aspecto que podría tener su nueva casa, y aunque comprendo que puede llevarte toda tu resolución interior sentarte y mirar, es importante hacerlo, en especial en el caso de finales dolorosos como un divorcio. Los sentimientos de tus hijos pueden, con frecuencia, perderse en el dolor de los adultos que revolotea a su alrededor.

Pregúntale a tu hijo cómo puede él marcar el cambio que se está acercando. Tal vez quieras animarlo a planificar y representar el final, quizás trazando un cronograma, o también puedes pedirle que te explique cómo lo siente en su interior. Haz que diseñe un collage o algo creativo para que te haga saber cómo se siente. Puede que te des cuenta de que dibuja con colores más oscuros: no pasa nada. Déjate guiar por tu hijo, no asumas nada y no hagas comentarios sobre lo que ha dibujado. Resístete a la necesidad de decir: «Oh, este dibujo es realmente negro. Debes estar muy triste». Siéntete con la confianza de que puedes permitirle el proceso de duelo por el cambio o la pérdida, que es, en efecto, lo que puede que esté haciendo en estos momentos.

Haz todas estas cosas junto a tu hijo. Al permitirle disponer de un espacio para liberar cualquier preocupación o dolor, puede, literalmente, revelar sus sentimientos en el folio. No sientas la necesidad de analizar: el mero hecho de permitirle este proceso y estar ahí con él le estará ayudando a liberar cualquier malestar de una forma honda y profunda.

* * *

Además de todas estas ideas, me gustaría hacer algunos apuntes que vale mucho la pena tener en cuenta para que siempre seas consciente del lagarto, el babuino y el pequeño polluelo de búho, y para ver estos GRANDES MOMENTOS DE LA VIDA a través de los ojos de tus hijos pequeños.

No esperes demasiado ni excesivamente pronto. Son jóvenes lagartos y babuinos, y necesitan tiempo para adaptarse, procesar qué está sucediendo, sentirse seguros y comprender por qué el mundo que conocían hasta ahora parece haber cambiado de manera repentina. Si no forzamos a nuestros hijos y nos tomamos algunos días en lugar de esperar que se sientan «a salvo» de inmediato, es probable que la transición sea fluida y exitosa.

Asegúrate de que tu hijo se sienta VISTO y ESCUCHADO y de que estés pensando/hayas pensado todo esto en detalle teniéndoles presentes.

Asume la responsabilidad por lo que está pasando. A veces, los niños pueden culparse por lo que está sucediendo. Un escenario habitual es que el niño puede echarse la culpa por un gran cambio, como que sus padres se separen, pensando que es porque él ha hecho algo malo.

Permite que tus hijos experimenten el don de llorar cuando sientan malestar. No les hagas callar diciéndoles: «Oh, no llores o harás que yo también me sienta mal». LLORAR es bueno, ¿recuerdas? Se dice que las lágrimas limpian el alma: tanto la tuya como la de tus hijos. Si lloran, sabes que su dolor se está liberando. Llorar en estos momentos difíciles les permite encontrar consuelo *y* resolución, y haciéndolo CONTIGO, el vínculo entre vosotros se verá fortalecido y podrá producirse la sanación.

¡SÉ UN BÚHO SABIO! Cuando hablas con cariño y verdadera empatía, intentando ponerte en la piel de tu hijo, comprendiendo que esto podría hacer que se activen su lagarto y su babuino si la situación hace que se sientan amedrentados, y estás preparado para, simplemente, sentarte a su lado, le estarás ayudando a desarrollar su propio búho sabio interior, lo que le será muy útil en el futuro.

POR ÚLTIMO, durante las épocas de grandes cambios, no olvides el resto de utensilios de los que dispones en tu caja de herramientas. La crianza y educación de tus hijos DRA será de extremada utilidad: di lo que *ves*, reconoce y luego alivia. Aquí tenemos algunas palabras que pueden resultar útiles dependiendo de la transición o del cambio al que os estéis enfrentando.

1. DI LO QUE VEAS/OIGAS

«Parece que esto puede percibirse como algo difícil».

«Parece que no estás entusiasmado… Puedo entenderlo…».

«Percibo cierta tristeza en torno a esto… ¿Te gustaría que te diera un abrazo y que charlemos?».

2. RECONOCE

«Imagino que debe parecerte muy duro ahora, está bien. *Es* duro».

«¿Qué es lo que más echarás de menos? ¿Qué es lo que encuentras más difícil?».

«El cambio es difícil. Lo comprendo. Puede hacernos sentir inestables en nuestro interior».

Reconoce su dolor y también el tuyo si estás triste:

«Comprendo que es doloroso pensar en que la abuela se está muriendo. Mamá/papá también está triste por esto».

«Comprendo que estás triste porque me vaya a vivir a otra casa. Entiendo que me echarás de menos. Yo también te voy a echar de menos».

3. ALIVIA
«Estoy aquí y superaremos esto juntos».

«Estoy contigo. No me voy a ir a ningún sitio».

Además, debo volver a remitirte a las fantásticas **RECARGAS DE DIEZ MINUTOS** (pág. 187), que llenarán la «copa emocional» de tu hijo cada día antes de ir al colegio (o antes de cualquier gran transición o evento en la vida). En la práctica, con frecuencia, esto simplemente consiste en que lleno su copa emocional antes de ir a la escuela, teniendo cierto contacto corporal, sentándonos en la **ESCALERA QUE ALIVIA** (pág. 164), para ayudar a reducir los niveles de cortisol y apaciguar la respuesta de estrés. Podemos sentarnos y leer un libro, o a veces sentarnos y abrazarnos mientras mezo a mi hijo hacia delante y atrás sabiendo que, una vez más, son esos abrazos los que ayudan a regular y «reparar» cualquier preocupación o miedo.

También dispones de los **códigos rojos** (pág. 145) para que tu hijo exprese sus preocupaciones después de pasar tiempo alejado de ti. Además, tienes el **BASTA, NT-O-DV** (no tiene que ver contigo – observa – dale la vuelta) para permitirte disponer de la importantísima perspectiva y la capacidad de meterte de lleno y ayudarlo.

Asimismo, durante la progresión hacia cualquier gran transición, recuerda siempre que tu **HORA DE HÉROES** (pág. 192) semanal también es vital (además de los diez minutos diarios). Cuanto más conectado se sienta tu hijo a ti en las semanas anteriores a cualquier gran evento, mejor preparado se sentirá, porque tendrá una intensa sensación de que estás a su lado «pase lo que pase».

La vida está en constante movimiento y siempre tendremos la necesidad de adaptarnos al cambio. Podemos reconocer que el cambio suele ser perturbador para todos nosotros. Para nuestros hijos, con sus jóvenes lagarto, babuino y polluelo de búho recubierto de plumón, estos cambios pueden resultar muy alarmantes. Sin embargo, cuando nuestros hijos saben que tienen a alguien en quien confían a su lado para cualquier transición, con independencia de lo pequeña o grande que sea, esto los ayudará a sentirse respaldados a lo largo de cualquier período de ansiedad y hará que se desarrolle resiliencia: algo que, ciertamente, necesitarán si quieren lidiar mejor con los golpes y los retos que la vida pondrá, ciertamente, en su camino más adelante.

* * *

Añadiendo los **adioses bumerán**, **tener como referencia** y la **piedrecilla en el bolsillo**, además de los **rituales**, el **«¡Sé tú, sé humano!»** y el **«¡Necesito hacer P...!»**, ahora dispones de una caja de herramientas repleta de ideas para ayudar a tus hijos y a ti a lo largo de CUALQUIER transición. Además, al añadirlos al resto de las herramientas de las que he hablado en el libro, no habrá NADA con lo que no puedas lidiar, ninguna situación en la que te encuentres perdido con respecto a qué hacer ni ningún reto en el que no puedas meterte de lleno y darle la vuelta para tu hijo. Siendo el superhéroe de tus hijos, utilizando todas estas herramientas y comprendiendo cómo su lagarto, su babuino y su búho sabio afectan a su comportamiento, podrás transformar su vida y hacer que tu experiencia con la crianza y la educación de tus pequeños sea tan alegre y satisfactoria como sea posible.

Con independencia de cómo sea la tormenta, tú puedes.

Perlas de sabiduría del búho sabio

ᴠ ᴠ La pérdida y el cambio son inevitables en la vida. Es de una enorme importancia que comprendamos el impacto que tienen en nuestros hijos, especialmente cuando son muy pequeños.

- ᵥ ᵛ El estrés provocado por la separación entre un progenitor y un hijo pequeño puede experimentarse en el cerebro de forma muy parecida al dolor físico.

- ᵥ ᵛ Si tu hijo es «dependiente» o se muestra ansioso porque te vayas, simplemente te está diciendo que no se siente seguro.

- ᵥ ᵛ Cuando respaldamos a nuestros hijos en sus momentos de ansiedad, los ayudamos a desarrollar confianza y resiliencia, en lugar de lo contrario.

- ᵥ ᵛ Nuestros hijos pueden adaptarse y hacer frente al cambio cuando disponen de nuestra ayuda y apoyo.

- ᵥ ᵛ A pocos de nosotros nos gustan los cambios o ver a nuestros hijos angustiados, pero estar a su lado, reconocer el dolor de la experiencia y orientarlos a lo largo de ella los ayudará muchísimo.

- ᵥ ᵛ Si nos tomamos un poco más de tiempo para consolar y tranquilizar a nuestros hijos, más capaces y competentes emocionalmente hablando se volverán.

- ᵥ ᵛ Al escoger los cuidados infantiles, si «la sensación no es buena», entonces no será la opción correcta: confía en tu instinto y encuentra a cuidadores que tengan empatía y compartan tu punto de vista del «búho sabio».

- ᵥ ᵛ Sé tú mismo y sé honesto (tanto como te lo permita la edad de tu hijo): eres más poderoso de lo que piensas.

CAPÍTULO 14

No podemos verter líquido de una copa vacía

«Preferiría ser el hijo de una madre que sufra todos los conflictos internos del ser humano que tener como madre a alguien para la que todo sea fácil y sencillo, que conozca todas las respuestas y que no sepa lo que son las dudas».

Donald Winnicott, pediatra y psicoanalista inglés

¡Dios mío, hemos llegado hasta aquí!

¡Quiero decir que he logrado acabar mi libro… y tú te lo has leído hasta el final!

Los dos tenemos hijos pequeños y hacemos juegos malabares con diez platos a la vez, sin duda alguna… ¡Bien por nosotros!

Mi marido, Mike, es, como ya sabes, un antiguo comando de la Infantería de Marina de Reino Unido. Solía bromear, diciendo que, si la paternidad fuese un barco, se llamaría *Incansable*. Es cierto: nunca estamos «desconectados» cuando somos padres. Ser padre o madre ES exigente, especialmente cuando nos encontramos criando y educando a nuestros hijos solos.

No es un cliché decir que la crianza y la educación de los hijos es el trabajo más difícil que existe. Es incluso más duro que cuando nuestra propia «copa emocional» está medio vacía.

No podemos esperar criar y educar bien a nuestros hijos si nosotros mismos estamos sobrecargados y agobiados por nuestros propios sentimientos DEMASIADO INTENSOS (y nuestras propias grandes transiciones en la vida) con los que lidiar, y también con un babuino que está golpeando una y otra vez esa gran alarma roja de incendios en *nuestra* cabeza.

No podemos ayudar a nuestros hijos a regular sus emociones si las nuestras están desbocadas. Creo que este capítulo es uno de los más importantes porque se centra en **TI**.

Fijémonos, entonces, en cómo podemos llevarnos A NOSOTROS MISMOS de vuelta al equilibrio y en cómo podemos dar con formas de llenar nuestra propia «copa emocional» sin sentirnos culpables ni egoístas al hacerlo. Cuando podamos hacer esto por nosotros, podremos darles a nuestros hijos lo mejor de NOSOTROS MISMOS.

¿Por dónde empezar? Comencemos por los aspectos básicos.

El sueño

Empezaré prescribiendo la medicina del sueño. El mejor regalo que puedo hacerte en este aspecto consiste en recomendarte el trabajo del profesor Matthew Walker, destacado neurocientífico de la Universidad de California y autor de *Por qué dormimos: la nueva ciencia del sueño*, y el doctor Ron Ehrlich, odontólogo y defensor de la salud, que escribió *A life less stressed: The five pillars of health and wellness*. Un resumen *online* de su trabajo concluye que:

«El sueño es tu sistema de soporte vital incorporado e innegociable».

Es ASÍ de fácil y, para ser honesta, ASÍ de crítico. Sencillamente, no podremos ser el progenitor que queremos ser sin eso. Y sí, sé que durante las primeras semanas y meses de vida de un bebé es casi imposible: me he encontrado en esa situación. El excelente consejo (siempre bienintencionado) es «dormir cuando lo haga el bebé» o «irse a la cama cuando lo hagan tus hijos». Pero, ¡madre mía!, cómo desearía que todos pudiésemos. Sin dos conjuntos de abuelos, progenitores, primos, tías y tíos cerca para echarnos una mano, no estoy segura de cómo cualquiera de nosotros puede conseguir eso, sinceramente. Es ahí donde se nos recuerda, una vez más, el poder de la familia y de una red comunitaria que reconozca el apoyo que necesitan los padres en estos primeros años. Y TODOS precisamos respaldo si no queremos acabar agotados. Por lo tanto, empezaremos aceptando que el SUEÑO es la prioridad número uno porque nos ayudará a vivir nuestra vida como progenitores en multicolor, en lugar de en tonos de gris oscuro. Entonces podremos empezar por el final a partir de ahí, preguntándonos: «De acuerdo, así que, en ese caso, ¿cómo puedo asegurarme de dormir tanto como pueda?».

Apunte sobre el cerebro

 «Si hay algo que le digo a la gente es que se vaya a la cama y se despierte a la misma hora cada día, con independencia de lo que suceda. Me tomo mi sueño muy en serio porque he visto las pruebas. Una vez que sepas que después de una simple noche en la que sólo duermas cuatro o cinco horas tus células asesinas naturales (las que atacan a las células cancerosas que aparecen en tu organismo cada día) se reducen un 70 por 100; o que la falta de sueño está ligada al cáncer intestinal, de próstata y de mama; o simplemente que la Organización Mundial de la Salud ha clasificado cualquier tipo de trabajo nocturno como probable carcinógeno, ¿cómo podrías no actuar de otra forma?».

Profesor Matthew Walker, neurocientífico

El profesor nos ofrece unas palabras duras, pero, honestamente, las he incluido para asustarme a mí misma tanto como a ti. No pretendo alarmar a nadie, pero creo que necesitamos algunas verdades crueles a este respecto, ya que veo cómo nos hemos convertido en una sociedad en la que el sueño se ve comprometido con facilidad, por lo que, a partir de ahora, ¿cómo lo convertiremos en nuestra prioridad? En realidad, yo misma me incluyo en esto, porque si he aprendido algo, es que todo se lleva a cabo de forma mucho más fácil si no estás exhausto. Con frecuencia es difícil (a veces imposible, y, una vez más, hablo desde la experiencia) completar todas nuestras tareas el día que necesitamos que así sea, pero debemos rematarlas. Nos ponemos en riesgo a nosotros mismos y a nuestros hijos si no lo hacemos.

Criar y educar a nuestros hijos con pasión y comprensión es mucho más fácil cuando no estamos cansados. Durante el sueño de calidad, el cuerpo y la mente se recargan, el cerebro pone en orden los sucesos del día y los sistemas físicos de nuestro interior tienen la posibilidad de descansar y recuperarse y, por ejemplo, reequilibrar las hormonas. Tal y como han determinado el profesor Walker y otros, la falta prolongada de sueño de calidad puede dar lugar a trastornos médicos graves, como enfermedades cardíacas, diabetes y una esperanza de vida más corta, y, además, puede fomentar el desánimo y la depresión, y también llevarnos a ganar peso.

Asimismo es más probable que funcionemos con nuestro antiguo cerebro de lagarto y de babuino cuando nos vemos privados de sueño. La supervivencia ocupa el primer lugar, por lo que estamos más inquietos.

Nuestros hijos y nuestra salud dependen de que durmamos lo suficiente.

¿Pero cómo conseguimos el mejor sueño como progenitores escasos de tiempo?

Bueno, empecemos con los límites: priorizarnos a nosotros mismos y a nuestras ocho horas de sueño por encima de todo lo demás. Los límites son importantes, ya sea con nuestra pareja, que quizás sea un ave nocturna y quiera estar despierta hasta tarde o con el jefe, que espera que contestemos a sus correos electrónicos a las once de la noche.

Mi Santo Grial del sueño tiene el siguiente aspecto:

* Empiezo a bajar las revoluciones a las 20:00 h.: nada de pantallas, sólo libros y un bloc de notas en la mesita de noche para tomar apuntes de última hora sobre cosas que hacer.
* Escribo una lista de «cinco cosas que hacer mañana». Me ayuda a sacarme todo de la cabeza, con la confianza de que ahora llevaré esas cosas a cabo y podré «dejarlas a un lado», por así decirlo.
* A las 21:00 h. estoy en la cama, en un entorno limpio y sin desorden, y bajo las persianas.
* Entre las 05:00 y las 06:00 h. es mi hora natural para despertarme. Luego me ocupo primero de las tareas más complicadas de mi lista.
* Quizás hasta logro tener hechas TONELADAS DE COSAS antes de que mis hijos se despierten (si tengo suerte).

Por lo menos pasarás el resto del día sintiéndote con ventaja en lugar de yendo a remolque.

Llamo a esto el Santo Grial porque el sueño sigue siendo mi trabajo en curso. Cuando trato de hacer y de ser todas las cosas (madre, esposa, periodista, escritora), el sueño suele quedarse en un segundo plano, pero después de leer el libro de Matthew Walker, ahora lo he convertido en una prioridad. Dice que hemos llegado a pensar que dormir lo suficiente es algo egoísta, pero en realidad es la forma más elevada de cuidarnos.

Obviamente, todos somos distintos y nuestras circunstancias personales son muy variadas, así que encuentra qué funciona en tu caso: asegúrate de que duermes lo suficiente. No es un agradable extra, sino que es una necesidad. EL SUEÑO ES VITAL para que seas el progenitor que quieres ser.

Podemos usar la palabra «**PECAS**» como acrónimo al pensar en los otros elementos de nuestra vida que nos ayudarán a criar y educar a nuestros hijos de un modo equilibrado, con regulación emocional y una «copa llena». Si la **S** equivale a **SUEÑO**, la **A** corresponde a **AMOR**. Con ello me refiero al cariño y la preocupación que muestras por ti mismo.

El amor consiste en ser amable contigo mismo, en especial en los momentos en los que creas que estás fallando como progenitor; ya sabes, esos instantes en los que te preguntas por qué todos los demás parecen encontrarlo más fácil que tú o tienen hijos que parecen escuchar.

Piensa en estos fragmentos de conversaciones de padres con los que he hablado recientemente:

«Me siento culpable TODO el tiempo».

«Creo que soy un padre nefasto. No hago nada bien».

«Parece que para todos los demás las cosas son más fáciles. ¿Qué estoy haciendo mal?».

«Si oigo: "Mamá, ven a limpiarme el culito" o "Mamá, ven a jugar conmigo" una vez más…».

En el pasado, viviendo en una cultura de comunidad, habríamos tenido a alguien que vendría a darnos un abrazo, a estrecharnos en sus brazos en ese momento y a preguntarnos cómo nos podía echar una mano o transmitir su sabiduría, y a asegurarnos que él o ella también había pasado por esto. Cuando nos sentimos amados, podemos, a su vez, amar. Sin ancianos a nuestro alrededor, debemos aprender a priorizar y fortalecer nuestro propio «sistema de apoyo» interno con algunos importantísimos cuidados propios.

Apunte sobre el cerebro

 «¡Es importantísimo que nosotros, los progenitores, nos cuidemos! Puede parecer un lujo y, ciertamente, puede que pensemos que es así. Cuando estás intentando criar y educar a tus hijos, conservar tu trabajo, gestionar tu hogar, mantener la relación con tus familiares y amigos… ¿dónde está el tiempo para cuidar de ti mismo? Es fácil que desaparezca, pero es muy importante que no lo haga. Aquí tenemos el porqué: los cuidados propios son lo que te permite conservar la calma y estar emocionalmente regulado. Tu hijo necesita estabilidad emocional proveniente de ti porque necesita ayuda con sus propias emociones. Es difícil estar a la altura de la tarea de mantener la calma frente a las necesidades emocionales de los demás, en especial cuando tus propias reservas están vacías. Por lo tanto, cuidar de tu propia salud emocional y mental no debería ocupar el último lugar de tu lista. Debes cuidarte para así estar emocionalmente presente para tu hijo».

Doctora Suzanne Zeedyk, psicóloga infantil

Cuando nos concedemos permiso para ser lo que llamo «altruistamente egoístas», no sólo nos servimos a nosotros mismos, sino también a nuestros hijos.

He aprendido a tomarme veinte minutos diarios (me ha llevado hasta que mis hijos han cumplido los seis y los ocho años) para ser «egoísta» (ésa es mi percepción, no una opinión), para tomarme un tiempo muerto, ya que ahora soy consciente de lo importante que es disponer de todo ese espacio para nuestro bienestar mental.

Encuentra actividades que funcionen en tu caso, ya se trate de un baño caliente (la ciencia nos muestra que es genial para liberar sustancias químicas ansiolíticas naturales), o escuchar un *podcast* o un audiolibro. Si tienes pareja o un amigo que pueda cuidar de tus hijos mientras te das un paseo, entonces sal de casa si puedes: es muy bueno para el alma. A mí me puedes encontrar, en verano, descalza, con la espalda apoyada contra el tronco de un árbol, sintiendo el césped en las plantas de mis pies: es algo que asienta mucho y sólo me lleva cinco minutos. Cuando te das prioridad, incluso aunque sólo sea durante veinte minutos diarios, estarás modelando algo muy poderoso para tus hijos: que cuidar de ti mismo cuenta.

Regresando al acrónimo **PECAS**...

La **C** corresponde a **C**omer...

Lo que comemos tiene un impacto directo e importante sobre nuestro estado de ánimo y, por supuesto, nuestra salud. La nutricionista Kim Pearson afirma: «Hacer que comer de forma saludable sea una prioridad para ti también marca un ejemplo importante para tus hijos». Kim aconseja:

- Encontrar comidas que sean fáciles de preparar, tengan buen sabor y sean sustanciosas.
- Intenta estructurar las comidas alrededor de una fuente de proteína (como huevos de gallinas camperas, marisco, pescado, carne ecológica, tofu o tempeh), abundantes verduras y hortalizas que no sean ricas en almidón o ensaladas y una porción moderada de grasas saludables (piensa en el aceite de oliva o el de coco, el aguacate, los frutos secos y las semillas).
- Cocinar para toda la semana puede parecer un gran esfuerzo, pero no tiene por qué serlo, y tener el congelador lleno de comida saludable preparada para poderla descongelar es una bendición cuando vas escaso de tiempo.
- Mantener tu ingesta de azúcar bajo mínimos es una de las mejores cosas que puedes hacer por tu salud y la de tus hijos.
- No consiste en no darse caprichos nunca. Los caprichos pueden, por supuesto, formar parte de una dieta sana siempre que se consuman con cabeza y no acaben convirtiéndose en un hábito diario.
- La falta de sueño tiene un impacto sobre nuestras hormonas del hambre y la saciedad, haciéndonos sentir más hambrientos y menos satisfechos por el alimento que consumimos (del mismo modo, más siestas equivalen a un menor picoteo entre horas).
- Cuando estamos cansados, es más probable que optemos por alimentos ricos en azúcar y en carbohidratos como el almidón (como la pasta, la pizza, las tostadas, etc.).

La **E** corresponde a ejercicio…

Es decir, cualquier ejercicio que funcione en tu caso será bueno. Puede consistir en caminar, correr, nadar, ir en bicicleta, saltar sobre una cama elástica (yo me he comprado una cama elástica muy pequeña este año, y ¡caramba!, cuando necesito liberar mi propio «estrés» físico, me hace sentir muy bien ponerme unos auriculares y dar saltos durante unos diez minutos). Una vez más, todos somos distintos, por lo que puede que prefieras el pilates, el yoga, la escalada o el fútbol: cualquier cosa que te tranquilice, te haga salir de casa y te haga sentir bien. ¿Recuerdas la investigación del doctor Bruce que mostraba que cualquier cosa que hagamos que sea repetitiva y rítmica puede tener un impacto enormemente sanador sobre nuestro cuerpo y nuestro cerebro? Ahora soy consciente de por qué disfruté tanto bailando en el programa de entretenimiento *Strictly come dancing* (un concurso de baile): había una enorme sensación de alegría y bienestar cuando me movía al ritmo de la música. No importa lo bien (o mal) que pensemos que somos en una actividad: si podemos movernos al momento debido a algo que nos estimule, accederemos a nuestro «botiquín interior», tal y como lo denomina la científica Kerstin Uvnäs Moberg, secretándose oxitocina, que es un «néctar sanador natural» que sirve como un antídoto excelente contra el estrés que podamos estar experimentando en la actualidad.

Solía pensar que la comida saludable era aburrida y que el ejercicio era algo que debía soportarse. Ahora tengo una mentalidad muy diferente: me encanta cocinar, y con el ejercicio me he divertido más (y he conseguido unos resultados mejores) dando brincos para «sacudirme y menearme» mi respuesta natural de estrés de encima (de la misma forma en que lo hago con mis hijos), y eso ha cambiado mi actitud por completo.

La **P** corresponde a **PAREJAS, PERSONAS Y PLACER**

Estar con personas cariñosas y empáticas puede modificar nuestro estado de ánimo. Cuando estamos rodeados de personas con una mentalidad similar a la nuestra, sirve para reducir nuestros niveles de estrés y nos ayuda a «regularnos emocionalmente». Nadine

Burke Harris señala, en su libro *El pozo más profundo: sanar los efectos a largo plazo de las experiencias infantiles adversas,* que las relaciones sanas son una parte clave de la sanación y la prosperidad. Descubrió que unas relaciones cariñosas y alentadoras pueden mitigar, e incluso prevenir, los efectos duraderos del estrés en nuestros hijos y también en nosotros. Hay sanación en la conexión humana.

La crianza y la educación de los hijos pasan factura en las relaciones. Pueden exponer grietas que pueden convertirse en abismos, y requerir un gran estoicismo y conectividad por nuestra parte para criar y educar a nuestros hijos juntos cuando, con frecuencia, podemos sentirnos como si fuéramos a hacernos pedazos. Una vez más, disponer de apoyo comunitario puede ayudar a que sintamos respaldo en momentos en los que puede que pensemos que estamos naufragando, al igual que compartir nuestra experiencia con amigos disponibles desde el punto de vista emocional, sin temer que nos juzguen, o hablar con profesionales, asociaciones benéficas o familiares. Con bastante frecuencia, las tensiones que experimentamos, sobre todo en los primeros años tras tener hijos, puede que pasen, pero disponer de ayuda… es de ayuda. Asimismo, si eso no sucede, entonces buscar ayuda profesional puede resultar más beneficioso para ti y tus hijos a largo plazo. Enumero algunos recursos al final de este libro, e incluyo sugerencias sobre formas de encontrar y desarrollar una red de progenitores/profesionales en la zona en la que vivas. Las comunidades *online* también pueden ser de apoyo. Dicho esto, creo, personalmente, que quizás haya mayor poder en, de hecho, reunirse en persona: el roce de la mano de alguien sobre la nuestra si sentimos dolor es mucho más poderoso que en el mundo virtual. Somos seres sociales, animales de manada, y tal y como decía la doctora Guddi Singh, Jefa de Pediatría, al principio de capítulo 13: «¡Los abrazos pueden cambiar el mundo!».

Sin el beneficio del lujo, en la actualidad, de vivir con todos nuestros familiares, no puedo hacer suficiente hincapié en lo importante que es sentirse capaz de establecer contacto si necesitas ayuda para «encontrar a tu tribu». Y todos necesitaremos apoyo… incluso los más duros.

Maniobras masculinas con Mike

«Nadie superaría la formación militar sin camaradería. Durante los momentos especialmente duros, cuando estábamos llevando a cabo caminatas arduas o desplazándonos por terrenos difíciles, había un gran número de quejas, aunque graciosas. Independientemente de lo feas que se pusieran las cosas, o lo frías, húmedas y penosas que fueran las circunstancias; sin importar lo grave que fuera el peligro, un poco de cháchara/humor negro nos ayudaba a superar todo eso. Si la cháchara o las quejas se detenían, eso suponía una preocupación, porque significaba que alguien podía estar desconectándose, apagándose. Cuando estábamos en algún lugar muy frío, eso podía significar que la hipotermia estaba, potencialmente, empezando a hacer efecto. En esos momentos, nos NECESITÁBAMOS los unos a los otros. Eso también aplica en el caso de los progenitores».

Mike añade: «Aquí tenemos otra lección de la Infantería de Marina de Reino Unido que sigo empleando para que me ayude a criar y educar a mis hijos: solíamos decir que, con independencia de lo frío/caluroso/mojado/hambriento/acribillado por los insectos/cubierto de ampollas que estuvieras, todo eso podía borrarlo una ducha caliente, una comida y un sueño reparador. Me decía eso a mí mismo muchas veces cuando mis hijos eran pequeños (y lo sigo haciendo)».

Cuidar de nosotros mismos, estar cerca de personas con una mentalidad similar, reservarnos veinte minutos diarios para disponer de algo de ese importantísimo espacio para nuestro bienestar mental (lo que considero como permitir que nuestra mente «juegue») es crucial si queremos disponer de ese estado de bienestar mental para nuestros hijos y sus cuidados. Para mí, los juegos para adultos abarcan cosas como la meditación, la acupuntura, los masajes, el yoga y los ejercicios de respiración, que pueden ayudar a estimular a nuestras propias sustancias químicas ansiolíticas naturales y esa importantísima droga del amor: la hormona oxitocina. Para mí, jugar significa disponer de tiempo para recordar quiénes somos como personas: no sólo madres o padres, sino también la persona en la que nos hemos convertido.

CONSEJO DE LA CAJA DE HERRAMIENTAS

Abrazos de la mariposa y respirar con las manos

¿Cuál es la mejor forma de tranquilizar a nuestro propio babuino y lagarto cuando estamos solos en casa y nuestros hijos nos dejan agotados? Los abrazos de la mariposa y respirar con las manos son dos herramientas que podemos llevar con nosotros todo el tiempo y que son completamente gratis.

Abrazos de la mariposa

El abrazo de la mariposa fue desarrollado por Lucina Artigas, una terapeuta que trabajó con niños en el período posterior a un desastre natural en Ciudad de México en 1998. También puede ser muy eficaz en la vida cotidiana. Funciona estimulando ambos lados del cerebro, y recibe el nombre de «estimulación bilateral autoadministrada». Lo encuentro muy eficaz para calmarnos y asentarnos. El principio es muy sencillo:

- Empieza cruzando los brazos sobre el pecho, de modo que el dedo corazón de cada mano quede justo por debajo de tu clavícula. Tus manos deben estar lo más verticales posible, de manera que los dedos apunten hacia tu cuello y no hacia los brazos. Eleva los codos para crear las alas de la mariposa. Puedes tener los ojos completa o parcialmente cerrados, mirando hacia la punta de tu nariz.

- A continuación, golpea con suavidad tus manos contra el pecho, alternando entre la derecha y la izquierda. Inspira lenta y profundamente por la nariz y espira también por la nariz hasta que empieces a sentir cierto alivio.

Yo recupero la «calma» con mucha rapidez cuando llevo a cabo este ejercicio muy agradable y sencillo. Permite que tus pensamientos discurran con libertad, simplemente permitiendo que los pensamientos relativos a los sonidos, los olores y las sensaciones físicas floten hacia tu interior y hacia el exterior sin juzgarlos.

El abrazo de la mariposa puede llevarse a cabo en cualquier lugar en el que te sientas cómodo: de pie, sentado en una silla o tumbado, o con los ojos abiertos o cerrados. Para obtener más detalles y una demostración, puedes informarte mejor en Internet (*véase* la pág. 305).

A continuación tenemos...

Respirar con las manos

Ésta es una técnica muy sencilla pero eficaz muy usada por terapeutas y también en las escuelas.

- Extiende la mano frente a ti como si fuese una estrella. Empleando el índice de tu otra mano, empieza a trazar cada uno de tus dedos en sentido ascendente y descendente, empezando por el pulgar y discurriendo hacia arriba y hacia abajo por cada uno de los dedos, respirando en profundidad mientras lo haces.
- Inspira por la nariz mientras discurres por el dedo en sentido ascendente, y luego espira por la boca mientras desciendes por el dedo. Sigue avanzando hasta que hayas acabado el trayecto por toda tu mano.

En mi opinión, ésta es una forma excelente de encontrar la calma, sobre todo si me estoy enfrentando a algo especialmente difícil desde el punto de vista emocional, ya sea en mi formación de terapia o cuando estoy en casa y hay muchas cosas con las que lidiar. He aprendido a usar mi respiración mucho; si estoy bajo presión, tan sólo inspiro por la nariz y espiro a través de mis labios fruncidos. Así es como lo hago yo: hay muchos métodos distintos y buenas personas que aconsejan sobre excelentes técnicas de respiración (*véanse* las págs. 305 y 308).

También podemos enseñar a nuestros hijos estas técnicas: serán útiles para ellos y para ti, con independencia de las circunstancias.

* * *

Es necesaria una aldea para criar a un niño

Nelson Mandela afirmó: «No puede haber una revelación más intensa del alma de una sociedad que la forma en la que trata a sus niños». Y es cierto; somos un colectivo (o por lo menos deberíamos serlo) con respecto a la educación de nuestros hijos. Somos mucho más fuertes si remamos unidos y nos respaldamos los unos a los otros, tanto a nivel nacional como en nuestras comunidades y grupos de amistad.

En 2020, la Royal Foundation (*véase* la pág. 307) llevó a cabo una encuesta trascendental sobre los niños de menos de cinco años y dio a la gente de Reino Unido la posibilidad de aportar su punto de vista sobre la crianza y la educación de la siguiente generación. La investigación se fijó en cómo las experiencias difíciles al principio de la infancia suelen ser el origen de retos sociales clave, como una mala salud mental, la desintegración de la familia, las adicciones y la indigencia. La duquesa de Cambridge desveló los hallazgos de lo que se convirtió en el mayor estudio llevado a cabo en Reino Unido sobre las familias en la sociedad, y averiguó, entre otras cosas, que la realidad de la vida actual hacía muy difícil que los progenitores priorizaran su propio bienestar. Sólo un 10 por 100 de los padres que participaron en la encuesta mencionaron que se tomaban tiempo para ocuparse de su propio bienestar cuando, por ejemplo, se les preguntó cómo se habían preparado para la llegada de su bebé. Alrededor de un 70 por 100 de los progenitores dijeron que se habían sentido juzgados por los demás y, entre ellos, casi la mitad sintió que había tenido un impacto negativo sobre su salud mental. La encuesta identificó un elevado porcentaje de soledad de los padres, y muchos de ellos mencionaban que se sentían incómodos buscando ayuda con respecto a cómo se sentían.

La COVID-19 y algunas de las políticas nacionales para lidiar con ella (en forma de confinamientos y cierres de escuelas) sirvieron para aumentar la presión sobre la salud mental en general de las familias y los niños. En épocas difíciles, cuando cada vez disponemos de menos tiempo y estamos emocionalmente vacíos, nunca ha sido más importante encontrar consuelo en la compañía de los demás, incluso aunque sólo sea durante unos minutos diarios: algo que nos recuerde y nos asegure que no estamos solos.

He encontrado, personalmente, un gran consuelo en la compañía de «buenas mujeres», ya se trate de mis hermanas, de Claire y Amy, mis amigas, de las madres del colegio de mis hijos, de vecinas o de compañeras de trabajo. Las valoro realmente a ellas y sus consejos, y encuentro solaz en el hecho de poder descargarme y charlar y reír con las «pequeñas tonterías», nuestros «fracasos» en la crianza y la educación de nuestros hijos y con el apoyo que nos brindamos mutuamente con nuestras reuniones para ponernos al día o nuestras citas para divertirnos. También aprecio y valoro a los hombres que hay en mi vida: con frecuencia aportan una perspectiva distinta y, por lo general, me dejan pasmada con su compasión y amabilidad, sobre todo con respecto a su preocupación por sus hijos. Sé, gracias a mis conversaciones con padres, que con frecuencia sienten que corren para estar a la altura en lo relativo a la crianza y la educación de los hijos; y siento, intensamente, que ellos también necesitan nuestro apoyo, escuchar consejos prácticos de gente con la que pueden sentirse identificados y saber que no tienen por qué pasar por esto solos.

Reflexiones de los progenitores: René, padre de dos hijos ahora mayores que perdió a un ser querido cuando eran muy pequeños.

«Ya no hay nada que se haga mejor solo, especialmente la crianza y la educación de los hijos. ¿De qué apoyos dispones? Parte de mi vida la pasé criando a mi hijo solo, y luego conté con mi mujer durante los primeros años de vida de mi hija. Luego perdí a mi esposa y me quedé solo de nuevo. Por lo tanto, conozco el beneficio de que seáis dos: es mucho más poderoso. Había algunas cosas en las que yo era brillante, y en otras la brillante era mi mujer: yo era el emprendedor, el taxi, el que se ocupaba de las tareas domésticas; yo iba a hacer la compra, llevaba a mis hijos a sus entrenamientos de fútbol y de natación, y ella era la que sabía escuchar.

»Después de que ella falleciera, recuerdo ir al Gingerbread Club, donde todos sus miembros eran mujeres y yo era el único padre. Recuerdo la frialdad de la recepción, y ellas estaban convencidas de que yo me había presentado en el lugar equivocado. No fueron hostiles, pero, ciertamente, tampoco fueron cariñosas, y tuve que acudir tres o cuatro veces antes de que eso cambiara. Sin embargo, no permití que eso me detuviese. Pensé: "Voy a volver. Deseo las relaciones, quiero el establecimiento de vínculos, deseo el aprendizaje, quiero la red". Sigo recordando que me sentía raro yendo a cenas solo, sin una pareja. No había ningún margen para eso. Por suerte, había amigas, vecinos y otros progenitores con los que pude hablar, e invitaba a los padres a venir a casa con sus hijos, ya que eso me ayudaba a estar en un entorno en el que todos teníamos hijos.

»Quieres ser un padre modelo, y espero que haya alguien cerca, quizás una pareja de la que puedas aprender y que te oriente, si así lo deseas. Es algo más que una simple sabiduría compartida: dispones de la seguridad, de la conexión, de la camaradería».

«Comparo las primeras semanas de la paternidad con vagar por una habitación oscura llena de rastrillos. Algunos días parece que pisas todos y cada uno de ellos. Puede resultar difícil adaptarnos a nuestro nuevo papel de figurante cuando antes teníamos un papel principal. Con frecuencia nos preguntamos qué narices hacer y cuál es la mejor forma de ayudar. Puedo decir, honestamente, como padre entrado en años y sin progenitores vivos, que no recibí ni una pizca de orientación ni de consejos útiles de nadie, aparte de "es más duro de lo que crees" y "fíate de tu instinto". Sin embargo, no estoy tan seguro de que la cosa fuera tan instintiva, y puede dejarte abierto a todo tipo de errores. De hecho, dispuse de mucha más orientación con nuestro nuevo cachorro que con un nuevo bebé».

Tanto si estás criando y educando a tus hijos solo como en pareja, tanto si eres el padre biológico como si no, creo firmemente en el papel, que nosotros, los padres, desempeñamos en la vida de nuestros hijos. Pienso que a veces puede que nos sintamos los menos cualificados (¿o quizás sólo se trataba de mí?), pero ahora veo el papel tan crucial que desempeñamos en la crianza y la educación de nuestros hijos. Ellos nos necesitan igual y, para ser sincera, creo que nosotros también los necesitamos. La paternidad es una experiencia vital enriquecedora por la que estoy muy agradecida. Citando a Abraham Lincoln: «Ningún hombre es tan alto como cuando se inclina para ayudar a un niño». Aplaudo a René por su determinación y tenacidad, especialmente al afrontar su propio duelo y su pérdida. Tal y como demuestra su ejemplo, no temas hacer preguntas: todos empezamos en algún punto, y en mi libro no hay preguntas «estúpidas». Confía en ti mismo, ya que Google no siempre sabe lo que es mejor; remad juntos como un equipo y sabed que lo que hagáis MARCARÁ la diferencia.

He visto que las conversaciones más reveladoras y tranquilizadoras sobre la crianza y la educación de los hijos son las que mantengo con otros progenitores cuando somos honestos sobre cómo nos sentimos y con qué podemos estar batallando, o con las preguntas que queremos hacer, pero que hemos tenido tanto miedo de formular. Es en estos momentos cuando puede que nos demos cuenta de que nuestros hijos son todos iguales. No les pasa nada malo, del mismo modo que a nosotros, como progenitores, no nos sucede nada malo; puede que, simplemente, nos encontremos en una etapa diferente de un reto. Y es aquí donde la *comunidad* puede aportar un gran consuelo. La vida puede, con frecuencia, parecer agobiante y difícil, con adversidades y dolor; pero la carga puede verse aliviada si podemos compartir nuestra experiencia con otros, como, de hecho, hacían antaño los humanos por naturaleza.

Apunte sobre el cerebro

 «Nuestro cerebro evolucionó a lo largo de cientos de miles de años de generaciones en pequeños grupos de cazadores y recolectores en los que un entorno complejo, interactivo, dinámico y socioemocional proporcionaba experiencias al niño en crecimiento. En un grupo de ciento cincuenta individuos, había tres o más adultos cuidadores por niño dependiente de menos de seis años. Los niños crecían en presencia de los ancianos, sus hermanos y los adultos, fueran familiares o no. Había una exposición más continua y una más amplia variedad de interacciones socioemocionales. El efecto del estilo de vida actual, las comunicaciones, la tecnología y las economías es que ahora estamos criando a nuestros hijos en entornos que son muy distintos al rico contexto social al que nuestro cerebro está mucho mejor adaptado».

Kate Stanley y doctor Nathaniel Kendall-Taylor, Frame Works Institute
Profesor Peter Fonagy, Anna Freud Centre for Children and Families

Espero que la sociedad pueda ponerse de acuerdo para centrarse en estos asuntos y en los años más cruciales de la vida de nuestros hijos, desde su concepción hasta los cinco años de vida, y que también se centre en nosotros, los progenitores, porque necesitamos toda la ayuda y el apoyo que podamos conseguir. Es demasiado crucial para las generaciones futuras no hacerlo.

En palabras del proverbio africano: «En necesaria una aldea para criar a un niño».

* * *

¿Cómo te criaron y educaron a ti?

Es bueno tener en cuenta los conocimientos que nos transmitieron nuestros padres u otras personas. El psicólogo clínico infantil Oliver James afirma que: «O nos rebelamos contra la forma en la que nos criaron y educaron, o seguimos esa forma de crianza y educación de los hijos al pie de la letra». Creo que es saludable que podamos reflexionar con honestidad y pensar en cómo nos criaron y educaron. Podemos preguntarnos qué es lo que recordamos que era lo mejor... y lo peor. ¿Qué desearíamos repetir con nuestros hijos y qué no? Tengo la esperanza de que seas capaz de ser curioso con respecto a lo que *a ti* te hacía sentir seguro y feliz cuando eras niño, conservando los mejores fragmentos de tu experiencia, y que consideres estar abierto a cambiar el resto de cosas que no te gustaron. (Hay muchos recursos al final del libro con respecto a este tema). Si te resulta un poco difícil cuidar de ti mismo o reflexionar sobre tu propia experiencia como niño a ese respecto, ir a terapia puede ser un lugar excelente por el que empezar, porque un buen terapeuta puede ayudarte a «volver a criar y educar» a tu propio niño interior. Esto, obviamente, daría para un libro entero por sí mismo (un libro que me encantaría escribir), pero por ahora puede consistir en algo a tener en cuenta si crees que necesitas un poco de apoyo en este aspecto (*véase* la sección de Recursos para saber cómo encontrar uno que sea adecuado para ti), pero también hay muchas cosas que puedes hacer por tu cuenta. A pesar de todos los traumas y preocupaciones del mundo, cuando tenemos a la gente adecuada a nuestro alrededor, podemos superarlo. Cuando nos sentimos respaldados y escuchados, también podemos encontrar el espacio para dar de nosotros mismos a nuestros hijos. Tal y como dicen en los aviones: «Ponte tu mascarilla de oxígeno antes de ayudar a alguien».

El estilo occidental de crianza y educación de los hijos puede ser muy criticón y, como sociedad, podemos ser bastante censuradores, o, por lo menos, podemos SENTIR que estamos siendo juzgados. Por lo tanto, cambiemos las tornas con respecto a eso y empecemos a tratarnos con más compasión. Lo estamos haciendo lo mejor posible para hacer que nuestros hijos sean felices.

Y eso es SUFICIENTE.

 Reflexiones de los progenitores: René

«Como padre soltero, me llevó mucho tiempo darme cuenta de que no necesitaba seguir las normas de nadie, sino las mías. Hubo momentos en los que percibí ese sentimiento de ser una persona ajena, y me sentí culpable y un inepto, pero tú no deberías sentir eso nunca si estás intentando hacerlo lo mejor posible como progenitor».

Nos atendemos a nosotros mismos y a nuestros hijos cuando confiamos precisamente en eso, cuando todos podemos aceptar que:

* Ningún progenitor es perfecto.
* Siempre hay una oportunidad para volver a empezar: mañana será un nuevo día.

- Si acertamos, aunque sólo sea parte del tiempo, eso puede ser suficiente. Empezando con pequeños pasos podemos hacer grandes cambios.
- Independientemente de lo que sucediera en el pasado, es pasado. Siempre hay espacio para arreglar las cosas, tanto en nosotros mismos como en la relación que tenemos con nuestros hijos.

Cuando me embarqué en la aventura de escribir este libro, el objetivo consistía en compartir lo que había aprendido acerca de los primeros años de la vida de nuestros hijos: que lo que experimentamos cuando somos muy pequeños moldeará al adulto en el que nos convertiremos. Sabemos que lo que hagamos como progenitores durante los primeros cinco años de vida de nuestros hijos será fundamental para su futura salud y felicidad. Sabemos que podemos ayudar a nuestros pequeños de la mejor manera posible cuando somos capaces de ver el mundo a través de sus ojos. Espero que explicarte la historia del lagarto, el babuino y el búho sabio te haya ayudado a ver a tus hijos como yo he podido ver a los míos.

Nuestros hijos están llenos de un potencial brillante y hermoso, y para ayudarlos a hacerlo realidad todo lo que necesitamos es *verlos* y *oírlos*, comprender cómo se ven dirigidos por un cerebro antiguo y unas emociones realmente *intensas*. Cuando les respondamos con compasión y comprensión, podemos tener la seguridad de que todo lo que nuestros hijos necesitan realmente es a nosotros, nuestra presencia, por imperfectos que nos sintamos a veces.

Empieza con *nosotros* y hazlo ahora. Comienza cuando podamos (con la mano en el corazón) creer que *no hay, de verdad, niños «malos»*.

Bibliografía

Las páginas web que aparecen en este listado son a las que la autora accedió con fines de investigación. Su inclusión no implica que la autora las respalde.

Capítulo 1

GERHARDT, S.: *Why Love Matters*, Routledge, 2004. (Trad. cast.: *El amor maternal: la influencia del afecto en el cerebro y las emociones del bebé*. Eleftheria: Barcelona, 2016).

FONAGY, P.: «A deeper dive into the science of early childhood and the key insights that built today's knowledge» (boletín informativo).

GOGTAY, N.; GIEDD, J. N., *et al.*: «Dynamic mapping of human cortical development during childhood through early adulthood», *Proc Natl Acad Sci USA*, vol. 101, n.º 21, pp. 8174-8179 (2004).

DENNIS, E. L.; JAHANSHAD N., *et al.*: «Development of brain structural connectivity between ages 12 and 30: a 4-Tesla diffusion imaging study in 439 adolescents and adults», *Neuroimage*, vol. 64, pp. 671-678 (2013).

ZIELINSKI, B. A.; GENNATAS, E. D.; ZHOU, J. y SEELEY, W.W.: «Network-level structural covariance in the developing brain», *Proc Natl Acad Sci USA*, vol. 107, n.º 42, pp. 18191-18196 (2010).

SMITH, JENNY: comadrona y fundadora de jentlechildbirth.co.uk y birthcontinua.com

VAN DER KOLK, B. A.: *The body keeps the score: Brain, mind and body in the healing of Trauma*. Penguin, 2015. (Trad. cast.: *El cuerpo lleva la cuenta: cerebro, mente y cuerpo en la superación del trauma*. Eleftheria: Barcelona, 2020).

El psiquiatra británico John Bowlby definió el apego como «una conectividad psicológica duradera entre seres humanos». Para obtener más información, visita thebowlbycentre.org.uk/about-the-bowlby-centre/

Puedes encontrar la página web del doctor Allan Schore y más información sobre tu trabajo en www.allanschore.com

Capítulo 2

SUNDERLAND, M.: *The science of Parenting*. DK, 2016.

ZEEDYK, S.: *Sabre tooth tigers and teddy bears: The connected baby guide to attachment*, 2014, suzannezeedyk.com/books-dvds-ecourses-suzanne-zeedyk/

BURKE HARRIS, N.: *The deepest well: Healing the long-term effects of childhood adversity*. Bluebird, 2018. (Trad. cast.: *El pozo más profundo: sanar los efectos a largo plazo de las experiencias infantiles adversas*. Eleftheria, Barcelona, 2021).

NATIONAL SCIENTIFIC COUNCIL ON THE DEVELOPING CHILD: «Excessive stress disrupts the architecture of the developing brain: Working paper No. 3» (edición actualizada), 2005/2014. Recuperado de www.developingchild.harvard.edu. Véase también developingchild.harvard.edu/science/key-concepts/toxic-stress/

DAWSON, G., *et al.*: «The role of early experience in shaping behavioural and brain development and its implications for social policy», *Developmental Psychology*, vol. 12, nº 4, pp. 695-712 (otoño de 2020).

GUNNAR, M. R.: «Studies of the human infants adrenocortical response to potentially stressful events», *New Directions for Child Development*, pp. 3-18 (otoño de 1989).

Capítulo 3

Anna Freud National Centre for Children and Families: www.annafreud.org

Margaret Heffernan: para obtener más información, visita www.mheffernan.com/index.php

Trauma Informed Schools: www.traumainformedschools.co.uk

The Harvard Center on the Developing Child: developingchild.harvard.edu

Capítulo 4

EKMAN, PAUL (doctor): para obtener más información, visita www.paulekman.com

PLUTCHIK, R.: *The emotions*, University Press of America (edición revisada), 1991.

ZEEDYK, S.: *Sabre tooth tigers and teddy bears: The connected baby guide to attachment*, 2014, suzannezeedyk.com/books-dvds-ecourses-suzanne-zeedyk/

Experimento del rostro «en blanco» o «fijo»: desarrollado por el doctor Ed Tronicken en la década de 1970, el experimento del rostro «en blanco» o «fijo» nos aporta conocimientos sobre cómo las reacciones de un progenitor pueden afectar al desarrollo emocional de un bebé, y subraya la necesidad de «conexión» desde muy temprano en la vida: www.gottman.com/blog/research-still-face-experiment/

Con respecto al rostro «en blanco» o «fijo», véanse también www.ncbi.nlm.nih.gov/pmc/articles/PMC3289403/;dennis-tiwary.com/wp-content/uploads/2015/01/Gulyayeva-et-al-Still-Face-poster-from-APS-2016-conference.pdf;www.drtracyphd.com y oece.nz

SUNDERLAND, M.: *The science of parenting*, DK, 2016.

Capítulo 5

SUNDERLAND, M.: *The Science of Parenting*, DK, 2016.

CHILD TRAUMA ACADEMY: para obtener más información, visita www.childtrauma.org.

PERRY, BRUCE (doctor): para obtener más información sobre el trabajo del doctor Perry, visita www.bdperry.com y echa un vistazo a sus numerosos libros, entre los que se incluyen *The boy who was raised as a dog*. Basic Books, 2017 (Trad. cast.: *El chico a quien criaron como perro y otras historias del cuaderno de un psiquiatra infantil*. Capitán Swing, 2016).

—: *Splintered reflections: Images of the body in trauma*, Jean Goodwin, Reina Attias (editoras), Basic Books, 1999.

SCHACTER, D.: *Searching for memory: The brain, the mind and the past*. Basic Books, 1997.

JAMES, O.: *How to develop emotional health*. Macmillan, 2014.

MIDDLEMISS, W. I.; GRANGER, D. A.; GOLDBERG, W. A. y NATHANS L.: «A synchrony of mother-infant hypothalamic-pituitary-adrenal axis activity following extinction of infant crying responses induced during the transition to sleep», *Early Hum Dev.*, vol. 88, n° 4, pp. 227-232 (abril de 2012). doi: 10.1016/j.earlhumdev.2011.08.010. Epub 23 de septiembre, 2011.

MATÉ, G. (doctor): «Why I no longer believe babies should cry themselves to sleep», en la página web oficial de Gabor Maté, drgabormate.com/no-longer-believe-babies-cry-sleep/; véase también MATÉ, G.: *When the body says no: The cost of hiddenstress*. Vermilion, 2019. (Trad. cast.: *Cuando el cuerpo dice no: la conexión entre el estrés y la enfermedad*. Gaia Ediciones: Madrid, 2020).

Capítulo 6

LEVINE, P.: *Waking the tiger: Healing trauma: The innate capacity to transform overwhelming experiences*. North Atlantic Books, 2011.

Capítulo 8

GABOR MATÉ (doctor): para obtener más información, visita su página web drgabormate.com

BOWLBY, JOHN: para obtener más información, visita thebowlbycentre.org.uk

Capítulo 9

Rozin, P. y Royzman, E. B.: «Negativity bias, negativity dominance and contagion», *Personality and Social Psychology Review*, vol. 5, n.º 4, pp. 296-320 (2001).

Capítulo 10

Anna Freud National Centre for Children and Families: www.annafreud.org

Sigman, A.: *Remotely controlled: How television is damaging our lives.* Vermilion, 2007.

—: «Screen dependency disorders: a new challenge for child neurology», *Journal of the International Child Neurology Association* (abril de 2017). Véase también: «Children under five should spend less than an hour a day in front of the TV: Doctors say electronic screens damage youngsters' sleep and fitness», *Daily Mail,* 13 de noviembre de 2016.

The American Academy of Pediatrics. Puedes visitar su página web: www.aap.org

Capítulo 11

developingchild.harvard.edu/science/key-concepts/brain-architecture/

NSPCC: www.nspcc.org.uk

Place2Be: www.place2be.org.uk

Capítulo 12

Investigaciones sobre la diferencia de edad/rivalidad entre hermanos: hay dos tipos de investigaciones: físicas y mentales. Para obtener más información sobre la salud física, visita la página web de la Weston A. Price Foundation: westonaprice.org. Para más información sobre el bienestar mental, véase a Laura Markham hablando sobre este tema en www.ahaparenting.

com/ask-the-doctor-1/what-is-the-best-age-spacing-between-siblings

Biddulph, S.: *Raising Boys*. Harper Non Fiction, 2018. (Trad. cast.: *Educar niños: por qué los niños son diferentes y cómo ayudarlos a ser personas felices y equilibradas*. Alba: Barcelona, 2014). Véase también stevebiddulph.com y «Kids in lock down: why it's much harder for boys», artículo de Steve Biddulphpara en *The Times*, 17 de abril de 2020.

Shumaker, H.: *It's OK not to share*. Tarcher, 2012. Véase también heathershumaker.com/

Markham, L.: *Calm parents, happy siblings: The secrets of stress-free parenting*, Vermilion, 2015.

—: *Peaceful parent, happy kids*. Perigree Books, 2014. Véase también ahaparenting.com

Fabre, A. y Mazlish, E.: *Siblings without rivalry*. Piccadilly Press, 1999. (Trad. cast.: *¡Jo, siempre él!: soluciones a los celos infantiles*. Alfaguara: Madrid, 2019.

Eisenberg, N.: «Eight tips to developing caring kids», en *Good things to do: Expert suggestions for fostering goodness in kids*. David Streight (editor), Portland, 2009.

Capítulo 13

Pereira Gray, D.; Dean, D.; Dineen, M. y Dean, P.: «Science versus society: is childcare for the under threes a taboo subject?», *Epigenomics*, Future Medicine Ltd (2020).

O' Sullivan, J.: *The A to Z of early years: Politics, pedagogy and plain speaking*. Sage Publications, 2020.

The London Early Years Foundation: leyf.org.uk

Capítulo 14

Walker, M.: *Why we sleep: The new science of sleep and dreams*. Penguin, 2018. (Trad. cast.: *Por qué dormimos: la nueva ciencia del sueño*. Capitán Swing, 2019.

EHRLICH, R.: *A life less stressed: The five pillars of health and wellness.* Scribe UK, 2018.

UVNÄS MOBERG, KERSTIN: para obtener más información sobre la oxitocina, visita www.kerstinuvnasmoberg.com

—: *The hormone of closeness: The role of oxytocin in relationships.* Pinter & Martin Ltd, 2013.

—: *Oxytocin: The biological guide to motherhood.* Praeclarus Press, 2016.

UVNÄS MOBERG, K. y ODENT, M.: *The oxytocin factor: Tapping the hormone of calm, love, and healing.* Pinter& Martin Ltd, 2011. (Trad. cast.: *Oxitocina: la hormona de la calma, el amor y la sanación.* Obelisco: Barcelona, 2009).

BURKE HARRIS, N.: *The deepest well: Healing the long-term effects of childhood adversity.* Bluebird, 2018. (Trad. cast.: *El pozo más profundo: sanar los efectos a largo plazo de las experiencias infantiles adversas.* Eleftheria: Barcelona, 2021).

Abrazo de la mariposa: para obtener más información, véase www.researchgate.net/publication/340280320_The_EMDR_Therapy_Butterfly_Hug_Method_for_Self-Administer_Bilateral_Stimulation/

Respirar con las manos: para obtener más información, véase childhood101.com/take-5-breathing-exercise/

The Royal Foundation: royalfoundation.com/5-big-questions/

JAMES, O.: *How to develop emotional health.* Macmillan, 2014.

Recursos

Las siguientes organizaciones tienen unas páginas web fantásticas que son toda una mina para obtener información, y ofrecen opiniones de expertos y descubrimientos:

Action for Children, www.actionforchildren.org.uk/
Advance (Advocacy and Non Violence Community Education) Charity (violencia doméstica; edades: de 5 a 18 años), www.advancecharity.org.uk/
Barnardo's (ofrece una línea de atención telefónica, incluyendo una específicamente para minorías), www.barnardos.org.uk
Child Bereavement UK, www.childbereavementuk.org/
Childline, www.childline.org.uk/
Children First – Scotland, www.children1st.org.uk/
The Children's Society, www.childrenssociety.org.uk/
Mentally Healthy Schools, www.mentallyhealthyschools.org.uk/
Mind, www.mind.org.uk/information-support/for-children-and-young-people/
Royal Foundation, royalfoundation.com/programme/early-childhood/
SAMARITANS (línea de asistencia telefónica abierta para menores de 18 años), www.samaritans.org/
UK Trauma Council, uktraumacouncil.org
Voice Collective (apoyo para niños y personas jóvenes que oyen voces o tienen visiones o cualquier otra experiencia sensorial inusual), www.voicecollective.co.uk/
WATCH – What about the children (0-3 años), www.whataboutthechildren.org.uk/
Winston's Wish, www.winstonswish.org/

Anna Freud National Centre for Children and Families, www.anna-freud.org

NSPCC, www.nspcc.org.uk

Place2Be es una organización increíble que te animo a visitar: www.place2be.org.uk

Maudsley Foundation, maudsleycharity.org

The American Academy of Pediatrics, www.aap.org

Employers' Initiative on Domestic Abuse, www.eida.org.uk

Heads Together Foundation, headstogether.org.uk

Mind, www.mind.org.uk

Cruse Bereavement, www.cruse.org.uk

Epione Training, www.epione-training.com

Home-Start UK, www.home-start.org.uk

Laura Henry Consultancy, www.laurahenryconsultancy.com

ACE Aware Nation, aceawarescotland.com

70/30 Campaign, www.wavetrust.org/7030

Anxiety UK, www.anxietyuk.org.uk

BACP.co.uk supone un excelente recurso para encontrar un terapeuta.

Sane, www.sane.org.uk

Mental Health Foundation, www.mentalhealth.org.uk

Time to Change, www.time-to-change.org.uk

Best Beginnings, www.bestbeginnings.org.uk

Young Minds, youngminds.org.uk

Chance UK, www.chanceuk.com

Children In Need, www.bbcchildreninneed.co.uk

Violence Reduction Units – Scotland/London, www.svru.co.uk

NVR Northampton, www.nvrnorthampton.co.uk

Women's Aid, www.womensaid.org.uk

Beacon House, beaconhouse.org.uk

www.vroom.org

breathpod.me

Familylives.org.uk

Familyequality.org

Joseph Rowntree Organisation, www.jrf.org.uk

Aimh.uk
mothersathomematter.com
Parentsasfirstteachers.org
Wavetrust.org
fivetothrive.org.uk
childmentalhealth.org
brainwave.org.nz

Agradecimientos

A todos los que me han ayudado a convertir este sueño en realidad: gracias.

A todos en Piatkus, Little, Brown: a Zoe, Jillian, Clara, Aimee, Sarah, Andy y a todo el equipo por esforzarse mucho y por «captarlo» desde el principio.

A Amanda Bannister, de Bannister Creative, por ser muy sagaz, estar siempre disponible e ir siempre tan impecablemente vestida.

A Bev James, Tom Wright y el equipo de Bev James Management: ha sido un gran placer y estoy deseando lo que está por venir.

A Sarah, Leonie, Malcolm y a todo el mundo en la BBC que me permitió tomarme el tiempo necesario.

A Korda Ace, por esas divinas ilustraciones. Tienes un maravilloso talento y ha sido una gran alegría. Gracias por dar vida a mis «bebés».

Al padre de Dave... que puede que en algunos momentos deseara no haber descolgado nunca el teléfono, pero cuyo apoyo y fe en mí me animaron a acabar este libro, no sin gran esfuerzo. A Yoda de incógnito... Gracias, Mart.

A Benny y Robbie, por vuestra amistad, sabiduría y apoyo inquebrantable. Gracias por ser una fuerza del bien tan importante en el mundo de la salud mental infantil.

Peter, una vez me confiaste la escritura de un libro para transmitir los conocimientos científicos. Gracias por tener la fe suficiente en mí para hacerlo, por tu *feedback* a lo largo de todo el proceso y por tu aprobación del resultado. Gracias por todo lo que haces por los niños y las familias.

Bruce, gracias por las entrevistas, tu *feedback* y por escribir el libro *El chico a quien criaron como perro y otras historias del cuaderno de un psiquiatra infantil*, en el que, hace más de una década, atrajiste mi atención con respecto a la realidad de la vida para los niños maltratados.

Suzanne, tu energía y tu ánimo nunca dejan de alentar mi trabajo. Mi cariño y agradecimiento por todo lo que haces, y por el *feedback* detallado que con tanta generosidad me ofreciste.

A Margot y Gabor, gracias por escribir los libros que me han inspirado y estimulado.

Un agradecimiento muy especial a aquellos de vosotros que leísteis los primeros borradores y por dedicarme con tanta generosidad vuestro tiempo y experiencia en forma de *feedback* cuando ya estabais trabajando al máximo de vuestra capacidad:

Al doctor Dickon Bevington, asesor de Psiquiatría Infantil y Juvenil en el NHS (Sistema Nacional de Salud de Reino Unido).

A Susan Cooke, Jefa de Investigaciones en la NSPCC.

A Diana Dean, Director de Investigaciones en WATCH.

Al profesor Peter Fonagy (Oficial de la Orden del Imperio Británico), asesor Clínico Nacional del NHS Inglaterra de Salud Mental Infantil y Juvenil, y alto ejecutivo del Anna Freud Centre en Londres.

Al profesor Eamon McCrory, Profesor de Neurociencia del Desarrollo, cofundador del UK Trauma Council y director del Anna Freud Centre.

Al doctor Bruce Perry (médico y doctorado), director de Neurosequential Network y socio principal de The Child Trauma Academy.

A la doctora Suzanne Zeedyk, psicóloga infantil, investigadora científica y fundadora de Connected Baby.

Muchas gracias a Duncan Wardle, antiguo Director de Innovación y Creatividad de Disney, por la inspiración en forma de «caja de cartón». www.duncanwardle.com

Un agradecimiento especial por su apoyo y contribuciones a este libro. En orden alfabético:

doctor Bruce Clark, especialista en psiquiatría infantil y juvenil, y director clínico del servicio de salud mental infantil y juvenil del Maudsley Hospital.

Julie Harmieson, codirectora de Trauma Informed Schools UK.

Profesor Sir Denis Pereira Gray (Oficial de la Orden del Imperio Británico, miembro del Real Colegio de Médicos, miembro del Real Colegio de Médicos de Cabecera, miembro de la Academia de Ciencias Médicas).

Doctor Gabor Maté, médico, experto en adicciones y escritor.

June O'Sullivan (miembro de la Orden del Imperio Británico), alta ejecutiva de la London Early Years Foundation.

Doctor Matthew Patrick, antiguo alto ejecutivo del South London and Maudsley NHS Foundation Trust.

A la fundadora y presidenta de Place2Be, Dame Benita Refson (miembro de la Orden del Imperio Británico) y al honorable Robert A. Rayne.

Doctor Dan Siegel, profesor clínico de Psiquiatría en la Facultad de Medicina de la Universidad de California en Los Ángeles (UCLA) y codirector fundador del Mindful Awareness Research Center de la UCLA.

Georgia Robinson-Steele (terapeuta diplomada), fundadora del Kent Wellbeing Hub.

Catherine Roche, directora ejecutiva de Place2Be.

Doctora Margot Sunderland, Directora de Educación y Formación en The Centre for Child Mental Health London.

Sir Peter Wanless (Children's Bureau), alto ejecutivo de la NSPCC.

A las organizaciones y entidades benéficas con las que he tenido el placer y el orgullo de trabajar y apoyar durante los últimos más de quince años... Gracias por el trabajo que lleváis a cabo.

El Anna Freud National Centre for Children and Families.

La NSPCC.

Place2Be.

La Royal Foundation.

A mi pandilla en Place2Be: el grupo más maravilloso y brillante de mujeres que caminó a mi lado mientras estudiábamos durante el confinamiento... «jugamos», reímos e hicimos un buen trabajo.

Gracias eternas a Georgia y Beq, que nos enseñaron tantísimo y me hicieron profundizar cada vez más.

A Kim, Kez, Marianne, Tom, Matt y Brooke, gracias por vuestras aportaciones creativas, por vuestro ánimo y por vuestra hermosa energía y apoyo.

A mis amigas especiales: por estar ahí con tazas de té, bicicletas (y algún que otro gin tonic): Rosie, Natalie, Susanna, Penny, Sara, Jonty y Tye, Caroline, Lisa, Andy, Beccay a mi grupo de Op Raleigh, gracias por seguir adelante con charlas excéntricas, reuniones y por no sentir nunca que habían pasado más de diez minutos desde la última vez que os vi.

Una mención especial a Kevin Neary, James Docherty, Iain Smith, Pauline Scott, Callum Hutchison, Karyn McCluskey, John Carnochan, el profesor sir Harry Burns, la doctora Christine Goodall, la doctora Nadine Burke Harris, Niven Rennie y a toda la gente inspiradora que trabaja para incentivar una sociedad que esté verdaderamente «informada sobre los traumas».

A mis compañeras y fabulosas madres y padres que compartieron sus historias de amor y que aportaron esa chispa y magia al libro. A Rosie Nixon, Claire, Alpa Patel, Ali MacLaine y René Carayol: gracias por vuestra honestidad e integridad y también por ser los progenitores más increíbles.

A Jenny Smith, mi comadrona y la mujer más hermosa del planeta, que trajo a mis dos bebés al mundo. Gracias hasta el infinito y más allá… tu abnegación y tu talento deberían clonarse.

A Liza Elle: gracias por tu sabiduría, tu cariñosa dedicación y por animarme siempre a encontrar mi camino. No hay suficientes palabras para transmitir cuánto me has enseñado.

A MI madre: mamá, eres increíble. Gracias por todo: por las tazas de té y los abrazos, y por enseñarme cómo la carne asada con verduras puede ser una cura para cualquier cosa. Has sido increíble este último año. ¡Qué maravilloso que publiquen mi libro el día de tu cumpleaños! Sé que papá está mirándonos y animándonos desde las alturas. Os quiero muy mucho a los dos.

A Claire y Amy (madres de ocho hijos entre las dos). ¡Sois grandes! Sois mucho más que madres. Gracias por las risas este año y por el amor que compartimos, por el *feedback* por mis muchos diseños de la portada y por nuestros maridos (¡hurra!), y también por nuestros hijos.

A Clemency y Wilbur (sin olvidar a Gatsby), gracias por ser las mejores, más hermosas y más brillantes estrellas en mi cielo nocturno. Sois maravillosos y os quiero con todo mi corazón. Gracias por permitirme compartir vuestras historias. Gracias por inspirarme para ser una mejor madre cada día.

Por último, a mi esposo, Mike. A la luz que siempre me guía, a mi mar y al barco en el que ambos navegamos. Sabes cuánto te quiero y sé cómo odias la exposición pública, pero ya lo he dicho. Gracias por encontrarme. Te quiero. Siempre.

Índice analítico

Acerca de la autora

En veinticinco años como periodista, Kate Silverton se ha convertido en una de las principales y más populares presentadoras de la BBC. Ha producido y presentado numerosos documentales, incluyendo algunos para Panorama, el principal programa de la BBC dedicado a temas de actualidad. Ha retransmitido bajo el fuego en el frente de Iraq y Afganistán, ha cubierto el glamur de los Oscar en Hollywood, y también ha salido a la palestra, bajo todos los focos, como concursante en Strictly Come Dancing, el muy querido programa de entretenimiento de la BBC que consiste en un concurso de baile. Kate ha pasado décadas entrevistando a figuras líderes de todo el mundo, desde políticos a celebridades y científicos.

De entre todo ello, la pasión de toda su vida ha sido defender a los niños y su bienestar emocional. Su formación académica se basa en el desarrollo infantil, y tiene un grado en psicología. Después de tener hijos, Kate decidió volver a estudiar para formarse como psicoterapeuta infantil. Ahora combina su carrera profesional como periodista con sus estudios, y actualmente es voluntaria como terapeuta que se ocupa de buscar hogares a niños, trabajando con criaturas en una escuela primaria de Londres. En su vertiente filantrópica, ha respaldado durante muchos años a organizaciones benéficas como Place2Be, el Anna Freud Centre for Children and Families, el South London and Maudsley NHS Foundation Trust, además de la NSPCC (Asociación Nacional para la Prevención de la Crueldad contra los Niños) y la Fundación Real del Duque y la Duquesa de Cambridge. El trabajo de Kate como terapeuta con niños, su propia experiencia con la psicoterapia y las entrevistas que ha hecho a psiquiatras, neurocientíficos y psicoterapeutas de fama mundial han proporcionado información a su enfoque y la idea que ha concebido para este libro. Su filosofía es: «Si acertamos desde el momento de la concepción hasta los cinco años de vida del niño, podemos encarrilar a nuestro hijo para toda la vida». Su pasión consiste en compartir todo lo que ha aprendido con tantos progenitores como pueda, para ayudarles a tener la experiencia de crianza y educación de sus hijos que siempre han esperado tener, y para que sus retoños tengan la experiencia de educación que merecen.

Kate vive en Londres con su marido, Mike, su hija, Clemency, que tiene nueve años, su hijo, Wilbur, de seis años y su perro, un cocker spaniel de trabajo llamado Gatsby.

Índice